光緒上虞縣志 6

紹興大典

史部

中華書局

上虞縣志卷三十一

建置志

祠祀越俗信巫崇事鬼神虞之爲祠祀者無慮數百今分城鄉叙列社稷城隍等壇廟與賢令節烈之祠載祀典者爲先其間感聖跡而肇興顯靈應而勅建與里社相沿叢以爲祠者次之淫祠不與

社稷壇在縣西門外一里基廣二畝環墻植柳中爲壇埋石爲主旁設四門庖厨圊湢館舍悉備春秋以祀社稷上穀神（正統志）今圯（萬歷志）僅存遺址（新纂）

祭品　帛一（黑色）　簠二（黍稷）　簋二（稻粱）　羊一　豕一

鉶一（和羹）　籩四（棗形鹽栗藁魚）　豆四（韭菹鹿醢菁菹醯醢）　白瓷爵

三　尊一

祭儀　凡承祭各官黎明朝服行禮前後各三跪九叩中間三獻與文廟前殿同惟無樂舞及受福胙謝福胙二節改望燎爲望瘞執事者以祝焚於坎中將畢以土實坎

祝文　維　神奠安九土粒食萬邦分五色以表封圻育三農而長稼穡恭承守土肅展明禋時屆仲春秋敬修祀典庶丸丸松柏鞏磐石於無疆芃芃黍苗佑神倉於不匱尚饗

備稿案曰社稷爲土穀之神明洪武七年始定壇制國朝因之東西南北各二丈五尺高三尺四出陛各三級繚以周垣自北門入石主長二尺五寸方一尺埋於壇南中只露圓尖五寸仍用木牌二朱地青書一書縣社之神一書縣稷之神歲以春秋二仲月戊日致祭

先農壇　在縣東郊外　國朝雍正五年知縣許蓋臣奉文建立壇宇并置藉田四畝九分浙江通志道光十九年署知縣龍澤潞改建爲祠備稿咸豐間被粵匪燬新纂

祭品　帛一青色　豕一　羊一　鉶一　籩四　豆四　簠二　簋二

祭儀　凡承祭官衣朝服就位行禮前後三跪九叩不

飲福受胙獻帛獻爵不升壇祭畢行耕耤禮各官率
農夫望　闕行三跪九叩禮

祝文　惟
神肇興稼穡粒我蒸民頌思文之德克配
彼天念率育之功常陳時夏茲當東作咸服先疇洪
惟　九五之尊歲舉　三推之典恭膺守土敢忘勞
民謹奉彝章聿修祀事惟願五風十雨嘉祥恆沐於
神庶幾九穗雙歧上瑞頻書於大有尚饗

備稿案曰雍正五年奉　特旨頒行耤田壇位立壇於
東郊潔淨之地正中祠五間左右翼七間後立寢室內
供先農炎帝神農氏之神先農厲山氏之神先農后稷
之師祭品祭儀照先師之禮又案會典壇高二尺五寸

寬二丈五寸正房三間奉先農神牌高二尺四寸寬六寸座高五寸寬九寸五分紅牌金字東藏祭器農具西藏耤田租穀配房二間東備祭品西住農民南向大門牌坊一座四面繚垣隨壇耤田四畝九分耕牛色黑農具赤色耔種箱青色每歲春仲亥日致祭正印官主祭文武官員各照品級隨班行禮祭畢各官衣蟒服補服照九卿耕耤例行九推之禮正印官秉耒佐貳執青箱播種耆老一人牽牛農夫二人扶犁

神祇壇在西南門外二里據正統志參宏治府志○基廣萬歷志作西南門外里許二畝餘據正統志尋圯據萬歷志○案此壇正統志萬歷志康熙志作山川壇宏治府志作風雲雷雨山川壇乾隆省志府志均仍之嘉慶志復改作山川壇惟王氏備稿稱神祇壇

祭品祭儀同社稷壇

祝文　維　神贊襄天澤福祐蒼黎佐靈化以流行生

成永賴乘氣機而鼓盪温肅攸宜磅礴高深長保安
貞之吉憑依鞏固實賴捍禦之功幸民俗之殷盈仰
神明之庇護恭修歲祀正值良辰敬潔豆籩祗陳牲
帛尚饗

備稿案曰風雲雷雨山川之祭舊名山川壇嘉慶十六年奉部文更今名漢唐元明以來或分或合今以風雲雷雨山川同爲一壇每歲春秋二仲月上戊日致祭設三神位中曰風雲雷雨之神左曰本境山川之神右曰本境城隍之神與社稷壇同日致祭初獻先詣風雲雷雨次山川次城隍其祭品祭儀與社稷壇同惟帛用白色改望瘞爲望燎不以土實坎

邑厲壇在北門外一里萬歷志○案此壇正統志作無祀鬼神壇云在縣東二里基廣

二畝環墻爲壇舊有宰牲房每歲三祭清明七月望十月朔祭無祀鬼

神奉城隍主之已上據正統志參萬歷志

祭品　豕三　羊三　飯米三石

祭儀同社稷壇

里社壇鄉厲壇明洪武乙卯建案嘉慶志云知府南大吉有記各鄉每里

一百戶立壇一所今皆廢據正統志參萬歷志○案正統志於里社壇條下云春秋祈報祀五土五穀之神鄉厲壇條下云以清明節七月望十月朔祭無祀鬼神至其壇之廢則在萬歷以前今無遺址可考矣

關帝廟在縣治西正統志稱關王廟云在縣治西南元至元辛卯邑人邵

鎮建其地爲應氏所捐至正辛巳陳懋管元禮等募捐重修據正統志纂○舊志云廟南有圖曰義勇園廟東有庵曰崇甯今並廢　明嘉靖隆慶閒燬於火居民復重建據萬歷志參嘉慶志○案萬歷志云嘉靖隆慶二次經火因重建正殿兩廊前廟門三間照墻一座　國朝祀帝於前殿　大清會典雍正三年奉文春秋二祀五月十三日加祀并追祀帝先代曾祖光昭公祖裕昌公父成忠公於後殿嘉慶丁丑祠下紳耆捐貲修葺李宗傳記略虞治西關帝祠歷代相沿疊經修增至　國朝禮崇專祀廟貌聿隆尤稱極盛迺歲月久長風霜剝蝕畫棟雕樑漸就朽頹祠下紳耆議捐己貲易故爲新爰是鳩工庀材重建前後二殿並建文昌祠於廟左春秋專祀歸一處東西兩廟偉然改觀矣○已上據採訪冊纂

祭品　帛一白色　牛羊各一　豕一　籩豆各十　五月十三日用果品不用籩豆後殿係公爵不用牛

儀節　承祭官衣朝衣盥洗一節就位一節奉香一節行三跪九叩頭禮一節初獻獻帛獻爵一節讀祝各跪叩一節亞獻獻爵跪叩一節三獻獻爵跪叩一節復行三跪九叩頭禮徹饌一節望燎一節後殿用二跪六叩頭禮

正殿祝文　惟

帝浩氣凌霄丹心貫日扶正統而彰信義威震九州完大節以篤忠貞名高三國神明如

在偏祠宇於寰區靈應丕昭薦馨香於歷代屢徵異蹟顯佑羣生恭値嘉辰遵行祀典筵陳籩豆几奠牲醪

後殿祝文　惟　公世澤貽庥靈源積慶德能昌後篤生神武之英善則歸親宜享尊崇之報列上公之封爵錫命優隆合三世以肇禋典章明備恭逢諏吉祗事薦馨

案虞邑祀關帝者無慮數十惟城中爲邑令歲時薦享之所故詳載於此而各都分設之關帝廟概不贅述

文昌廟舊在治東　知縣徐待聘記略余嘗攷天官書張翼之間斗魁戴匡六星爲文昌宮曰上將

曰次將曰貴相曰司命曰司中曰司祿司命司中國有祀典而士子所繇以賤貴則司命司祿其要也又化書文昌曾十七世爲士大夫積功累行升於天垣九天開化主宰桂籙兼職貢舉國家設科羅士三載大比所掄選中式登名釋褐輒云己力詎知冥冥中默有主持士不由科目進即有異能絕才亦獲落而無庸可勝道哉虞古文獻地山川盤礴蔚爲人文士後先入仕從王策勛者不減他邑先是守土朱公維藩曾於水口築浮圖建文昌祠以補風氣士子瞻禮跋涉請謀剏於城庶幾香火輻輳會有隙地在治東隅度形勝則百樓爲拱五癸爲托金罍玉帶相爲環抱論向方則厥位面陽厥基孔艮方位頗亦協吉隨捐俸如干諸大夫士亦各醵金少助督首廟僧鳩工庀材爲架閣三楹飛甍插漢丹梯逼雲欄檻玲瓏翠微掩映憑虛縱目非特爲境內偉觀亦以挹秀迎祥爲此邦祈洪庥也閣中綏帝君像朔望課士於下閣前有儀門門外搆廳事一以備讌集門房三東西爲閽者息以司啓閉是役也經始於

乙己之七月落成於丙午之六月○萬歷志

國朝嘉

慶二十二年移建關帝廟側知縣李宗傳記略嘉慶六年奉上諭各直省州縣建立文昌祠春秋專祀文昌帝君并建後殿追祀三代敬設龕座倣照武帝廟制前邑令因是閣湫隘於承澤書院潔淨處設位供祭會有祠下紳耆樂捐己貲恢拓舊址遵例詳明各憲重建文昌祠前後二殿兼設奎星閣暨承祭官公所文東武西兩廟煥然一處致祭是廟也經始於嘉慶丁丑仲春不終歲而告成余因書數語以誌其顛末○案廟東南隅舊有文星亭道光元年陳澧捐貲建後被粵匪燬　奎文春秋二祀二月初三日加祀後殿祀文昌帝君先代同日致祭縣令主之一在縣治南街嘉慶十九年耆民張桂建據備稿暨採訪冊纂○案縣南文昌廟知縣劉大暄撰碑記惟碑中自稱西蜀劉侯於體不合疑有錯誤今不錄

祭品儀節同關帝廟

前殿祝文　維

神蹟著西垣樞環北極六匡麗曜協

昌運之光華累代垂靈爲人文之主宰扶正久彰夫

感召薦馨宜致其尊崇兹當仲春秋用昭時祀尙其馨

格鑒此精虔尙饗

後殿祝文　祭引先河之義禮崇返本之思矧夫世德

彌光延賞斯及祥鍾累代炯列宿之精靈化被千秋

緯人文之主宰是尊後殿用答前庥兹當仲春秋肅將

時祀用申告潔　神其格歆尙饗

城隍廟在縣治東嘉泰志云在縣東五十步建自後漢備稿云上虞縣治係唐時移置今城隍廟云剏自後漢疑誤姑仍之其址係史壽總所捨宋寶祐中莊演康熙志作莊濱等斂銀再剏元陳椿應順等改爲觀音堂後鍾愷王福相繼修治壽總後裔得仁益地重建陳文鼎應鈞葉文奎以次興舉已上正統志萬歷十二年知縣朱維藩重修二十五年知縣胡思伸首捐俸命僧法印募施修葺胡思伸記略虞有城隍廟剏於漢廢於唐復於宋遞廢遞興未詳所自今廟在邑之東與治署隣若曰邑主者既以嚮明而治神則尸其柄於冥漠中儼然而通肸蠁焉民是以災沴也者而恤戒褻也者而捍疾病也者而護凡佑善罰淫報不爽銖寸威靈稱有赫矣先是嘉靖甲寅間島夷爲釁三犯我郛而無能加一矢保障

之功偉哉歲久患圮故又湫隘不稱瞻仰余自萬歷丙中初涖治誓神而心計曰惟神之宮謁無虛晷弗廓弗增弗嚴以邃卽享祀豐潔神其據我乎乃命筦人捐五斗以捌始且進二三耆民相度機宜而邑之縉紳士民罔不競助蚨緡更相率作拓地聚材葺而新之穹然莊嚴矣且也歲比用穰士騈以萬市隻乃積里無暴呼伊誰之賜乎惟是驅厲福民實藉神力匪靈安妥曷以臻焉廟祠故址加廣周隅通一百丈闢公館衍地九尺斥置民地三丈前爲正堂者五間爲楹者九間後爲寢宮九間旁爲廊者各五間門有井榦衢有綽楔欄楯外施庖湢內列旁廡又具冥道變相丹䕶猶甚肅民入而籲焉廓然耳目爲之改觀而肅焉加額以頫于除若有跽堂而臨之泚顙栗膚而燭照其生素惴惴乎無所匿情者歲戊戌旱魃爲災徧請弗應余率民籲乞靈於神隨禱隨澍歲乃大獲辛丑屬大會圖籍余欲蘧宿弊櫛而矢之事竟有濟卽兩造間有未白者令詛於神往往望門而止卽吐實不敢諱壬寅夏余臥榻弗戢於火詰朝見二草團成灰旁雖狼籍了無延灼若神之隱遏之也

且署內萃聚棲息處倏而棟摧狀物盡成齏粉而家人偶出即雞犬亦甯又若預驅之全而獲也豈神術鑒予衷而密以呵護之乎迪則吉逆則凶感應之機捷如桴鼓余與若等盍圖仰答神明滌心昭事宜無斁矣○萬歷志

國朝道光間邑人章鉞復募捐重修備稿咸豐間被粵匪燬僅存二門一進同治二年由唐姓獨建頭門五間四年邑人曁住持僧淩炎復募捐建大殿五間至光緒二年知縣唐煦春城守徐濟川捐俸并集闔邑士民資建復唐煦春記畧余奉檄抵虞受篆後例入廟告虔土人日此禱雨祈晴處也自是凡遭淫雨抑憂旱太甚余必效古人責六事詣神前行伏拜禮晰夕維勤爲斯民禱者屢或齋之三日或戒之七日靡不應所求閱十餘年恆不爽曀神之庇我民者大矣禮有曰能禦大災則祀之能捍大患則祀之余之外盡禮內盡誠

而不敢跛倚臨者非媚神邀福也直爲斯民生計耳先是廟僅大殿數椽極力籌款興土木兼得住持僧淩炎徐城守濟川擘畫多方相助爲理始將大殿裝飾既固且完繼而修後殿及前門並前後劇樓與兩旁僧住客廳各棟宇先後八九年間規模大備美哉輪美哉奐藉以壯神威而答神庥者舉在是邑紳王濟清等公議於串中每張加錢一文以作歲修經費邑之人將可永觀厥成焉○據採訪冊纂

火神廟在城隍廟東嘉慶志祀水火二神備稿今稱既濟殿新纂○案大清通禮載有京師祭火神儀節吳榮光吾學錄云今直省及府州縣用少牢行禮與祭神祇壇同弭災患以爲民祈福也

倉帝廟在縣治西文昌廟東道光癸卯徐兆九建備稿○會稽沈元泰記畧吾越古稱文學之藪郡城臥龍岡西舊有倉帝祠不知剏自何代建自何人志已無攷自有明逮

國朝圯而復興者再今猶巍然存焉而他邑皆無之古虞徐君兆九承其祖父之志爰建帝廟於其邑治文武二帝祠東經始於道光癸卯年六月至乙巳年九月而工竣

昭烈王廟在縣治西關王廟側今廢萬歷志○按嘉泰會稽志作正順忠祐靈濟昭烈王廟云在縣西一里正統志亦如之今從萬歷志

三皇廟在縣治東廳南圃元泰定乙丑知縣孫文煥命醫祝捐建明洪武初裁革正統志○案嘉慶志作三王廟王字疑誤

五顯靈官廟在縣治東照位坊右今廢遺址屬等慈寺正統志

包公祠在縣治東城隍廟大殿西祀宋包孝肅拯一在縣

北楊家溪嘉慶十一年里人呂恆泰捐建一在縣西二十餘里已上嘉慶志

羅公祠在城隍廟右祀明嘉靖中署知縣羅尙德國朝乾隆間改置節孝祠側祠東有羅公井尋圮嘉慶志道光甲午邑人王煦募捐重建備稿咸豐間被粵匪燬據採訪冊纂○明陳洙記畧昔河東柳子厚官柳州卒於柳柳死之日囑其祠之所降於州之堂其屬歐陽翼輩合柳州人之意而祀之羅池之上吾越節推羅公丁巳春視篆於虞至八月卒於虞今庚申冬其僚璩濱張公縣令喻齋李公亦合虞人之意而祀之夫亦柳人之祀柳子者乎時虞當島夷倡亂兵革旁午徵科煩急百姓嗷嗷無復更生比公下車以精明貞肅之心爲易直子諒之政推膚剝髓公能緩其徵煩賦重役公能節其力驕將悍卒公能消其氣黠吏暴胥公能回其習一意與民休息猶之膏火之後渥以湛露也雖聽政數月而民之德公者不啻積月而累歲矣

既嬰疾尤切蚤夜視民疾苦眞若痌瘝之在身不能一息解於其心不三四日賫志以沒遠近慟哭相向失聲夫公以善政布於虞虞忍忘公而不思建祠以報耶柳子卒於柳而降於柳之堂其生之精神在於柳而不化也今公之精神盡在虞矣雖不屬其祠而降於堂而皁蓋雲裳之狀虞人恍然如有睹焉於是肖像立祠於城隍廟之右

鄭公祠在縣東等慈寺左萬歷志　祀明知縣鄭芸嘉靖丙戌建復置田十九畝供春秋二享後因祠圮移像西城外西倉內嘉慶間復廢移像城隍廟後殿側已上據嘉慶志備稿纂○

明朱袞記畧吾虞肇封自古令長以遺愛繫民之思稱循良者代不絕書法得合祀學宮名宦祠若專祠享報自唐崔侯來於茲再見鄭侯焉可易易視耶鄭侯名芸字士馨起家乙未進士始莆中俊髦三峯山人領麾是

郡實作育而振之詎知令松楊而以優望調虞也時則戊戌之秋首謁山人請曰芸也幸獲承職師帥之鄉率業遠曠有藉矣山人蹵然喜曰舉廢典以奠黎庶奚難乎毋謂遠無香火之報惟利病素切吾父兄子弟舉措宜酌夫緩急後先山人無隱辭悉布諸令令無憚力若江道橫漲困我驛傳商民役而沙決成運矣沙湖蕪廢廬我豬蓄塘圩築而漕農胥濟矣旱澇無虞生道庶幾攸遂哉江海之限莫要於城虞城起自唐長慶拓於元末僞命方氏石制頗壯迨我明御世經畧使視臨山御夷孔棘權徙石以城徐圖復我迺一廢至茲非心誠衛民曷任哉猷聞當道咸曰宜遂經費一飭財鳩力程績外內高深積廢頓起視舊制加雄形勢一日稱險固焉平世狎興是役能無訾議孰知剛十越歲而倭夷四侵白骨盈野吾城士女藉是安堵咸喧嘻歸德慮始亨成之異情信大其諸猷一根虛襟周諸民罔弗宜其以虛亭自號匪誣也尋召入爲御史去矣能忘厥思及聞不諱思矣能忘厥衷謂非古之遺愛與邦人士德其澤僉謀祠以存像當道聽之喻齋李侯卜坊左浮屠隙地營立

焉堂寢翼如匾其門垣周以固望者恍得生面且以需次鍾良朋公田十九畝有奇人備春秋二享以山人宿知迺請記山人曰澤無大於河渠城池二者孰利濟斯孰屏翰斯固將德之世世史起鄭國之表於史召伯樊侯之歌於雅千載而下人知誦焉茲不可以例見矣哉記成會方池楊侯繼令聞而韙之乃市珉命工鑱諸祠用贊香火於無窮云

節孝祠在城隍廟西初在金罍坊望稼橋側 國朝雍正五年知縣許藎臣奉文建有司春秋祭之後圮乾隆間邑人陳瑤玉等移置今處祠自移置後其舊址建市屋六間後又圮邑人朱文紹捐修嘉慶三年文紹偕王煦車泰占等呈方令維翰郡守百善定市屋六間每年租賃錢二十四千以作歲修二年秋邑人王懋昭奉母徐遺訓捐守字七百五十八號田八畝九分六釐又首字四百九十三號田一畝以

作三娥暨諸節孝夏冬二祭并拓大祠宇　道光十八年津貼苦節請匾諸費○已上據嘉慶志

陳兆慶王維仁等募捐重修知縣龢秀記略邑舊有節孝祠在八字橋下日久傾頹改建於城隍廟右前明邑令羅公井傍以崇祀名媛典至鉅也建祠而後王君懋昭助有守字號田十畝以爲每歲補葺之費但積歲以來粟主較多寢室漸隘非添築數楹無以爲後來庋主之地今年夏與陳君兆慶道其事始知庚寅之歲王公煦曾邀同人共建此議遂有王君望霖捐錢二百千文及錢某等姓捐助錢總計四百千有零後以資費不敷事遂止余爲悵然者久之夫揚潛德發幽光邑宰之微意也綠貞節崇明祀邦人之盛舉也況舊捐常存蹉事亦易君盍再集同人善襄此舉乎嗣又捐得王君望霖哲嗣錢二百千文總核從前捐數約敷修造之費遂庀材鳩工修葺舊祠於祠後隙地添築新室三楹前以祀三娥後以祀諸節旅櫬既厰位置攸宜自秋徂冬工始告竣○已上備稿　咸豐間被粵匪燬同治間僅

建正殿三間專祀曹娥朱娥包娥至光緒二年邑人宋梁籌貲修葺并建復後殿宋梁記略咸豐十一年冬粵匪陷虞節孝祠被燬神牌得劉君耿光舁置於半湖之麓越明年九月寇平迄今十餘載未獲重建梁募捐若干搆置堂序三楹及窗軒庭戶不事華飾一以堅樸爲尚至神牌則考核志乘失者補之朽者易之陊剝者修葺之安置之所餋以石期永久焉○已上據採訪冊纂

豐惠土地祠在縣治東豐惠橋下國朝康熙丁酉邑人錢陸剛建錢陸剛中式前一歲除夕夢有人告以明年當中四十七名問君何人則曰豐惠土地也及醒不知所在元旦立門首見童子約伴執香燭過問何之答云拜豐惠土地尾之往乃見橋北岸稍西甃方孔供二小像遂默禱夢應許建祠是年果中名次亦符因建是祠神頗靈應凡有求者夜分尤奇驗○據採訪

冊纂

文武廟在一都東望橋下同治間重建一在十八都湖溪村今存廢址一在二十都童郭村一在下管據採訪冊纂

梁皇廟在一都新堰上據採訪冊去縣七里嘉泰會稽志世傳爲祀梁武帝萬歷志

駱將軍廟在一都方家白去縣東門十三里萬歷志作去縣東北十里許方家屋側祭將軍諱文牙字旗門臨安人也年十二相者曰此郎容貌非常必將遠至時陳文帝避地臨安公知爲非常人賓待甚厚後佐帝討周廸有功勅爲越州刺史民懷其德因祀之○已上據採訪冊纂

桑太保廟在一都蘿巖山上案正統志云在蘿巖山祀桑憲保兄弟

十人案神兄弟九人其一姓朱爲神義弟一在甑底山東名石窟廟萬歷志作在羅巖山麓者誤粵匪之亂廟燬里人朱洪捐資重建一在管唐埭河東名溯進廟備稿作在縣東十里俞家斸西專祀桑九都王一在新通明西梁皇廟側專祀桑二侯王一在二都眠狗山祀桑五侯王一在二都湖頂名裏石窟廟專祀桑八侯王一在湖頂法界寺東專祀桑三侯王一在十都百官鎮專祀桑九都王同治八年里人稟請申奏勅封護國王已上據採訪冊纂○

國朝俞際化記曰神桑姓諱憲保字仲才姚江梅川人也愛吾虞羅嵓之勝而卜居之仕唐憲宗朝官至御帶與胡令公奉使海昌沒於王事爲神追封悟空國師宋思陵南遊海濱無舟可渡金人追逼神與令公艤舟

迎濟比卽位封王爵配食海昌長河廟建炎中王師禦金士馬疲乏神以箠筥洒水濟之力戰退虜張魏公聞於朝遂命建廟於羅嵓山賜額靈濟元至正時神以塞河功加錫前封明景泰間又以塞河功廟祀張秋嘉靖乙卯島夷寇杭神現空中旗幟燿而遁遂致殄滅統兵官請建廟於西湖寶石山下封護國天下都督黎陽郡王宏仁普福眞君十月十三日爲神誕辰里人賽禱甚盛神兄八人諱通保漢保定保國保鎭保全保志保義保皆以顯靈封王文學朱小二神義弟也以醫有神效亦封都巡檢防禦使合而爲兄弟十人焉

雨山大王廟在一都蘿巖山陽祀桑大侯王通保舊名後墩廟因禱雨有應改曰雨山（據萬歷志參正統志纂○舊志並云廟已廢同）治十年重建一在二十二都後山（土名後山庄）咸豐間被粤匪燬光緒二年重建（據採訪冊纂○案正統志雨山大王廟條下云去縣東三里廟舊在

蘿巖山陽圮久後遷於此此即今後山之雨山廟但正統時一圮一建今則兩處並建耳

武安王廟在一都新通明壩東望橋北知縣朱維藩記略上虞去縣治十里有壩曰新通明其水下趨東奔姚江居民欲回風氣請於官築基於水口建祠肖像借重關公以鎮之輦來請記余惟關公生則威震華夏歿則名震寰宇況茲土乃姚虞之界明越往來之要津其基永固其宇常新砥柱廻瀾之功所藉於神者不察可知矣然世道江河人心猶水不有正氣以防之則正直者或趨於譎忠厚者咸趨於澆謙謹者或趨於淡人心日下而欲邀福於神以回風氣得乎余夙敬關公故於社民周元相等之請樂爲書之○萬歷志 國朝改額文武廟嘉慶間山陰王東陽重修道光丁未里人俞廷颺等募捐重建備稿又一在十都舊曹娥驛旁名武安王祠據萬歷志纂

橫塘廟在二都蘭皐山之北正統志云在孔堰萬歷志云在楊家溪爲利濟侯支廟祠晉縣令周鵬舉按蘭皐山陽舊有利濟侯廟嘉泰會稽志曰利濟侯廟在縣北二十五里今廢萬歷志駁之曰舊志蓋失於稽考利濟侯廟卽今遺德廟也彼時遺德廟尙存故橫塘廟爲支廟今則支廟存而正廟廢矣事蹟俱詳鎭都遺德廟條下○已上據正統萬歷志暨採訪冊纂

包孝婦廟孝婦事詳列女傳在二都孝聞嶺萬歷志歲久廟圯基址被人佔據　國朝乾隆間知縣莊綸渭斷歸重修立石嘉慶志　光緒間里人羅寶堃募捐重修採訪冊○　國朝陳燧詩勁節垂青史危祠逼紫宸三年非旱魃百代未亾人古木嘷風晚幽花泣露春嶺頭新月上啼鳥暗傷神

於斡廟在二都富峯山之麓神王姓諱熹北宋孟津人程邑令有善政殉靖康難鄉人

立廟祀之一在二都茅家溪一在大壆據採訪冊纂

周公祠在二都和尚橋北道光間知縣周鏞捕逐匪黨鄉人感德建生祠祀之備稿

劉猛將軍殿在二都楊家溪謹案大清會典諭各直省建劉猛將軍廟神名承忠元末時官指揮能驅蝗元亾自沈於河世稱猛將軍咸豐七年虞地徧蝗知縣劉書田率民迎神蝗滅嗣經里人宋滐捐田爲歲時祈報之需光緒四年復著靈異知縣唐煦春作記額諸楣記曰神姓劉諱承忠元時官指揮善驅蝗故以猛稱咸豐七年治蝗顯應　部聞於　朝奉　旨錫封號曰保康同治四年間復著靈異加普佑二字以神能禦烖捍患也　朝廷旣褒崇至再而服疇者尤食其德祀之

於廟蒸嘗始徧焉今夏飛蝗蔽空自西北來集於境民
情洶洶懼損田禾春怵目驚心力籌挽救咨訪於衆得
神塐像於城北楊家溪於是齋沐祈禱躬導神轝奉安
廳事朝夕籲求幸區區之誠獲邀降鑒不數日閒舉曩
之蔓延四野者杳不知其所之嗚呼異矣謂非神功默
運吾民甯望有秋耶至斯而羣情欣感報賽者相屬於
道春忝爲民長謹舉有功則祀之文並載其緣起勒
諸殿額以誌神人相感之理云○己上據採訪冊纂

朱太尉廟在三都破岡畈之北後鄭村祀漢朱儁南有學
堂橋洗硯池西有塚正統志一在驛亭象山下一在驛亭
裏村據採訪冊○案舊志俱作朱侍中廟考漢書朱儁
傳由孝廉除蘭陵丞歷官交阯刺史封都亭侯徵
爲諫議大夫拜右中郎將進封西鄉侯拜右車騎將軍
更封錢塘侯加位特進復爲將作大匠轉少府太僕出
爲河内太守復拜光祿大夫轉屯騎尋拜城校尉河南
尹復爲太僕初平四年爲太尉錄尚書事明年復爲驃

騎將軍持節鎮關東未發留拜大司農病發卒是雋未嘗爲侍中也今從備稿作朱太尉廟又案備稿引漢書朱買臣傳云拜買臣爲中大夫與嚴助俱郎中是吾虞朱侍中廟本指買臣但買臣官至主爵都尉列於九卿不應祇稱侍中則屬之朱雋稱太尉爲宜

張都衙廟在三都小穴市北舊志云在横山今正光緒十五年里人袁崙募捐重修神諱偉字宏猷東平州人元至正間以總管鎮守永豐上虞等鄉有功於民祀諸里社明洪武四年予諡平正○據採訪冊

孔長官廟在三都永豐鄉六巷橋南舊志云在横山今正祀元長官孔紳明羅澄有記○據採訪冊

白大郎廟在三都趙濟堰西明趙思敬記略白大郎不知何許人廟享於茲亦不知所

自鄉人遇水旱疾疫必禱輒應故奉之維虔第其靈在一方未獲請於朝膺封號人以此惜之雖然彼迓田祖者炎帝祀先蠶者姜嫄以帝后之尊得編民之報賽爲美談今神之陟降於茲禦災捍患吾祖吾父蒙其休美犧牲粢盛之告廟者綿千百年威靈赫赫方駕侯王之貴亦可以安於安侑不煩人爵之榮矣。據採訪冊

戴大郎廟在三都小越嘉福寺左國朝陳應霖記神之所自古老傳聞咸云南晉中衰孫恩造亂陷我會稽毒流屬邑麗侯抗節於郡治袁公振義嵩城所在豪雋奮臂而起各衛其鄉神年僅終軍而勇邁錢鏐遂率其昆季暨其鄉人殫力捍禦而寇不敢犯由是一境安甯鄉人謀尸而祝之遂建祠於嘉福寺之側歷晉唐而宋而元明神之鏡影如新第其址鄰山麓不無平陂燥濕之虞每遇春秋禋於羅拜陳艮梓陳正法等夙有修治之願乃彙衆醵金鳩工砌石不數旬而厥功告成是用勒之貞珉以垂永久。刊補

夏蓋夫人廟在五都夏蓋山嘉泰志作在縣北五十里相傳祀塗山氏居民歲時供奉甚盛萬歷志國朝康熙五十年郡守俞卿重修復以謝陳氏陳金氏兩烈婦配享乾隆府志。烈婦事蹟詳列女傳

一在朱姓村一在王姓村俗呼新夫人廟一在九都唐家橋稱張湖廟一在西張稱新張湖廟據採訪冊纂。明謝讜重修夏蓋夫人廟碑記夫水陰也凡水神必稱妃稱夫人宰之以陰耳夏蓋廟濱海所祀以夫人稱有以也或者因山以禹名乃謂夏禹治水時厥妃從也晏駕於此山故土人祀之然亦不可知矣歷殷周漢唐恢宣假靈境賴以永奠宋時虜寇南侵見夫人揚旗空中矛戟森列寇遂不前帥以聞勑加忠順大聖封號元仍之國初毀淫祠虞之廟存者無幾獨夫人以禹配且有護國安民功詔崇祀如故每歲上元節祠下人祈爲五管遞

供祀事燦貝奇珍必殫所有或假諸貴門富室以暴虐婦人無子者輒於廟禱禱輒有子以是寒燠殊候而祝史無虛日至於瘠畝成穰疾體回豫雨暘弗愆候恆以祈得之廟西畔有井其泉極甘畜金魚十餘頑夫或竊烹之即疾作亟償乃免其顯威多類此右庭有柏根微幹巨而枝葉鬱茂時有神物出沒其間識者以爲五代時所植或然歟嘉靖壬子倭奴寇烏盆祠下獨免鋒鏑癸丑復寇居民奔竄殆盡險不可支乃夫人之靈益烈遙見海隄上兵旅彌望宵炬燭天延數里寇且疑且駭掛帆遠徙夫能捍大患禦大災按祭法祀之宜第廟貌弗稱兆人寢恭余故集耆賢數輩督衆僦工俾圮者飭隘者闓黝黟者有耀訖事舉祀豳牲釃醪吹笙奏鼓圖門觀聽歡聲四徹咸懼茲績之湮於後也請碑焉余乃爲迎送神詞三章俾祀者歌以侑神其迎神詞曰九閽闓兮宵熒熒濤瀾汗兮風泠泠紛虬幢兮來下悵鸞馭兮未停杳翩翩兮奈何齊獻揖兮肅跪檀爐氤氳兮蘭釭輝鏗有聞兮瓊珮降神辭曰吹參差兮坎擊鼓柏枝偃兮雙龍循廡靈洋洋兮尚在陽侯待兮河伯俯椒醑

湛兮瑤觴蕙肴馨兮鏤俎樂繁奏兮廣娛馨懽忻兮屢舞送神辭曰赭之陽兮龕之左絳雲團兮山砐硪靈儵歸兮莫留福穰穰兮遺我鬱南疇兮歲有秋海波晏兮妖氛收恩蕩祓兮終古薦芳馨兮無時休○國朝王煦詩海上神山禹蓋停山中兀爾坐娉婷夫人若是畬山女應配君王亭廟庭畬山萬國輯車書未識魚軒扈從無只記重瞳南狩日曾偕帝子下蒼梧○陳均題夏蓋廟雙烈婦詩夏王駐蹕舊湖山山光湖影相迴環靈淑鬱紆爲包絡端人貞女出其間謝家有婦貞且賢婉娩結褵自潁川夫君遊學死京邸飲冰茹蘗度芑年上奉舅姑下哺雛永夜篝燈淚潸然儵逢海寇破門入擁向海舟星火急此時衷腸已寸斷惟有濤聲相其泣自分身命不兩全踊身入海海水立一片貞魂化鶴歸羣賊相顧背悒悒同時濯難陳楷妻聘於金氏年及笄夫耕氏織如賓友海氛一起萬戶迷此婦叱賊如叱羊古鋒鍔鍔抵劍鋩白刃交加詞益厲頭斷血軀立不僵一時見者皆驚愕海雲黯慘日色黃哀哉二婦遭不辜巫咸上訴天帝哭急令司命招其魂雪骨冰肌羽衣服游

戲十州三島間寓以泉宮駐海屋馮蠵奔駛不可知土塘嚙盡如嚙虀謀以一線砥狂瀾鐵嶺太守常憂之忽夢二媖雲中來具陳前事神色哀繼言塘上非倉猝某月某日潮可廻太守尙在疑信中詢之土人與夢同如策施工工郎竣臨期閃爍助靈風從此珥筆紀貞蹟從此肖像酬神工余謂當年事伶傳何不奏告於 闕廷編入彤史垂千齡何不專祠於海垌長教颶母避二靈○萬歷志

辰州娘娘廟在五都夏蓋山頂康熙志 國朝康熙間郡守俞卿築海塘禱廟祀以牲醴塘工訖重建立碑朱芹摹書札記吾鄉有夏蓋山山上有辰州娘娘廟相傳夏時神女治水有功後人立廟以祀焉按葛洪枕中書九華眞妃治夏蓋山或在龍山据此則俗所稱辰州娘娘郎九華眞妃也又沈奎案曰此廟創始日月無碑記可考惟李進士祥麟有泰岱分靈題額係乾隆年立謝晉勳曰夏蓋山頂前明備倭寇時有武弁駐札從因承平撤去土人

以其地構廟迎姚邑鳳亭山高廟辰元君供奉而姚邑所奉姚人俱知爲迎自泰山此余所稔聞於鄉先輩者其爲碧霞元君無疑也○已上據刊補

張公祠在五都謝家塘祀把總張殿康熙間建里人沈榮昌記略上虞五都中堰把總張公殿字國相山西人也亦名虎康熙十七年海賊剽掠沿海州縣猝至中堰公素愛民令婦女入避土城而身與僕操刃當門立或勸之曰君之秩與抱關等耳非若封疆大吏有守土責奈何遽以身殉乎公曰山東出相山西出將殺身成仁之志舍生取義之言籌之熟矣把總雖微亦朝廷臣也豈肯爲草寇屈哉賊蜂擁而至公奮擊之手刃數十人賊怒甚攢刀環斫公力屈遂與僕同遇害嗚呼壯哉里人戴其德建祠祀之至雍正丁未季秋見夢於里人謝鯨鯨紀其事懸諸額祠故無產每歲十月朔爲公降生之辰祠下醵資壽公而費恆不支道光乙酉同里謝兆蘭謝聘宋光照暨會稽柴瀚等議裒貲立產爲久遠計置田若干畝

要皆重公之義欽公之烈敬神明而報功德者也宜勒諸貞珉以彰厥美公去今已有百餘歲而里人以雨暘禱輒應是公之神在天而公之靈爽猶式憑於民爲撰迎享送神之辭俾歲時歌之以祀公其迎神辭曰紛溶溶瞻鈞天玉宵迥白蜺旋翩我靈來徐徐駕元菟魁魁驅翩我靈豎戈戟神飆輿祆氛滅翩我靈變陰陽氣光昌耀霓旌翩我靈與之翔羅刹衛旗翼張其享神辭曰神筵敞蘭鐙焠霧靄靄樹耀珠奄靈車鼓鐘欽筵饌玉斝浮金奄車竂奠芳醑爵行于流若雨奄靈車神具醉蕙有馨椒觴備奄靈車進鏤俎廣歡娛樂屢舞其送神辭曰氣翼翼蓋山左絳雲圍山岋峨靈之旋疾如風從以虎導者龍靈之旋長髯飄淩紫袍聳丹霄靈之旋風颼颼福穰穰歲有秋靈之旋錫我祜降繁禧樂終古○已上據採訪冊

雙楓廟在六都寺前舊名了虬廟建在瀕海沙地明季廟被衛坍移今處廟前有雙楓故名

左爲朱小二相公殿朱小二係桑九郡王義弟生平以孝義聞故所居稱孝義村歿後里

人奉爲社神凡有疾及瘡毒者祈禱輒愈○已上據採訪冊纂

遊仙廟萬歷志作槎浦廟　在六都槎浦槎浦廟有二其一爲東遊仙廟其一爲西遊仙廟

祀漢博望侯張騫一在二十三都百雲庄據備稿及採訪冊纂○備稿案曰杜詩云乘槎消息近無處問張騫荆楚歲時記及集林等書載織女贈支機石教問嚴君平事案君平漢明帝時人張騫乃武帝時人相去將及百年其說不足信故史記不載此廟創始相傳每歲八月槎必至浦上里人異其事取槎肖騫像祀之似騫乘槎浮海不僅在漢代百年間來問君平也雖然問君平一事近世袁簡齋隨筆中已詆其誣矣

瀝海所城隍廟在七都瀝海所東城明萬歷四十年建道光九年楊光南重建同治六年楊國棟等重修據採訪冊纂

天后宮在七都瀝海所城北雍正三年建據採訪冊纂○按興化府志天后林姓世居莆之湄洲嶼五代閩王時都巡檢愿之第六女太平興國四年三月二十三日始生而地變紫有祥光異香通悟秘法預知休咎鄉民以疾告輒愈長能乘席渡海乘雲渡島嶼間雍熙四年二月十九日升化後常衣朱衣顯聖海上里人祠之禱雨暘輒應莆田縣志元海運時封天妃明洪武間封聖妃永樂七年復加封宏仁普濟護國庇民明著天妃二條紀天后生卒及前代封號特詳

纂風公主廟在七都纂風寺側萬曆志○嘉泰志云在縣西北六十里正統志作去縣西北七十里

德星廟在八都埒頭村祀漢陳文範康熙八年陳姓建據採訪冊纂

崇善祠在八都港口村祀晉陳頊康熙間建○據採訪冊纂○杭州府志

鮑釁崇善廟記神姓陳氏諱頊字行嵩會稽人也事東晉歷青揚荆廣四州刺史以武功食錢唐海鹽鹽官三邑見於李宗諤之圖經者如此梁大同二年勅封輿善王後改封崇善王而失其時代歲月其見於桑衍之圖經者如此隋僧眞觀講於衆安寺夜夢神求受淨戒仍捨廟屋五間爲佛殿見於高僧傳者又如此爾後遂寢血食專供伊蒲塞饌見於白居易之祝祠者又如此碑版載神之事爲多而怪誕不經適足以誣神今特摭其可書者以傳信於天下後世云

桂林祠在八都去縣六十五里祀晉李祥據採訪冊○案嘉興府志李祥海鹽歟城里人少雄於力知書史鄉有爭鬭悖犯折之以義隆安中孫恩寇海上祥從內史袁山松討賊築壘滬瀆恩驟至山松戰沒祥突白刃收山松尸歸葬時人義之　又六都近夏蓋山亦有

廟曰桂林廟據萬歷志纂○明謝讜桂林廟詩儆殿疎軒廟貌新金冠繡服照青春千年俎豆垂靈遠萬戶笙歌報福頻雲引虬幢天有路風嚴虎仗地無塵一泓如鑑支流合不盡恩波潤澤人

嵩城廟在九都嵩廈嘉泰志作嵩城大王廟云在縣西北六十里正統志仍之乾隆府志先載嵩城大王廟繼又載袁公廟云在嵩城六都甯遠鄉不知袁公廟即嵩城廟今爲更正晉隆安四年海寇孫恩亂袁山松築城禦寇死鄉人祀之國朝乾隆二十八年里民呈請制撫學憲題准有司春秋祭據萬歷府志參乾隆府志光緒十年里人籌捐重修據採訪冊○明倪元璐嵩城廟碑記曰虞邑七十餘里有古廟曰嵩城蓋爲晉吳國內史左將軍袁公建嵩城者何因公諱崧也諱崧而曷云嵩城也居民不敢斥言避之也夷考其先公世居陳郡陽夏魏郎中令袁渙曾孫曰袁瓌爲丹陽令歷治書御

史平蘇峻之難封長合鄉侯徙大司農除國子祭酒上疏崇儒載興禮樂國學之隆自瓌始也一傳而喬拜著作郎遷建武將軍江夏相與桓溫破蜀進號龍驤將軍封湘西伯公之先允文允武倘所謂晉世臣者非耶公幼有才名博學善文著後漢書百篇好音樂作行路難曲每因酣醉歌之聞者莫不流涕而答桓南郡嘯歌之辨更自膾炙人口也歷位吳郡內史安帝隆安三年海賊孫恩叛攻陷會稽勑公與劉牢之禦之時牢之東屯上虞公則爲左將軍築滬瀆壘緣海備恩明年復入浹口轉滬瀆城破公與義將八人奮臂長驅飈飛雷擊卒身死難蓋雖骨碎於千刀萬鎗叢中而公且曰爾是人間海賊臭我爲天上列星香也嗚呼斯眞赫赫哉迄於今不知果死於何地葬於何人八將屬何名矣蘇志曰海鹽李祥奐白刃收骨歸葬又有侍史孫復主簿陳遺僉云皆八將中人或曰上海縣新江鄉公之墓志在焉因名里曰崧澤里又曰墓在長人鄉沙岡有築耶城遺址又有築耶廟蓋卽滬瀆之舊趾又曰墓在橫泖上之山所傳聞異詞總之孫恩之亂三吳八郡倉皇流離公

鄕之不一其地城之不一其鄕崇報之民祠祀者徧江淮此嵩城其一耳且夫嵩城雖毀其跡固巋然尚存考之邑志卽滬瀆壘也祠北曰嵩下市東南有亂將橋西南有孫家洞居民之說是也獨思國家多難卽劉牢之諸人皆事列朝冊而我公主將授首之事史不備載何歟幸各志記之頗詳千載而下猶堪憑弔雖然如公者生多捍衛死有令名文章節義夐絕今古既已存亾生死矣而駿奔在廟青燐碧血凜若霜晨神明之烈何以加茲惜乎世遠人遙傳習多誤史云本諱嵩而別傳并分爲山松矣流訛散失一至於此并載之碑俟後君子參覽
云

櫟林廟在九都趙村南祀舜弟象備稿

內史廟在九都雁埠乾隆府志

六賢祠在九都嵩厦松陵書院內祀浙閩總督滿保巡撫

斜字當作緒

朱軾知府俞卿同知閻治知縣王國樑諸生俞文旦康熙間建因六賢請祭築塘衛民里人感德祀之○據採訪冊纂

舜帝廟在十都百官市嘉泰志作在縣西三十五里正統志作在縣西北百官市鄉民崇奉歲時設供具元宵燈火甚盛萬歷志國朝道光二十三年燬於火里人捐資重建備稿又在梁湖總管廟內曰虞舜行宮萬歷志○宋陸游舜廟懷古詩雲斷蒼梧竟不歸江邊古廟鎖朱扉山川不爲興亾改風月應憐感慨非孤枕有時鶯喚夢斜風無賴客添衣千年回首消磨盡輸與漁舟送落暉○趙汝普詩蒼梧雲斷帝升遐奇石江邊自古誇莫道薰絃無逸響雞鳴寸念亦重華

總管廟在十都梁湖鎮祀宋陳賢明嘉靖時勅封今爵據備

稿纂○按備稿云神陳姓諱賢嵊人及歿植竹捍潮靈著浦口虞邑尤顯靈應明正德時七鄉潮淹前江後海築隄不就神以蘆立標即成保護沙湖塘普施丹藥祈禱輒應明嘉靖時勅封今爵凡邑令蒞任入境必先詣廟致祭又嵊縣志曰神字希文先世閩中人諱堯叟者宋端拱乙丑狀元及第至四世孫銓大觀己丑以賢才授山陰令致政遂居剡之清化鄉子昱字世嘉紹興丁丑進士官兵部侍郎是爲侯父端平二年五月初一勅侯爲靈濟侯淳祐十二年壬子八月十四勅加封善應侯寳祐元年癸丑正月十三勅改善應侯爲協惠侯

國朝同治元年時王師克復虞城梁湖居民見有神兵禦賊之異里人王淦等稟請題封五年勅封護國王有司春秋致祭一在前江一在蔡山一在十一都橫山一在二十二都舊通明壩南據採訪冊○王振綱梁湖總管廟碑萼山之麓有巨鎮焉曰梁湖中有有神祠祀總管神總管神

者潮神靈濟侯侯也姓陳諱賢號愷山嵊縣人生於乾道戊子歿於紹定庚寅由進士官太醫院院使生有異瑞紅光繞室天樂鳴空稍長遇仙人授神術以醫藥濟人有奇驗更異者生能爲神不問晝夜遇寢輒神遊江海間拯護舟楫每祭潮神皆與享焉嘉定庚辰潮怒嚙隄朝廷命有司起徒卒畚築勢不可遏召侯問計侯植竹於沙塗呼江神喻以關係利病潮卽折而東行未幾植竹之處擁沙成阜而隄工就緒其生時靈蹟類如此侯既歿捍災禦患所在響應宋端平甲午以水戰助王師敗金兵於蔡州封靈濟侯咸淳壬子逆風退浪不壞民居加善應侯景定庚申又借潮浙江航貴人攀髮加協惠侯其著功於宋時又如此我虞與侯之故鄉爲鄰邑侯生時足跡嘗至與否年湮不可考相傳前明邑中大疫侯現形駕舟運藥賜救士民感之具告太守詳請立廟於梁湖則廟之所由始也正德間七鄉患水築隄不成侯復化老人插蘆爲標隄工始就嘉靖癸丑兵部陳洙備奏神功奉旨勅封今爵則總管之隆號所由稱也國朝乾隆間燬於火里人重建廟貌巍煥更增於舊

每歲正月元夕張燈演劇六月十月鼓樂儀衛導從廵遊三月十六日爲侯誕辰四方奉牲禱祝者肩摩踵接幾與曹娥廟香火相埒新任縣令入境必先詣廟行香載在邑志祀典攸隆靈威丕震凡我父老莫或敢褻爰述大略而爲之記

曹娥廟在十都曹娥江西岸舊志云在縣西三十五里舊在江東屬上虞後以風潮齧壞移置今處隸會稽漢元嘉元年邑長度尚立石名貞孝屬其弟子邯鄲淳作文誄之文載文徵○案舊志邯鄲淳文成尚以示魏朗大嘆服蔡邕聞之來觀適夜以手摸其文而讀之題曰黃絹幼婦外孫虀臼又曰三百年後碑當墮欲墮不墮逢王叵後魏武帝見之謂楊修曰解否修曰已解曰卿未可言待我思之行三十里而喻乃令修解之修曰黃絹色絲也幼婦少女也外孫女之子虀臼受辛也蓋曰絕妙好辭帝曰吾亦意

此但遲速較三十里名勝志云晉將軍王羲之以小楷書碑文新安儈稽縣志吳茂先刻石於廟中後爲好事者攜去又孝女廟志云廟側大宋大觀四年封靈孝夫碑卽邯鄲湻文宋侍郎蔡卞書人政和五年高麗人來貢借潮而應加封昭順湻祐六年舊志作五年復加純懿且封其父和應侯母慶善夫人元祐八年建正殿八間舊志此下云娥墓在廟旁其上雙檜甚古前有亭後毀於風嘉定中太守汪綱建亭於舊址額曰雙檜侍郎張卽之書又廟前疊石爲隄七十丈端平中會稽令董楷以朱娥配享列位曹娥之側傳詳列女後燬元至元二年廉訪某捐俸以倡紹興路總管散朝公親至其處相址計工亦捐俸以助令會稽尹呂誠董修之元韓性記略自廟之

立借潮濟江不可勝數是以行旅之渡江者莫不拜廟下以祈神佑孝娥推愛父之仁惠及後世功烈在民何其盛哉國家設司府句章以統東浙使命相屬於道舟楫往還無風濤之虞實神職其相非惟功烈及於民亦有功於國矣廟食茲土享民之祭宜其綿歷歲年而不替也顧其祠廟歲久荒頹元統二年郡太守禿堅董公下車按圖志祠廟之最古者惟禹廟及娥祠欲新之首興禹祠之役至元二年廉訪副使某公按事過祠下作而言曰國家以孝理天下曹娥之孝著於千古而靈顯又赫赫若是新其棟宇崇典禮敦教化風憲任也捐俸以倡其從事某亦捐俸以助時禹廟工畢太守得專力娥祠親往相度撤舊新之大合樂用牲於祠訖事俾牲記其成性既著其事於麗牲之石復作送迎之歌其詞曰承荃橈兮桂舟弭靈旗兮中流望四山兮何所挾朝陽兮上游玉斧兮璚佩馭青虬兮雲之外采杜若兮江皋芳菲菲兮末沫潭不極兮海門餞夕景兮江瀆吹參差兮屢舞馳玉駝兮繽紛雷塡塡兮拊鼓櫅陰陰兮靈雨波渺渺兮安流樂神康兮終古　廟成後至

五年加封慧感夫人明嘉靖四年知府南大吉復以合郡烈女從祀兩廡萬歷十三年知縣朱維藩重修朱維藩記

略余以萬歷壬午春補上虞過孝女祠拜謁見其祠宇傾圮垣牆弗繕惻然傷之是秋祗役棘圍冬入覲未果癸未夏復涖任再謁因內生媿有司之職謂何遂以孝女忌辰齋沐告虔鳩衆而舉事得耆民項德熙等爰托之大加修葺越歲甲申厥功甫就垣宇完好丹青炳耀墓故在荒棘中亟芟除之前易以石從高其墉若拱若護仍於忌辰具牲醴中奠侑焉士民婦女過瞻祠下罔不拭目改觀余復爲之惻然曰茲何足爲孝女重哉女痛父沈號呼靡及彼其視洶流如地投洪波如赴身不追恤奚宅顧念迨乎抱屍而出是父是女天實翼之江神河伯若爲效靈女之心志於斯畢矣樹節一時流芳千古廟貌之崇非專爲孝女計也世教人心胥此焉賴漢邯鄲公文莊嚴宏麗古今稱絕彼讀之者謂爲詞之妙好而已何足與言耶余每謁祠下輒摩挲其碑讀其

文不置惜其碑非漢舊令人有遐思爾四十五年送諸娥入祠配享號三
美祠三美者曹娥朱娥諸娥諸山陰人後復圯　國朝順治五年總漕
沈文奎重建康熙志云公未遇時太夫人守節孤苦訴神示之靈異康熙十一年
部郎沈範重修六十一年郡守俞卿重修雍正十年郡
守顧濟美建華表於墓道嘉慶十三年　勅封福應夫
人同治四年朱潮沈樹棠等詳請　加封靈感夫人並
賜福被曹江匾額已上據萬歷志嘉慶志及孝女廟志纂○明朱維藩詩三尺殘碑倚墓臺行人偏解蟻江隈憐娥最有江心水夜夜哀聲逐浪來○徐顯詩荒祠寂寂掩殘碑千載爭傳絕妙辭石爛不磨貞孝字天長猶起後人思大江夢斷波濤險孤塚魂歸草木悲客路逢春歸弔古薦香聊爲折梅

枝○張鉞詩雨後澄江一鏡磨夕陽影裏掛漁蓑漢家多少閨門女仁孝千秋屬幼娥○柳南詩江流東去復西奔哭父曹娥尚有魂身沒波濤緣骨月名高山嶽動乾坤杳陰花落孤墳起碑刻苔深八字昏昭代只今隆祀典隔江簫鼓歲時聞○國朝袁枚詩久說曹娥廟今才打槳尋滔天江上水抱父女兒心黃絹題詞在青苔古墓深燒香來此處絕勝拜觀音○陳燧詩祠外長江白墓前寒日黃樓臺越山水碑碣漢文章月落烏啼急潮平楓葉涼從知神女恨何必在三湘○郝蓮詩暗潮嗚咽過祠門疑是當年孝女魂客至殘碑無讀處亂蟲衰草月黃昏○趙槃詩蛟龍成孝行祠宇壓江皋遺恨千年在潮頭不敢高○錢維岳詩曹娥廟貌樹豐碑千古行人痛色絲苦恨當年題八字不旌賢孝只旌詞○聞秀宋彩華詩斷碣殘碑何處尋茫茫遺蹟久銷沈千秋純孝難磨滅只有神娥一點心舊志多載詠曹娥詩今擇孝女廟志所未載者略錄數首餘刪

張泗君廟在十都梁湖蘭芎山下據備稿　祀宋張達明萬歷

辛丑建　國朝道光辛丑重修一在洪山畈康熙九年里人王維厚捐資建乾隆二十九年王全珍等籌貲增建咸豐間被燬時被燬者惟戲臺山門王耀紋等重建據採訪冊纂

張神廟在十都龍山一名龍山廟祀宋張夏明嘉靖間建　國朝康熙丙子里人高履謙等籌捐重修王必達記畧龍山自明嘉靖患山魈行者苦之謀立廟於金雞石左奉伏魔靖江張大帝廟成山魈遁跡今甲戌冬廟被松偃壓乃相與謀復其舊因勸湖西諸君之往來此地者各出囊金以勷其役斯舉也成之者履謙高公君懷余公家大人君錫公叔文寶公也同治十一年邑紳稟憲請　旨勅封綏佑靜安公有司春秋致祭歲久廟圮光緒元年復籌資修葺

一在七都馬頭路嘉慶間建一在八都賀家埠一在十一都蒿壩一在十四都章鎮咸豐四年里人高成江創議重建張致高有記○已上據採訪冊纂　一又在二十都塔嶺上今廢據乾隆府志○案　大清會典張夏宋景佑中護隄捍江歿封甯江侯立祠至雍正二年始加神號　勅封靜安公

錢庫廟在十都葉家埭祀楚屈原據採訪冊纂

獨墩廟在十都夏蓋湖南祀殷微子因墩獨高故名雍正四年詔民開荒土耕種里民猶豫未決夜夢神語遂奮力耕作時督憲李衞撫憲朱軾藩憲顧濟美飭郡守葉士寬縣令許鼎勘丈編時和年豐民安物阜字號田如干畝民感神惠置夜字九百十三號地三十六畝以供祀

事督憲暨令五人亦各設牌奉祀焉○已上嘉慶志

杜君廟在十都湖塘下祀唐杜艮興建廟年月無考按皁李湖湖經載元莫嘸甫皁湖八詠其一題爲杜墩夜雨題下注云墩在湖南近中昔杜艮與昆季家焉故名唐貞觀初割田成湖時徙居未遂一夕雨沉灑屍不存或云仙化鄉人立廟祀焉其詩曰湖南杜家墩伊昔居杜君劃田刱湖後欲徙西山根滂沱一夜雨人屋俱沉淪父老表其事立祠在湖濱玩此詩可知元以前已有杜君廟又葉砥杜墩夜雨詩云二杜神祠何處尋據是知杜氏昆季墳係二人一在潘家陡雍正時建同治癸酉里人宋棠捐資重修一在蔡㠶已上據湖經暨採訪冊纂○

國朝錢汝紳謁杜君祠詩杜墩基址久荒涼故事猶堪說短長一夕洪波仙刼慘萬家遺澤口碑香荒山松柏迷行徑古殿藤蘿護短牆到此不勝懷古意好隨父老奠椒漿○宋璇詩剛逢天色霽結伴泛湖中長者指予

告愀然悲故宮至今墩尚在憑弔
夕陽空況又前宵雨那能不泣公

畢君廟在十都漁門村祀晉畢卓據採訪冊纂

三神祠在十都五龍山按康熙志自洪山稍東爲五龍山龍湫窟旁水旱禱之輒應據萬歷志○明謝讜碑記我高皇帝翦勝澄寰懷柔百神黜淫毀邪秩祀貞號凡名山靈境之神能降釐佑庇者悉仍故祀或加封爵有差東瀏古多神神罔弗靈於今爲烈則有鐵使劉相公總管陳開三侯王蘿巖山桑郡王三神皆生而正直死爲明神余敬恭有素於凡耆獻所傳里巷所頌八方商旅所揚者咸敬憶之大抵時雨時暘稔年祛沴起病於危拯難於迫若其蟄陰旅以靖國殺洪濤以利濟發冥鏹以消寇尤有明徵是以帝勑褒之上爵錫之琳宮綃彩香煙成雲於戲赫哉夫神有顯司威不踰境若世之官府然三神則著宏庇之休而隆都轄之寄者故虞會蕭剡諸廟中俱有塑像而禮拜不遺哲彥縈雩不限搢紳也於

戲赫哉余友徐子績學務孝夢感三神迺命工飭祠祇修祀事以祈親之壽且康以祈子之顯且昌以祈身之多祉而名之芳其不知者曰諂其知者曰賢蓋徐子本之以仁孝而感之以精白爾徐子數以夢語余余不文無能爲神役謹製迎饗送神詞三章俾凡爲祀者歌焉詞曰玉霄炯炯兮霞嶠虛靈總總兮何所如拜稽首兮丹誠輸祥飈冉冉兮欻若聿駕元菟兮魋魋爲驅霓旌羽葢兮來徐徐祐迎蘭鐃殍兮蕙服禱馥霧靄靄兮瓊樹林林鼓坎坎兮鐘欽欽肆筵饌玉兮鬱鬯浮金靈我宴兮並我歆恍有聞兮雲中音祐饗利事成兮金奏徹閶闔啟兮待神之歸神儵歸兮我拜以辭鑾齊明兮降繁禧赭巒矗兮洪濤東雲飛飛兮樂無期祐送

趙氏三忠祠在十都舊志云去縣西十五里華渡西園南元時建縣尹張垕撰碑文載文徵今廢嘉慶志○國朝趙琴記畧三忠祠者建於華渡西園祀吾宋室宗臣諱良坡良坦良埈三祖者也歲久傾圮故址就湮舊志良坡良坦受命燕市殉節閩中載於忠烈班班

可考而墝以寶祐元年進士剛正立朝忤權貴被斥退處山谷宋亡恥食元粟不知所終其事獨未之前聞書闕有間與將夷齊之餓不敵逢比之死與孔子曰殷有三仁焉孟子曰君子亦仁而已矣何必同當南渡淩夷之際嵩之似道權勢薰而墝挾其剛直之氣持國是排衆議顯沛撼跌百折不回其生平志行必有大過人者抗志遯荒殞身草莽不與伯仲同焉致命夫亦以所遇不同故所處不同而要其國亡與亡歷九死而不悔者未嘗不同也考墝爲南谷老人諱必蒸子必蒸上下古今靡不淹貫與子艮坡孫友直同舉咸淳元年進士出治嘉禾清慎自持嘗從戸侍劉漢弼遊漢弼以諫酖死蒸深爲感憤欲抗疏適趙與懽白於朝不果又坡曾孫同倫不求聞達以教讀終自景炎祥興後但書甲子不書年號有陶彭澤風坦子咏道方坦拘囚時年甫十二出入白刃間毫無怖色及坦被害奉衣冠以葬含恨終天張景泰榜其門曰忠孝予故併誌之

三公祠在十都蘭芎山福仙寺後祀葛仙翁王宏之倪文

貞三人　國朝道光丁未里人王燕藻等捐建備稿○王振綱

三公祠碑記余家世居梁湖村距蘭芎山半里暇輒登覽焉憶少時隨先中翰公遊中翰公好咏值古蹟必延立指示山有泉清且冽曰此晉葛仙稚川煉丹池也寺有室靜以幽曰此明倪公鴻寶讀書所也及登峰退眺舜江如練橫亘山麓有石嶄然俯臨江岸望之使人作飄然遺世想者曰此劉宋隱士吾家方平公釣臺也余時尚少謹識之不忘而三賢之祀典其存與否中翰公不及言而余亦不暇問旣長偕叔五橋修佛事於山之福仙寺頂禮神龕仰見葛倪二像與伽藍雜處叔心非之竊謂余曰是豈有當於祀典乎盍謀一室以妥其靈余曰唯唯然劉宋隱君子方平公釣於是山之麓吾宗先賢也今尚不祀殆亦祀典之失叔曰固吾意也嗣於歲丁未卜吉庀材葺寺之後院移葛倪二公像而以方平公配焉顏曰三公祠奠以椒漿爲文告之并爲詩歌之夫士各有志不能相强有託而逃其心更苦爲仙耶爲隱耶爲忠臣耶出處雖不一其迹而遙遙千載惟此

三人偶焉棲寓遂鼎足而各成其所造人以山靈歟山以人傳歟此其故當非淺見者流所能窺測也是爲記

崔公祠在十都崔公塘兩浙防護錄祀唐縣令崔協亦名崔長官廟嘉泰志正統志均作崔長官廟云在縣西六里又號莫家祠正統志云基本莫氏地故稱莫家廟嘉靖四十年紹興府通判署府篆林仰成重修林仰成記略虞邑西有崔公祠余嘗登拜祠宇荒頹不除風雨而殘碑遺誌亦幾湮滅問之里人咸曰有功茲土特祠祀之莫能詳其顛末蓋在唐時去今幾千年故老遺黎亦皆代謝余重有感焉是秋以署篆再來拜公祠乃得詳稽故實公姓崔諱協博陵人唐大中時以戶曹爲邑令適歲旱無收徵輸莫辦乃捐俸代輸至罄其家積邑人深德之置祠於莫家地號莫家祠祠前有樟九株名九枝樟後宇廢木茂里人擬古甘棠畀香火於樹下奉如祠嘉靖己亥復營構迄今又越二十餘禩矣樟盡萎而廟貌僅存春秋歲祀他祠皆有而公獨遺將如公

功德遺民者何因擇日量工門庭楹廡悉更經營祠宇既備東西構屋數間爲道人薪水之資復買置祭田以供祠祀而蠲其稅方今東南多故倭奴竊發數年來吳越倥偬催徵日急令之人胡爲𦠆蜴然斯民直道三代不殊倘有如公之急民忘家者民亦未必不思之如公余故修祠崇祀以爲官茲土者勸　所置祭田在阜李湖計六畝九分道人歲收以供祀云　萬歷十三年知縣朱維藩復葺新之朱維藩記曰萬歷壬午余被命出宰上虞入其郊見道旁有祠風雨不蔽心竊怪焉他日又過祠下拜瞻遺像拭觀碑詞乃知爲前令崔公協焉公令於唐之大中元年當是時歲頻不入國賦爲艱公不忍至傾家貲爲民貸輸民故德而祠之嗟乎公不負民民亦何負於公哉嘗觀水旱之災何代無之顧有司者消弭無術至廑朝廷下詔旨蠲免甚者遣使賑恤然而公家之徵終不能以盡貸則爲之通融補葺於以救民於死亡斯稱不負令矣求其傾家貲爲民貸輸如公者未之見也彼不以一家爲念而以千萬家爲念不以民視其民而以子視

其民賢哉公也眞能爲人所難爲宜乎其祠而祀之也嘗考公起於憲宗之朝與李德裕令狐綯向敏中同遊當其勳業烜赫氣焰薰灼度越公不啻百倍今也與草木同腐耳視公之祠巋然猶存爕於火不滅飄零於風雨不亡一興於己亥再興於辛酉歲時伏臘燈火輝煌宛然如大中之日非公之眞誠實惠深入於人心豈能世世守之而不變若是歟余也嗣爲令愧譾薄無能爲民利益每謁公祠輒爲內省今且越一考於茲得沾恩典又得與斯民優游於公之祠下厚幸矣詎非公之蔭澤也夫度時計費爲公修葺祠宇旁爲官舍以便茇止門外爲石埠以便登臨宇下植松柏使他日撫斯樹者知爲公之甘棠也工竣乃率僚友稱觴且載述始末勒石○已上據萬歷志參嘉慶志　一在華渡橋北據採訪冊纂

朱公祠在十都大板橋西舊志云在縣西二十五里明萬歷間郡守朱芹勘清皐李湖瀨湖居民德之立祠祀焉按國朝嘉慶元年里人

因皁李湖四閘頹漏議將姜字九百號田二畝六分祠
六甕交住持僧收花存朱公戸以作修理四閘之資
内并祀　國朝郡守張三異康熙志參嘉慶志。張三異朱公祠記略歲康熙戊
申余受命守越乃考鏡典故檄修郡邑志凡前賢
芳躅有未闡揚者亟與蒐羅登諸記載乃虞邑諸生謂
明萬歷間越郡守錦波先生朱公舊有祠今求記曰虞
邑西二十里許皁李湖始自唐貞觀初居民資灌溉疆
界不混雖强有力不能奪涓滴爲挹此注彼之謀其舊
志然也無何萬歷間徐令俾葛曉修邑志曉改志竄入
僞說冀以水利分於鄰境而令亦許可弗駁踰年邑志
成竟有踰界以引溉者持僞說爲左券湖民聞而大譁
向朱公號寃殆以千萬計公同别駕葉公詣皁李湖度
其高下廣狹勘悉甚明因指示葉公曰盈盈水耳溉此
方田猶不足而可他洩乎亟命斥僞說仍舊志遂勒石
湖濆衆心帖然俄而公以課最陞陜西糧憲去民思其
德爲建祠肖公像敬修春秋二祀無敢懈葢直道若斯
其永也余今有郡志之修方蒐軼事片善必錄況盛德

在民如朱公何可不爲之記先生諱芹號錦波蜀之富順人萬歷乙丑進士累陞貴州左布政司使萬歷三十六年建祠於虞河孔道旁顔曰郡侯朱公祠祠西築庵曰永澤外逼通衢住僧守祠洒掃奉香火凡上官過客多憩息於斯瞻遺像起敬慕云。紹興府同知孫魯張公生祠碑記　國家軫念羣黎生息休養利不百者不興害不百者不去其在民二千石乎紹興浙東上郡土田之肥瘠高下因地制宜法行及遠己酉春漢陽張公來守是邦不朞月而報政令且歷三載矣歲旱予奉上官檄按視災眚行縣入虞虞之人遮道前曰張公生我請頌言其一節衆著於茲土而徹福於無窮者虞之西故有皁李湖唐時居民割田成之戒旱潦便蓄洩其旁有田萬頃實利賴焉明季有葛曉者因修邑志創爲七說奪湖注河啟豪右盜決之漸其害莫大前郡侯朱公諱芹躬勘得實請於制撫刻石禁止湖民德之建祠享祀而僞志既成災木遂久今會我張公治郡百廢具舉念郡乘之缺失百有餘季乃修而更新之而吾虞一縣志亦得改纂僞說之害政者旣經剗削復請憲勒禁一如朱公故事而阜李湖得不廢吾儕被澤於公罔知報稱相與肖公之貌與朱公同祠合祀俾世世子孫無忘明錫敢請於執事願一言以志不朽虞民之情如此而文學士張子俊徐子甫浩等請之尤力噫公眞所謂良二千石者哉何功德入人之深也予不文旣樂道公之盛美而喜虞之人能樂善而報本也謹撮其言以爲之記而系之以銘銘曰湖水洋洋惟公之光湖民嘖嘖惟公之澤公諱三異號禹木漢陽世家清河族茲石不磨萬古讀

王公祠在十都前江備稿云在縣西三十里明崇禎間知府王期昇築上陳塘通江水民懷其德建祠祀之邑人倪元璐撰碑國朝乾隆間毀光緒七年里人金鼎等稟縣重建祠中奉王公像左并祀元府史王仲遠諱永。已上據備稿暨採訪冊文昌閣在十都梁湖普濟庵前據嘉慶志　國朝乾隆間邑人王全珍建道光四年王望霖暨叔允中重修　知縣周鏞記略夫縣治而西有地曰梁湖往來要津邑巨鎮也乾隆癸卯歲王君望霖之曾祖全珍命其尊人允升建閣於石梁以祀文昌之神蓋取形家言爲風水厭勝術於是人文日盛卽王氏羣從供京職列庠校者亦踵相接閣之建可不謂有力乎歲久將圮王君復與其叔允中葺而新之木石甓甃之費以緡計者千四百餘工既竣屬記於余余謂陰陽之說儒者疑其妄然事有可憑則理不容誣今斯閣之效既彰彰如是王君又能承先志不忍其傾廢安知是鄉後起之秀不更盛於今日乎余既嘉王君之善繼其祖父尤願繼王君之後者亦如王君之承其祖父也於是乎記　同治間復圮王耀紋等捐貲重修一

○已上據備稿

在黎墅一在三都石家村一在八都淩湖村一在十六

都牛埠一在二十三都永濟閘北岸今燬僅存遺址一在後陳林隱庵之北今廢已上據採訪冊一在鎮都長壩東迴龍墩上里人潘思漢記略閣之建凡四易初由里人嚴大本於明萬歷間建客山之上爲聖母崗祠面南向龍鳳屢仆次由周於磐因山殿風偃即於康熙二十四年移置大河之濱改平殿三楹北向漸爲惡少毁三由磐曾孫炎文及沈羅氏棄大河舊址於乾隆十二年復造山頂不數年燬於火至二十年有術者云五夫山南崒嵂而北岩嶢蒼翠之色秀絶一方惟東水直下未免洩氣宜移建中流作爲砥柱乃設文武二帝二座面西向以鎮龍脈旁仍祀斗母是則所爲四建也余喜墩可永定後必無有易其所者故於功竣以告繼起者○已上據五夫志同治九年里人杜儀復捐建奎星閣據採訪冊

梁王廟在十一都漳汀龍會山龍潭下祀梁行儉神梁姓諱行儉

有異質，多神術。宋乾道二年以外家蕭氏姓中進士，官翰林。明萬歷間夢感羅文懿公，題封五湖四海都龍王。
國朝康熙十年夏旱，鄭令僑禱於神有驗，鄉人捐有翔字號田十七畝、山一百一十餘畝，以供春秋香火。○已上嘉慶志

萬公祠在十一都蒿壩，祀知縣萬中一。康熙二十九年里人章階陞籌資建立。道光間江水決堤，祠被沖塌。至光緒十五年里人柴遇春等復集資重建。萬公諱中一，四川中江人，康熙間由舉人來令虞。時邑西南蒿壩有江水之患，公集紳者籌款築塘，遂得安堵。○已上據採訪冊纂

握登聖母廟在十二都握登山巔，舊傳舜母握登氏生舜處。嘉泰志○正統志：廟在縣西北四十里握登山，祀舜母也。有祥虹閣，可以眺山水。

之勝據萬歷志

霸王廟在十二都霸王山祀項羽嘉泰志云廟在縣西南五十里萬歷志云羽起事在會稽遺跡於本邑亦不經見今載初已鄉之西曰項里世傳霸王曾寓此故名一在花墅上據採訪冊纂○元林景熙詩計疎白璧孤臣去淚落烏江後騎追遺廟荒村人酹酒至今春草舞虞姬

織女夫人廟在十二都崑崙山下萬歷志取崑崙近星宿海之義祀女星據採訪冊纂

謝公祠在十二都東山祀謝安據兩浙防護錄

豬湖廟在十三都豬湖嘉慶志○按乾隆府志云在象田嶺東

石山廟在十四都石山巔祀梁武帝舊志云廟在縣西一北沐憩渡西岸

在十六都檀燕山頂名蕭帝廟舊志云廟祀梁武帝或云齊高帝○已上據萬歷志纂

章家廟在十四都章埠祀章猛衛將軍神姓章宋建與時金兵渡江創義團禦之弗敵殉焉朝廷嘉其忠賜謚猛衛屢著靈異○已上據萬歷志暨採訪冊纂

石塘廟在十五都寨嶺內萬歷志同治元年燬光緒十三年里人張拱辰等捐貲重建據採訪冊○按萬歷志又云廟前有古松里人奉爲香火禱多靈應

龍潭廟在十五都白龍潭祀龍神又一在十九都雞山下名清潭廟宋熙寧九年建明天順間知縣吉惠詳請褒

封黑龍聖王廟前有國朝知縣陶爾燧免徭碑記○已上據萬歷志暨採訪冊纂

郟郭祠在十五都祠前井水甚清洌刊補○按祠不知祀何人王龜齡嶀山賦云郟郭祠前且見井坑之跡今據以補入

笁九相公廟乾隆府志作笁浩九神廟在十六都牛步相傳爲潮神其子姓鄉人祀之明徐景麟記略相公姓笁氏諱均字平之隱牛溪人少嗜讀書尤精兵略凡陰陽象緯術數靡弗淹貫宋恭宗時樞使張公世傑薦公偕兄端應奇材聘詣闕忤廷臣航海議遂還山杜門兀坐徧閱方書製藥博施乞必予予必效遠邇呼九相公焉會元將伯顏平浙知公名特以文武全材疏薦再徵不屈而使命三至乃託爲射獵披髮醉酒騎健騾走狗放鷹往來天台四明莫之識也時仙居有巨蟒伏巖穴觸人畜草木輒死死者歲以十數雷震不克公挾彈彈之中腦蟒狂踊以斃噴毒四發公亦遠絕行省左丞某

聞於朝詔封靖林侯其尤異者公既殂於縣上而縣能返轡䭾公以歸僵立於庭就視則人與縣俱屹然而不動舉家驚慟厝於寶泉山之左麓並瘞縣於側焉○已上備稿

國朝封護國侯王一在二十都溪南一又在二十二都斗門嶺名縣子廟乾隆甲午邑人朱光楨遊此遇老人攜杖與語謂此地係竺某祠基泥臺即其靈座也乃捐錢立廟並有碑記○已上據採訪冊纂

南射廟舊志作南山大王廟在十八都石溪一在宫山一在石溪據萬歷志纂

明府廟在十七都夏湖萬歷志○按嘉泰志作夏湖明府廟云在縣南三十五里者是也嘉慶志作在夏葢湖旁誤

前山聖官廟在十八都下湖溪據萬歷志○按乾隆府志云神姓張諱祐明昔為越將令作稷神勅賜聖官位號倭患寇氛顯威保障屢著靈應至我朝援勦兵駐廟中戰馬夜嘶示知孽寇偷營本境猛虎為患一朝擒伏廟前威神最稱赫濯焉

通澤廣利侯廟在十九都釣臺山東五代晉漢間建神祀方石聖官吳越封通澤將軍宋熙寧八年封廣利侯建炎間金人入境見神張旗幟甲兵甚盛而遁自是靈蹟愈著在古城隍祠者乃其行宮已上據嘉泰志參萬歷志一在十都曹家堡名祿澤廟此廟舊建在蘭芎山小板嶺麓明時移建一在裏巖稱西橫塘廟一在二十都上舍嶺南稱前楓廟已上據採訪冊纂○宋趙

扑記略先王制祀凡山川上下之神其利澤足以及人者皆在不廢所以褒有功也越州上虞之釣臺山有神曰通澤將軍本號方石聖官自乾德中縣令盧釋以旱禱於廟雨郎時降其後旱乾水溢與夫祈福禳禍有感必應錢氏時乃僞封此宋熙寧七年冬天子有事於南郊既徧告天下山川林谷之神有功烈於民而爵號未稱者皆以名聞於是縣上之州州上之朝明年夏遂封爲廣利侯廟興於晉漢間逮宋蓋千歲之久始有顯號以褒大之可爲盛矣既廟碑不立無所考信而縣人沈文亮等懼久益磨滅將無以示後來請記於余余以爲明天子在上方愼嚬笑嚴與奪而賞罰進退不獨信於朝廷之上其所以褒崇貶黜曾不廢於幽隱厥後能以休功偉烈上稱天子之明聖是乃可書遂爲之記按碑有乾德中縣令盧釋云云盧釋任虞在五代時建德係宋太祖年號稱應時代顯倒如此舊志云廟興於晉漢間攷五代後漢高祖及隱帝國號皆稱乾祐必係乾祐誤作乾德耳年湮世遠剝蝕謬訛所不免焉

乾溪廟在十九都乾溪宋治平二年建據採訪冊○案乾隆府志引萬歷志

云在塔嶺南七里許

青山廟在二十都下管神姓薛國初山賊擾下管神於兌峯山上興大霧賊不得入居民以是得安○據採訪册纂

徐氏三忠祠在二十都下管祀明徵士徐文彪少卿徐學詩刑部主事徐復儀國朝乾隆間徐自淑建嘉慶志○案徐自淑建祠後并籌徐氏塾田十餘畝以供祀事舊志作捐田者誤

古城隍廟在二十一都西南城外案正統志作古城土地廟通澤侯行宮祔焉萬歷志咸同間被燬今建復據採訪册纂○案萬歷志廟前雙柏甚奇相傳自晉建縣時所植張卽之書匾曰古城隍祠歲久朽壞萬歷間居民樂助與住持僧大爲修葺攺拓後殿

廊房廟門樹石坊前有空地臨河後殿倚山前植栢數株紫竹數十竿與長者山相對殊爲勝覽云今自粤匪後雙柏無存扁亦遺失

舊太祖廟在二十一都淸水塘北康熙志云去南城外三里有舊太祖廟王氏備稿曰萬歷志本作舊始皇廟康熙志始改名太祖今從之崇禎壬午建祀明汪以增據採訪冊纂○案嵊縣志丁哲太祖神記畧太祖神者自異地貿易來剏建倉於鹿胎山之麓貯米續運歷有年所正統丁巳六月水旱頻仍民飢邑侯徐公士淵聞上請倉發賑復勸城鄉富戶捐濟至明年五月民飢如故神念侯再賑維艱卽將西倉米與侯酌定分給大小均沾恩施事畢束裝歸四方父老聞之拈香攀留不忍舍去神忻然大笑仆地衆駭扶視氣絶侯至執其手曰君避來君避來我有語告旋避拱手曰侯賢父母也今秋大熟可無慮語畢仍逝顏色如生旣殮舉尸如空棺厝於西關外之原年六十四六月十九日也侯請獎詔

封明王勅西倉爲祀祠西隅十堡肖形塑像奉爲社廟羣集虔祝尊曰太祖成化丁未大旱邑侯夏公完祈雨有應申請詔封威德仍祀明王并勅正印官廟期行禮致祭神姓汪諱以增字世德安徽歙縣人

它山廟在二十一都上舍嶺明隆慶間里人重建據採訪冊○案萬歷志舊有庵今改祀它山神它山者唐太和中鄞令王元暐築堰捍江引它山水入小江湖灌溉甚溥民德而祠之奏封善政侯舊名善政侯祠出甯波府志虞之祀此廟也爲萬歷十九年虎傷人人不敢度嶺建廟患息故崇奉愈虔前後有殿僧房門廡俱備春秋祈報郊迎一時頗盛也

伍大夫廟在二十一都山川壇前萬歷志祀伍大夫員咸豐間被粵匪燬今建復據採訪冊○胡仁耀詩遺恨當年失越讐荒祠轉向越邦留有鞭可僇君王骨無劍能除佞倖頭十萬師迴江上雨一枝簫冷水邊秋胥門多少孤臣淚捲作銀濤萬里流

陶朱廟在二十一都坤山西北小阜上明永樂中重建邑人
葉砥撰記上虞西南不十里而近有山曰坤山山之北
麓有分注於東西者曰西溪東溪溪之右涯有坡突起
若獅豹蹲踞俯首卻顧其上有陶朱公廟在焉合兩溪
四境之内方數十里地名開揚里里之人餘百千列社
爲十以奉祠事歲時香燈奠薦之供不少懈故凡水旱
疾沴動作謀望一有禱禳輒靈應不爽余自蚤歲即往
來其地過祠下必徘徊瞻仰而爲公大息焉范少伯之
易姓名也少伯之相越也雪句踐恥復夫差讐伯業中
興爵賞不受乃扁舟冥遊之齊之陶家再徙再富而富
不自有姓名再易再貴而貴終不自居其功烈之盛風
節之高炳燿方冊已不朽矣德澤之厚遺古人使鑄金
禮像環地列封尤能没世不忘也祀典之設宜何如其
報哉蓋遺廟所在固不止此此廟也僻處一隅而香火
蕭然於荒山野水之間閭境耆民能知公出處者有幾
況樵童牧豎褻玩易視與他土地等何怪其然哉能不
欿於公乎余後祇役四方去鄉日曠頃以滿官大曹預

纂修於秘閣閱天下郡縣圖志知少伯廟凡五濟甯滕縣一越會稽一諸暨縣二上虞縣一卽此廟也又會稽有范蠡壇鑑湖有范蠡池名雖存而實亡矣然公之生氣固不繫廟之有無而人心依戴有不容自已者存爾余記異時所慨抑不知其他典祀隆殺視吾鄉爲何如適其里士孫師魯貽書以告曰公之廟廢久弗治嚮師魯與同里周仕葛文敏等出其首於衆俾家助金穀人給庸力歛財鳩工以修繕之肇事於洪武戊寅冬十月暨明年二月告成堂宇門廡完整堅鮮神斯安矣神益承庇衆謂不可無紀以詔來者且舊石有待久矣非子孰宜余疇昔所遊歷及近閱暨乘所載且重孫請乃併書修造歲月以歸之因系娛神之詞於左俾歌以侑享焉其詞曰五湖舟兮飄飄公昔遊兮莫我招兩溪之間兮鶴鳴皋今公來思兮毋使我心勞青雲駢素霓蓋公歸乎來洋洋如在蘭釭燎兮熒熒檀爐薰兮靄靄溪有毛林有芳擷之芼之虔以將敷瑤席湛璠觴鼓鍾於樂乎公堂金誰復兮寫公像地無復兮表公封壤惟茲廟兮棲神我民敬事公兮世世猗與時享○已上萬歷志

南源廟在二十一都南鄉祀稷契臯陶宋紹興二年建備稿亦名三殿廟一在牛湖一在王家山頭據採訪冊○宋趙友直南源廟詩乾坤何處不披圖覔勝誰從此地過三相神功垂舜治千秋廟貌壯勾湖衢通瑞象無塵境山隔眠牛有坦途伏臘歲時同到此祠前瞻拜一喧呼

三賢祠在二十一都西倉內即在縣西城外祀明知縣鄭芸像等因慈寺左鄭公祠廢移像於此朱維藩楊紹芳生祠附焉尋廢已上據萬歷志參康熙志

東嶽廟在二十二都舊通明堰西本順聖龍王廟案嘉泰志有順聖龍王廟云在縣東八里明嘉靖三年知縣楊紹芳建此廟今已改建附識於此

樓三間以塞水口更額曰水東精舍明朱袞有水東精舍碑文載古蹟

國朝康熙四年改今額已上備稿咸豐間被粵匪燬邑人倪桂林募捐重建據採訪冊○案虞邑東嶽廟無慮數十惟舊通明堰廟最古今錄其一餘刪

西赤石夫人廟在二十二都北城外燒香衖口知縣朱維藩有記

又一在東城外名東赤石夫人廟此廟至同治間里人重建相傳縣後山山腰有石如緋衣女子按嘉泰志作山腰有望夫石夕陽反照其色正赤狀如緋衣婦人鄉人異之爲立祠有禱輒應據萬歷志纂

朱娥廟在二十二都董家嶴案嘉泰志作朱娥孝女廟云在縣南八里祀宋朱

回女事詳列女傳俗呼救婆廟宋治平三年建政和四年令席彥稷簿孫衍尉向泝增修江公亮碑記朱娥越州上虞人朱回女也幼失怙恃鞠於祖母一日里中惡少朱顏與祖母競顏持刀欲殺其祖母娥方十四奮躍號呼冒前抵顏曰寧殺我祖母賴以脫去娥櫂追及挽顏不釋顏不勝其忿遂起手刃娥數十卒斷其吭氣垂絕假息猶恐及祖母也獄具祖母猶坐詬詈郡從事虞公大甯進議曰論法誠直顧無以慰歿者之志太守章侯岷從而釋之仍以其事上聞後三月有詔安諭其家賜帛六束米三斛鄉人義之爲設祠春秋祭焉於戲壯哉人固有一死而鮮以義有以義死而鮮克濟悍夫武士平居以氣節自任臨難倉猝或幸於苟免孝子順孫飽聞忠義之訓安於禮義之習未聞以身死親於急難之際者娥田廬一稚女爾非有氣節凜若悍夫武士平昔所自任也非有孝義積習之訓若孝子順孫朝夕所講聞也一旦視死若生赴義如歸身悍祖母卒濟其難於戲非孝義篤於天性勇烈發

於眞誠疇克是耶從事虞公適當其時乃疏其本末著之石刻故僕得考其詳而知歲月之攸始寔治平三年二月甲子也距今四十九年矣祠宇頽落香火不屬往來咨嗟政和三年冬天子祀事南郊加恩四海神祠廟貌悉俾繕完主簿孫廣伯行尉向道原泳相與謀曰朱娥之節近古未聞今祠頽圮非所以敦教化且稱天子修崇之意乃卽故居經營相視出帑金鳩工市材曾未淹時一新遺構堂階增崇寢室嚴邃翼以兩廡顏以重扁內外大小凡一十間工告成邑令席相仲彥稷率僚吏具酒脯安奉神像示邑人祀事無窮不可無述以垂厥後乃以文見屬余欣聞盛美敢以不文辭昔曹娥以孝烈著於前今朱娥以節義繼於後英姿淑節邈千載一轍豈山川形勝之美所產耶抑風聲氣習其猶有傳耶噫彼君子有勇而不要於義士見危而不能致命聞其風亦可以少愧矣　端平中會稽令董楷以娥配享曹娥廟原祠圮明萬歷十三年知縣朱維藩查復祭田捐俸修葺之

朱維藩記略娥僅十齡耳當惡少逞兇廹其大母事出叵測娥能呼牽賊衣冀其稍緩卒脫大母之難娥不免焉吁娥死不獨烈已娥孤賴大母卒以報之李密猶男子身報劉爲從容事古今侈談之矧娥一弱息乃袵席白刃哉今以勸荒行經祠所見其圯廢惻然傷之乃指俸葺理其配享曹娥奉有舊典相沿勿替○已上據正統志萬歷志及備稿纂　國朝光緒十七年里人龔聿修重修據採訪冊○元劉履詩山有石何硜硜朱家娥方十齡仇顏兇廹大母倉皇誰爲憑娥能肩白刃奮身以迎手挽其袂呼母疾去勿當其掠賊怒不得逞刺娥之臂斮娥頸娥知不復生猶恐母脫未遠十指勿懈目愈瞠嗟哉朱娥誰教爾爾能安知當此可用殺其身孝誠感動天地孰能爲爾昧此至情里祠菲薦何以昭德馨躋諸曹廟配厥靈亦有良史直筆俾爾不朽永世垂名○明謝肅詩稚松生澗底已抱凌寒姿春鳥出巢去及哺還高枝何況十歲女所禀眞英奇至孝自天啟利害焉足移讐家廹大母白刃正差差奮身當刃刺揮手挽讐衣被血死

瞠視尚恐追殺之母難一以脫遂達朝廷知詔書恤其家鄉里建其祠亦復祔曹女降集清江湄丹書著往事宋史不吾欺至今頹癈在四壁莓蘚滋蘋蘩旣莫薦庶士徒嗟咨高山何漠漠溪流亦漉漉魂歸夜月皎樹聲淒以悲疇能復廟祀萬世猶一時○夏時詩百樓山前溪路紆我嘗策杖經崎嶇悲風出壑飄衣裾遠聞松籟鳴笙竽山廻水轉林木舒巋然古柏當荒途有娟者娥身姓朱鬢年獨與大母居兩身一氣相呴濡不虞寇來入室廬大母受廹號而呼娥身驚惶劇切膚奮然獨往當兇渠殺身成名在斯須邑人稱羨驚鄉閭歲時廟食爭來趨碑文殘缺半在趺使我三讀增長吁慈孫孝子何代無吾邦廻與他邦殊前有曹娥哀父盱投江抱屍出萬魚娥之相去千載餘人生異代心同符往年氛祲連荆吳生民盡處兵革驅一聞驚柝鳴闤闠男奔女竄塡郭郛後厥父母遺舅姑顚危不解相持扶請觀郎是究是圖不愧爾內眞狂愚○張鉞詩讀書遠假山房住山谷幽深頗饒趣碧玉深鳴綠竹梢翠濤翻落青松樹溪沙淬響有蠏行石徑無蹤少人至虎狼遠遯花鳥鳴

竹戶柴門長不閉○葛焜詩孝女祠堂溪水邊蕭蕭古樹近籠煙遺碑剝蘚臨風讀不待中郎事亦傳○張愔詩興逸尋幽慣當春發興新杖藜登古廟流水浣衣塵虛寂青山麓微茫綠水濱村翁羣往復結社薦溪蘋

孟公祠在二十二都孟闕西南舊志云在縣東城外運河南里許祀漢合浦太守孟嘗祠久廢明知縣胡思伸修葺扁曰感雨還珠萬歷志國朝道光十一年里人重修同治八年復修錢世叙撰記吾虞東越望邑山水清淑民物醕古嬀姒以降代有聞人而漢合浦太守孟公尤以循吏著公遺蹟在虞者有宅有村有墓皆在今縣東南里許至若闕有孟宅橋有孟闕又輾轉以公得名者也元至正間祀公於鄉賢既與瞽宗之祭矣鄉之人復於公之故居立祠祀公明萬歷間邑令胡公思伸重葺之國朝康熙間我先人與同里諸君作新廟於故址自是屢有修葺顧祀事未隆也歲甲辰廼醵錢舉爲會歲以十月二日

釋菜於祠禮成屬余序其事余維公吏治紀於史德業載於郡邑志章矣不具論惟念公去合浦日吏民攀車請之不得請乃夜載鄉民船遁去耕傭翁澤鄰民慕其德就居止者百家當日之愛慕公者何其至也范史傳循吏十有二若公者眞以德感人者矣抑余觀古來名公卿擢巍科膺顯秩不少矣或赫赫負一時名歿則已焉久則替焉公迄今千餘年流風遺韻沾溉鄉閈鄉之人於公遊釣之所一邱一壑皆託公以誌不朽何惓惓乎有餘思也嗚呼賢矣公於吾虞爲鄉賢於合浦爲名宦余未至合浦其有祠與否不可得而知而在虞則固濟南之祀伏生北海之祀鄭康成也然則公之照後世而垂無窮者何如而生公之鄉瞻拜公之祠下感動奮發又當何如也余不文謹舉祀公之由述之如此○已上據採訪冊纂

新安祠在二十二都舊通明堰南里許明萬歷二十四年知縣胡思伸建新安閘立祠閘東以祀大禹萬歷志○記詳新安

聞
下

胡公祠在二十二都潮河南祀明知縣胡思伸令郎在新安祠中據備稿暨採訪冊纂〇案嘉慶志引兩浙防護錄曰上虞縣東南有姚江潮水漲落田不無收胡思伸察看情形築新安閘鼎水二閘合邑感其德建祠祀之

文昌祠在二十二都奎文塔前在縣東郊明知縣朱維藩建萬歷志後圮國朝乾隆二十三年錢必美重建捐田十畝零作歲修費嘉慶志〇錢必美記略虞城三面環山獨缺其東隅建文昌祠於奎文塔左所以捍地脈之旁削障漕水之直趨也志載萬歷初賢令朱公維藩創始之厥後風氣攸隆人文丕茂科第較昔爲盛古人培封域命名取義競惟文是崇思深哉閱明季文塔傾圮祠亦鞠爲茂草余生也晚心竊愴之會邑中士

大夫羣議更新不果余思公務非一人事也請命邑主黄公諱福公許可爰卜吉鳩工選材維良繚垣維固一切規爲無大增減照舊志也旋慮祠無產莫爲之守捐膏田九畝奇爲住持佐薪水而香火歲修之資亦賴是是役也始於乾隆二十三年春落成於次歲夏四月是爲記

仙姑祠在二十二都鳳鳴山按正統志作靈惠王廟云去縣東南九里舊傳有仙女乘鸞下此因立祠洞墟扁曰鳳鳴眞人祠繼扁曰靈惠祠今復於祠上山巔構屋五間亦奉仙姑其中扁曰天開靈宅歲旱祈禱輒應長至前後占夢者禱宿祠下有奇驗萬歷志○明孫如游仙姑洞記余萬歷乙亥修業龍山客有談仙姑洞之勝夢兆先徵者駕舟抵古虞東門舟人遥指東南秀巒插天諸峯環繞爭雄而趨是其地也舍棹登岸行數里入谷口蒼翠四

封谿徑欲絕扳緣而渡溪澗兩山旁襲夾拱以出勢若遊龍既至草庵數間僅安神像其左爲仙姑洞志稱昔有仙女乘鳳下其處云雙崖峭立高可二十丈闊丈餘上覆奇石圓而傾若墜磬竅入日光玲瓏熒朗飛瀑懸瀉噴沫飄激若風雨下有潭方丈承之不溢不涸陡深叵測遊覽入暮齋而就枕恍然示余以夢寤而記之丙子登賢書壬辰薦於南宮悉與夢符復詣神所徘徊周覽欲尋其記志而不可得嗟乎顯晦固有數哉古刹名庵棟宇崔嵬金碧輝煌奔走士女而供奉之卒無徵應能效靈者豈神物憑藉山川之秀散則耗聚則靈耶茲其山深僻故融結而不露其水澄澈故鑑納而不撓其地雅而靜非有怪異可以洞駭人目故精英常完而不瀉古英雄豪傑潛於深山大谷以養其眞一出而炳事幾稱先覺而碌碌浮生者昧眩於貨利聲色馳騖於紫陌紅塵神昏而志耗終其身處於夢中而不覺而我以誠格神神以靈覺我灑然易慮炯然悟眞是以感而夢夢而徵也世之當大任者操持若茲山之聳修潔若茲水之清塵囂不染勢利不縈若茲地之雅而靜中虛外

朗所謂至誠如神眾夢獨醒者非歟余不敏敢以一第邀靈於神乃涉世之道盡命之矣敬奉以從事○國朝黃百家鳳鳴紀遊古虞鳳鳴洞在邑城東南之百雲山上先王父忠端公有記先遺獻有詩俗名仙姑洞旁有仙姑祠王父殉難後王母姚太夫人偕先母葉淑人嘗禱夢於此王父母夢仙姑示以隻手手後祥光燭天成五色卿雲吾母夢曉日照竹林亦有祥光瑞靄時余尚未生也已吾母復如前夢而生余因乳名竹是茲洞於余家有夙契焉城北爲東浙水陸之路余每經此望城外東南山上浮圖矗立以爲洞祠即在浮圖下嘗懸揣一仙姑之景象久貯胸臆間庚辰十二月二十日以訪邑侯陶君類儒寓居城店次日出東門覓朱邨族人亮工爲路導至浮圖山陽去洞尚十里並麓緣溪山路窅深冰石滑足近洞一里許歷磴而上殘雪尚尺餘環觀景色與意中之境絕異及入祠中見仙姑像設則又歷然如熟覩因爲惝怳者久之夫物非親覿終難以意想懸揣扣盤捫燭大都然也若夫身所未歷又非意擬而忽焉當前如同熟覩者此則何解豈如子瞻判杭凡所

遊覽多似重來所謂生前身後之談果有其事乎獨是以仙靈之先覺假夢示人宜無不驗手後祥光手音同守吾王母冰蘗節守而有子爲先遺獻滂母之兆耳目灼如顧乃孤孱不肖易不易于不于應世不能離賤貧絕世無以侍家學邇雖志切父書而景仄桑榆苦多去日竹林曉日太人將何以占之耶迄今王父之去世七十餘年王母吾母二十餘年吾父六年冬殘歲晚冰雪滿山余小子煢煢孑影行年五十八始得來此思此山之磴路與此祠内外之庭除階級皆爲我先世兩代父母之所經因追想當日前後步履之行蹤禱夢之寢處輿從之舖啜往來一一低回繞步暗索潛思山上黑林中有怪鴟作鳴鳴聲不知失聽幾許也洞在祠左不二十武瀑流爲冰柱所咽虎趾縱横印洞外雪上恐日暮返步入城

文瀾閣在二十二都還珠里東道光二十年署知縣龍澤澔創置轉壩並建閣於上以塞水口備稿咸同間被燬光

緒八年里人改建正殿三間以供文帝據採訪冊○龍澤澔記略虞陽抗山負海襟帶二江爲越中形勝邑稽晉以逮有明衣冠文物號稱繁盛乃者科第稀曠市井呰窳說者謂城東河爲城內諸渠咽喉趨欲通明壩勢如建瓴水鮮停蓄實使之然蓋縣治憑高原而瞰曠野地勢東傾河自梁湖逮袁三十里人畫錦門昔人又引百樓象坤諸山澗並巽湖之水南注城渠經絡闤闠瀠洄於玉帶溪以滙之今湖廢渠淤河益淺澁經城東則流湍減汩直輸姚江精華之氣瀰洩易盡夫風氣之繫河渠猶血脈之周榮衞苟血液勿滲則痿痺而不仁計維東關外開槃轉壩以障百川使直者隈之迅者徐之俾水曲而氣活庶地脈靈而文風丕振余惟周禮有司險之掌凡以審曲面勢順地而奠民生有司之所有事也因相度其宜以謀於虞人士王君維仁俞君江許君黛參俞君元進劉君勅等各捐錢二百千文置買愛字民田十二畝有奇貳尹趙君諏日工程向南畚挶繇觀音塘以北逶迤轉而東河深丈五廣十倍之清流紆廻環曲一里舊河

直瀉者實土而築爲廣壖建文瀾閣以鎮之其隙地每年徵租以爲歲祀城內諸渠並加疏濬計費四千數百緡閱四月工竣識諸貞珉以告將來

蕭將軍廟在二十三都黃竹嶺吳縣令濮陽興有記將軍諱闓秦人與其弟閎輔王鄞領兵至越及虞而鄞溺於海將軍乃植金鞭於地而誓曰化爲黃竹吾當血食茲土以福斯民已而果生大十圍長九十八丈因以名嶺鄉民共營廟以祀之○據萬歷志一在小萬家村月山之東稱月山廟一又在箭山村稱樟木廟據採訪冊纂

竹橋廟在二十三都玉屏山祀宋郊一又在潤滋湖據採訪冊纂

遺德廟在鎮都五夫市祀晉縣令周鵬舉唐人遺德廟刻石曰神周氏諱鵬舉字垂天會稽人晉時宰上虞後守鴈門俄而心思退讓志務幽閒念昔上虞東嘗遊漁蒲湖遂乘駒泛舟全家沒水由是數示靈響民遂立祠奉之號曰仙官廟初廟在湖濡神頗威肅民甚畏憚血食日盛明州天童僧曇德聞之以慈力化導俾歸正覺自是祭奠惟用蔬茹且願以廟庭爲僧廬鄉人孔澤趙瑗謂地勢窪狹非立伽藍之所咸請禱願遷於他所忽大風四起朱紱及香爐皆隨風而去二人視爐紱所止處聞之於官官爲奏陳得旨令建梵宇祠堂院廟咸名利濟○五夫志云此係唐天寶二年時事舊在二都法界院前蘭臯山陽此廟明萬歷間尙存今圮後分祀於此宋李旻如有遺德廟碑文載金石今尙立石廟側已上據正統志萬歷志參五夫志○正統志曰遺德廟二一在蘭臯山陽一在五大夫市蘭臯山陽法界寺中昔藏吳越錢王所賜犀帶紫袍笏及鋏鞭韉之

屬萬歷志又曰政和元年兩浙轉運使奏越州上虞白馬湖利濟侯廟祈求感應乞賜爵號九月十七日奉勅賜廟額曰遺德宣和七年八月勅祠云浙部使者奏上虞遺德廟當睦寇猖狂引兵壓境忽素旗出於廟中賊衆駭愕謂官軍已至遂退走赫然明靈實相天討保完一方朕甚嘉之命賜爵爲威惠侯以顯神之威德俾民報祀世其無怠其睦寇犯境有素旗之異者乃五夫遺德廟也爐紋止處即今蘭臯山去湖不五里就其處建祠仍廣爲伽藍以守之勅神曰利濟祠曰利濟院自是祭祀不得用牲牢宋大中祥符改院爲法界其在五夫鎮者蓋分祀之祠有田七十三畝歲入修治供奉殊盛法界寺住持失職廟宇旋隳神靈弗妥元至正甲辰天台王芳尹虞撥湖旁田五畝有奇錙租籍於廟以貲香爐修造仍委寺僧明德尸之勸有力爲助重新舊制二廟蓋並盛焉五夫志又曰宋孝宗淳熙元年五月十九日加封靈佑威惠侯其勅略曰神廟食此上自唐季迄於今更數百年民所依怙有禱必獲懔然如生凡我會稽上虞之人疫疹不興雨暘時若實惟爾神是賴有司

言狀徹於予聞寵晉侯封以嚴我祀典惠栫我民俾獲承祀神亦永有終爵可特封靈佑感惠案此勅舊志失載今据以補入○附錄朱右重修遺德廟碑此指蘭皐山陽遺德廟略曰遺德廟在上虞北二十里縣民世祀周縣令之祠其在五夫鎭者有田七十三畝歲入修治不仰於人其在法界寺者住持失職廟宇旋隳神靈弗妥有元至正甲辰天台王芳以行省檢校官尹茲邑行縣之暇顧瞻祠庭弛弗理葺鳩工董程謀復舊觀丙午四月告成是年八月鄉民父老釁秦簫鼓大宫樂神磬石用紀顚末囑文鄒陽朱右旣述其迹復爲迎神送神辭俾歌以祀神其辭曰蘭皐拔兮峩峩雲雨上薄兮下湖有波侯之堂兮爽塏蹇揚靈兮安歌乘白駒兮來下睠三妃兮以俟以語璚觴湛兮鬱鬯進殽羞兮飴桁樹旌兮繽紛左右兮驂奔食以飫兮飲以醺訣蕩蕩兮天之門慰我民兮下土雨暘時兮多稌民無癘札兮樂吾生答神休兮永終古

濮陽公祠在鎭都五夫里案去縣城四十里舊志云三十里者誤里故有祠

溝閘一名長壩年久閘廢歲屢不登明萬歷初丞濮陽傳令民重建民德之建祠以祀後圮　國朝乾隆間邑人潘式金薛士英募捐重修嘉慶志○趙琴記略長壩郎柯家閘與姚邑接境乃上妃白馬夏蓋三湖溝閘合流之處其瀉於姚勢如建瓴說者謂孔家堰爲三湖尾閭長壩尤三湖之漏卮有以夫舊有閘以時啟閉歲久弊滋閘無寸板壩無完石春夏水泛奔流東注一遇旱乾即苦涸歲乃自前明改築以來橋柱嵯峨塘址堅固歷二三百年而屹然不壞誰實爲之濮陽公爲之公諱傳廣德人萬歷初由貢爲吾邑丞志稱其優於文學兼有吏才調書措置可垂永久若長壩者非其明驗歟今由是壩之築而鎮二三都比歲常稔是可以廟食於茲矣鎮故有廟歲久傾圮潘君式金薛君士英糾及鄉之好義者捐貲重建附於閘老郡王廟內每歲壽旦則潔肴醴以供祀事嗚呼鸞鳳其羽枳棘其棲如濮陽公者雖位不稱其德而俎豆千

秋能使虞之人士景仰弗替以視列鼎
鳴鐘生前赫赫身後泯泯者何如也

周郡王殿在鎮都孟橋左卽虞丞濮陽傳水利生祠基潘思
漢記曰神姓周名城字克畀姚邑馬渚人祖字彥明爲宋會稽秀王郡馬父炳母魏生神於明宏治□年八月初七日幼靈異有夙悟教學蕭山遊錢塘過宋神祠題詩詣之神亦附童口答以詩俱不作人間語有姊適五夫嚴氏歸過其家饌具餕餘神曰若謂以雞骨餉我耶又曰我與若等聚時少也死則爲神廟食舊土姊怪之後果於五月十三日死年二十二歲夫人陳氏無嗣遂降靈於馬渚龜山之巔多異蹟鄉人爲立廟民間有疾祈禱施靈丹卽愈士女多晉冠袍供牲醴往來奉香火者道相望弗絕舊稱大官人又稱憲公直道周相公明遺藩魯王之東海神顯靈保衛封護國郡王　國朝順治間嚴氏往馬渚迎神小像禱醫於家緣祈求者衆因移像於虞丞濮陽傳生祠中至康熙間始爲建殿與潮神張公並祀焉○已上五夫志

案舊志祠祀門失於繁冗今擇塙有事實者載之其無事實而省府志已載者亦錄焉惟秦始皇廟因前令胡堯戴毀其像不准奉祀從刪他如東鄉之橫涇廟在橫涇壩上九里廟在查湖鋪南鄉之大官廟在下溪疊石山廟在廟灣童郭廟在童郭庄頭廟在庄頭盧村廟在盧村𧶽煉廟在𧶽煉村梅演廟上村廟黃河廟三廟俱在管溪西五里舊志云今廢北鄉之半山廟在半山西樟樹廟在破岡畈鎮山廟在朱家灘祝聖廟橫山廟在橫山思湖廟五龍廟舊志地名不詳聖顯廟在側田畢西半係各處社廟省府志概從刪削今亦附識於此

上虞縣志卷三十一

建置志二

上虞縣志卷三十二上

建置志

舖驛

總舖在縣治側曰縣前舖萬歷志

通明舖在總舖東十里一都界萬歷志

查湖舖在總舖東二十里一都界萬歷志

華渡舖在總舖西十里二十二都界萬歷志

蔡墓舖在總舖西二十里十都界萬歷志

新橋舖在總舖西三十里十都界萬歷志

崑崙鋪在總鋪西南三十里十一都界萬歷志

蒿陡鋪在總鋪西南四十里十一都界萬歷志

池湖鋪在總鋪西南七十里十三都界萬歷志

蔡山鋪係陸路在總鋪西南七十里十三都界萬歷志

十五板橋鋪在總鋪西南八十里十三都界明劉基詩磴滑泥深去馬遲雪殘青嶂不多時荒煙蔓草中郎宅素石清溪烈婦祠日落風生臨水樹野寒雲濕渡江旗宣光事業存書史北望淒涼有所思○萬歷志

夏蓋鋪在總鋪北六十里五都界萬歷志

烏盆鋪係陸路在總鋪北六十里五都界萬歷志

達浦鋪在總鋪西北七十里七都界萬歷志

瀝海鋪在總鋪西北八十里八都界案萬歷志置鋪四所各有郵亭廳廊門房繚以周垣設鋪司兵以守候歲久圮壞缺於修治惟總鋪在縣治側完葺如舊餘多荒廢基址僅存 國朝設立鋪舍均照前明舊制通總鋪凡一十五所司兵亦與明制同內惟蒿陡鋪增設一名其工食之多寡仍以衙僻爲差第詳見田賦及武備志

驛

曹娥驛舊在縣西三十里梁湖鎮總管廟邊名曹娥站元大德癸卯江濤衝壞尹阮惟貞遷置縣治西明洪武初復移置舊所嘉靖間知縣楊文明移置江口建有驛丞

署其舊址居民納價佃訖萬歷志今驛丞自康熙元年奉裁歸併於縣至十年十一月知縣鄭僑詳憲禁革値坊陋弊據康熙志纂○案康熙志云近年胥吏舞文陋規百出濫派坊長并及里遞如遇上司經臨動借舖設爲名及逢新官至任巧借安衙立格私加私派民不堪命自鄭僑蒞虞悉禁革之嗣後凡上司經臨與衙署什件俱出清俸備辦並不取坊里一毫一忽永以爲例至站夫工食等銀皆由臬憲領發嘉慶七年奉批由本縣地丁銀劃解額徵驛站項下共銀一千三百九十七兩八錢七分二釐內除起運地丁銀一百七十二兩四錢三分二釐外　一設均平夫連閏工食銀七百八十七兩四錢六分一釐給發夫頭一百一名養膳在縣伺應兵部勘合火牌及院司道提鎮府廳經臨公幹之用　一設代馬挑夫連閏工食銀一百三十一兩四錢四分六釐給發額二十名養膳在縣伺

應兵部勘合火牌及院司道提鎮府廳經臨公幹之用
一設雇船銀五十兩給發船頭辦船之用　一設裁
存驛站水夫連閏工食銀二百五十六兩五錢三分三
釐係批解郵政衙門之欵○互見田賦門已上據縣冊

新纂

曹娥驛舊制驛丞給夫船迎送使客往來自遭倭寇兵興支應山積民不能供按院龐尚鵬奏革之其夫船等項仍存其半以梁湖壩官領額設站船五隻紅船二隻中河船二十四隻小河船一十二隻撐駕站船水夫每隻三名紅船水夫每隻三名中河船水夫每隻二名小河船每隻一名共水夫八十一名差走岸夫五十一名館夫三名餘姚協濟站船二隻工食料價俱餘姚支給分守道座船一隻餘上二縣朋造曹娥江擺渡站船一隻會上二縣朋造曹娥江蒿壩灘船四隻會上二縣朋造○邑人陳縮議畧曰曹娥驛爲東路發腳之地每上司使客往來站船之外多用河船數隻站船止給過關米而河船則用銀僱覓其價直算至餘姚甯波或百里

或二三百里之價蓋前路不更船雖量貼過關所得不多也舊無定價近年官定船一隻銀一錢五分然一旦緊急或有加至二三四錢者上司有限而鄉宦無窮上司之行李不多而鄉宦來帶之行李不可勝計是故僱覓河船之費不貲矣舊例蒿壩迎送上司止東關驛支當以故協濟岸夫一十名今蒿壩迎送之勞上虞分當之矣而岸夫仍前不撤何也上虞夫役直至會稽縣不煩東關兌換而會稽夫役至曹娥驛交卸何也究乎不平哉夫由新嵊而下者必經蒿壩是新嵊之勞吾兼之矣然新嵊東西非通衢也由山會而來者必由上虞是山會之勞吾兼之矣然山會南北非通衢也至於諸暨極富庶而又偏僻其坐派差役恐不能如上虞之多自西自東自南自北無非官府絡繹之所有江有河有驛有壩俱爲水陸盤桓之地者八縣中惟上虞爲然即如山會附郭二縣亦衝繁矣然往西者夫皂出自山陰往東者夫皂出自會稽猶有更迭歇息之利況南北不爲通衢而百姓又多殷實其辦此不爲勞矣新昌無太積庫子起於正德年間兵部尚書何公鑑厚其鄉人之故

總計徭役而津貼之此爲偏累而彼爲獨逸東關蓬萊船馬夫役獨不可量移而分派乎夫上虞極爲衝要不得他縣之協濟而反協濟他縣此所以財盡民貧而逃亾相踵也○縣令徐待聘議曰思深哉蒲州陳公之驛議也惜無陳之當道者以溥仁人之利然其意止及協濟云耳若驛之受困又有自己明越浙縉紳之藪也姚江往來無虛日有用站河船多至數十隻者稍不快意鞭撻隨之而承舍又有折乾之弊前者方過後者又續該驛夫計無所出惟有典衣鬻子輾轉僱船支應求緩須臾之死而已何辜今之人而荼毒至此極乎每於歲終更役哀哀控免者靡不頭搶地而口呼天余甚憐之嘗欲爲之稽覈則蜚語四起謂明越例固然耳安事吳儂紛更爲嗟嗟驛以待皇華之客非以媚士夫也即使士夫之體當全而民力民財不當念乎聊識以須不畏强禦者○康熙志曰陳公縮所搤腕者各縣之協濟徐令待聘所惘惘者士大夫之給差勝朝優禮士紳與職官等例得乘傳往來悍僕叱咤驛夫哀號誠爲酸鼻業於崇禎初載槩行禁革獨協濟一項各縣猶可虞代姚

役不可言也山會之船至曹娥而虞受代當已若下壩爲餘姚所轄應於餘驛支應乃往來宰官夫馬旣憚更舟而姚亦無一夫隻艇相接虞舟迢遞至車廐而始回往返旬日何姚人獨享其逸而虞人偏受其勞李代桃僵大不平也崇禎間翰林丁進具疏爭之下其議所司彼此鬨狗竟無有直其事者良可悼嘆　興朝定鼎緊始驛遞一事壩蠹耽爲奇利焚包乾沒爾時山寇縱橫官兵調發雲集督闔旁午於道承舍移文絡繹不止驛蠹遂居中鈎奇勒議里遞帮貼奸吏猾胥互相朋比所司驛丞於康熙元年奏裁令長漫不可否議每畝貼費至再歲而加三歲而倍加有增無損家愁戶哭計虞常賦每畝不滿一錢二分而貼驛反三錢五分里長少遲晷刻即督促自辦各里遞與驛壩窩遠情實不諳壩蠹故匿牛車藏船艘嗾悍兵驕舍百計嚇索榜箠交至里長不勝困辱不得不拱手而倍輸其直中家之產一供里役立至摧破可爲痛哭流涕者此也按全書所載驛遞人夫船馬額有常數給發有時里長止供催科不與驛事適邑怨憤莫敢誰何適原任靈川知縣成惟悌於

康熙二年六月輪值應差痛私派之害民思剗其弊遂將梁湖壩蠹棍叠控五載奸贓狠藉根株蔓連幸督院趙公廷臣軫念虞民痛行懲禁勒石垂遠自此稍得息肩未幾會署篆新視事蠹乘間復萌惟悌以除弊務盡仍控藩司袁公批下所司鐫石永禁安堵如舊虞民家破人離淪胥十載使非惟悌悲憫桑梓塗炭忠誠激切力摧奸宄趙公廓然犀照霍然霆擊鋤刈之則虞民之罹荼毒未知所稅駕矣猶恐歲久法弛所望後賢爲民永終如始俾奸蠹勿復萌也今將永禁案據具右一

順治九年奉前任巡撫蕭題准自九年爲始其各縣有私派里遞幫貼夫驛銀兩盡行革除有朦朧容隱或告發或訪聞立時飛參拿究在案　一壩棍諸甯周體等冒扮上虞縣九都十都里長搆通官蠹私加私派前一任張令詳按院杜批上虞縣夫役原係額徵錢糧僱夫一百四十八名應差查全書甚明額銀何用私派以致里甲任憑夫蠹通同橫索屢經告發批究未結今見奉

旨頒行嚴禁私派乃借題混稱里長自願領銀承值夫窮民僻遠甘逐日在城應差其誰信之無非借此

一詳派夫各里滋擾追呼無所不至經承欺詐殊干法
紀守紹道檄提車夫并玩法經承嚴究詳報　一康熙
二年六月十五日上虞縣里遞成惟悌控撫院朱批應
付夫差自有額設錢糧責成官催豈得妄派里甲值月
致累小民仰道嚴行該縣募夫頭承值不許加派里甲
如違參處其額設紅船等銀歸之何處該道確查各年
額徵數目逐款究審一併解奪　一九月十四日朱大
鵬等四十九名賦告撫院朱押發守道轉送府廳會審
仰府官吏即提詞內各犯到官會同紹刑官秉公確訊
夫兆既有額設因何妄派里甲民田數萬畝每畝派帮
銀三錢五分係何年加派何人條議奉何院批允又私
抽鹽米貨船等項累百盈千是何奸棍分肥其額設銀
兩歷年縣官作何開銷該縣備造歷年支應夫馬數目
文冊限日內連人解道以憑確審連人解院定奪　一
十一月內二十一都里長成惟悌等具告守紹道詳前
撫院朱批曹娥驛既有額設官銀豈得濫派里甲致滋
苦累如詳勒石永禁不許擅派里遞如再故違一有告
發即將官役參拿仍令驛官領銀官僱夫船應差繳

一三年三月十六日二十一都里長成惟悌等爲憲天愛民殊深事部院轉發守紹道會同府廳會審具詳部院批既經審明如詳勒石餘犯如詳發落繳紹興府上虞縣知縣鄭爲憲天愛民殊深等事又爲神奸已著等事於康熙三年三月十七日奉總督部院趙巡撫部院朱批行守紹道府廳會審奉批拘集各犯審得連歲加增協帮之銀倍於正課里遞剝膚之痛匪朝伊夕成惟悌者乃本縣二十一都一圖之里長去年輪直現年親身承值赴壩應差惟悌欲照差撥給工食諸甯周體等欲照舊得銀言語低昂釁端遂起以致惟悌具呈舁縣甯等揑欵上控當蒙憲臺親訊結案迄今惟悌之屢控不休者以已田值月不甘居包役之名見私派已入欲剔除通縣之弊耳查協驛之舉按畝加派每年計銀實千百諸甯等藉值驛之勞而勒索里遞之銀以肥已事誠有之但從前應差數目不能確指則所得之銀亦難指入已之贓今蒙憲臺設立循環稽查應付驛困少甦卽有火牌過往額設官銀可以支應有餘況私加私派之弊已蒙撫憲革除該驛立石禁革相應再請憲臺嚴

批永禁則虞民之受憲恩非淺鮮也等語訟經五載事大賍多恐滋殊累止以協驛請詳禁革等因詳奉總督部院趙批既經該道審明如詳禁革繳又蒙紹興府理刑廳張爲憲天愛民殊深等事分守道王憲牌奉總督部院趙批道呈詳上虞里長成惟悌訐告等緣由奉批既經該道審明如詳禁革餘如詳發落繳奉此合行知照爲此仰廳即便遵照憲批發落至協驛一事嚴行該縣不許私按田畝妄派里遞勒石永禁取碑模報查施行等因奉行下縣成惟悌又於三年以無旨無憲等事呈控總督部院趙及閤邑士民趙貞朱大朋等於九月初八日喊告巡撫部院朱奉二部院批道行縣嚴禁私派勒石永禁繳數年漸得安靖康熙八年至九年乘許令卸事交代權蠹顏斌串通壩棍漸復朦溷私派隨於九年五月初十日里遞成惟悌復將前事呈布政司袁批府嚴審永禁隨有閤邑紳士陳大材等復公以訪蠹滅憲復行私派等事呈本府批縣勒石等因到縣據此看得驛蠹團聚紮黨蝕邑嚼里冒支官銀肥抽客稅私加私派大干法紀疊奉憲批勒石永禁○已上

據萬歷志康熙志參嘉慶志

金罍驛在縣東等慈寺西宋慶元中令施廣求改爲菴庵亭廢久萬歷志

池湖驛在縣西南五十里廢久萬歷志

百官驛在百官市南明時建隨革今爲梁湖巡檢司署萬歷志

案舊志驛附於鋪下正統志祇載曹娥一驛而萬歷志始備載金罍池湖百官三廢驛康熙志及嘉慶志均仍之蓋建置由舊今亦無所更新焉

亭

路亭茶亭○虞邑爲商賈往來孔道鄉人多築亭以備行人休息且助田施茶故曰路亭亦曰茶亭

今分五門叙次每門先叙舊志所載次及新採訪冊因亭多不便縷晰合并叙之其有舊志已載而新採訪補入事蹟者仍續舊志亭後

東門

黃竹嶺茶亭在縣東南十四里邑人陳敬治建嘉慶志

曲江茶亭在縣東二十里箭山八字橋國朝乾隆二十七年里人萬革六趙嘉業捐建邑人張鳳翥記畧八字橋下曰曲江曲江者以江之九曲而名也雖名為江亦僅可容桴非眞有大艑巨艖可浮於其上以溯洄於諸澗故商販者雖以四明為財貨之所集而捆載而來率由陸道顧自四明諸山崎嶇至此曾無託足之所以一弛其擔負即暍於日熱於中曾不得一杯清冷之水以澆其煩渴予姊丈萬子革六偕趙君嘉業等憫之因糾合里之慕義者施茶於

曲江之上而又念苟無主之者則無以專其事而久其澤因建菴於其地而遂請僧名歸本者董蒞之郎鳩工庀材僧亦與有力焉○沈奎補稿

東黃浦路亭在二十二都去縣東三里落馬橋路亭在二十二都梁王廟路亭在一都東望橋茶亭在一都同治間趙如桂重建五雲橋路亭在一都雲路菴路亭在一都九里廟路亭在一都孟閘橋路亭在二十二都孟閘東鎮東菴路亭在二十二都光緒十五年車怡軒重修子玫復助田五畝施茶湯橋路亭在二十三都旋家亭在二十三都朱巷靑蓮菴路亭在二十三都光緒十六年葉夢魚等募捐建金沙嶺路亭在二十三都後陳路亭在二十三都後陳村嶽廟前見龍菴路亭在二十三都同治三年重建謝家橋路亭在二十三都橫涇壩茶亭在二

十三都光緒十五年重建永濟閘路亭在二十三都西石橋路亭在二十三都○據採訪冊新纂

南門

上舍嶺茶亭在縣南十里嘉慶志

葡萄棚路亭在二十二都去南門三里通緣亭在二十二都清水塘光緒丁亥徐彰寶捐建通發亭在二十二都柳仙廟旁光緒十六年趙新發捐建路口街路亭在二十一都廟灣路亭在二十都大石埠路亭在二十都青山廟路亭在二十都通澤侯王廟前路亭在十九都四角亭在十五都三里甘露菴路亭在二十一都丁宅街路亭在十八都關山嶺路亭在十八都上山頭路亭在十八都橫塘

橋路亭在十八都泗水菴路亭在十八都新市茶亭在十七都半路亭在十七都大經畈孔道厲婆橋路亭在十七都石潤路亭在十五都連樹下路亭在十五都新濟亭在十五都一里寨嶺新嶽廟前南堡路亭在十六都乾隆間建蔡宅路亭在十六都爲嵊邑出入要地乾隆間建歲久傾圮光緒十七年觀其興等募捐重建登高亭在十五都三里馬家嶺古馬祠前普濟亭在十七都管村朱陵橋路亭在十四都江左落丈一作埸埠路亭在十四都江左廣福菴路亭在十四都江右黃沙衕路亭在十四都馮村浦山頭路亭在十四都浦山下○已上據採訪冊新纂

西南門

東山寺茶亭在東山寺前府志去縣西南四十里後廢國

朝乾隆間邑人夏文相桐封募捐重建嘉慶志

鮎魚山頭路亭去西南門五里五婆嶺路亭去鮎魚山五里元壇廟路亭在二十一都五婆嶺西北五里許如願亭在二十一都柏嶼光緒間建裏南畧路亭在二十一都王蟒嶺路亭在十都元壇廟路亭在十都王莽嶺北三里漁門村鬧溪路亭在十一都王蟒嶺下南穴路亭在十一都二里爽氣亭在十二都甲仗村慈雲菴前光緒十六年建指石山路亭在十二都馮家浦亭在十二都蒿壩路亭在西南十一都一里雷神殿路亭在十一都一里饅頭山麓萬緣亭在十一都漳汀陶崑亭在十二都崑崙山麓梅湖嶺路亭在十二都近會稽界蔡山腳路亭在十三都王家莊蔣家山路亭在十三都江右○已上據採訪冊新纂

西門

九龍菴茶亭在十都龍山麓嘉慶志今名龍飲亭據採訪冊新纂

大板橋茶亭在十都六里嘉慶志今名永澤菴茶亭據採訪冊新纂

江磡頭茶亭在十都曹娥江滸國朝乾隆閒邑人顧名臣葛錫麟建嘉慶志

審民亭在十三都花浦莊嘉慶志

汔可亭在六都槎浦國朝嘉慶十年職員何雨蒼建並建指迷閣以便海舟夜行嘉慶志

西黃浦路亭在二十二都去西門五里壩頭潭路亭在十都蓮生菴前光緒閒建華

渡橋路亭在十都

蔡山墓路亭在十都

淨上菴茶亭在十都梁湖光緒八年邑人冏天林等捐資重設并置河字號山四畝八分禮字號沙地九分信字號灯地四畝零姜字號田一畝三分

零沙湖菴路亭在十都

樂善亭在十都外梁湖山頭光緒元年建

福來亭在十都沙湖西

一葉亭在十都梁湖渡口光緒十年曹蒿釐局葉元芳建曹娥場大使張汝楫有記

百埠街路亭在十都梁湖渡對岸近會稽界

百官義渡亭在十都百官舜廟左道光五年姚邑楊王氏捐資建

舜橋茶亭在十都百官市乾隆間金允高建並捐資施茶

中鎮茶亭在十都百官市里人王嘉謨捐資建并助田施茶同治辛酉燬於兵五年重建財神殿

包公殿路亭在十都百官市

穰草堰路亭在十都道光十六年建

佛跡山路亭在十都湖口乾隆四十一年王宗清募建施茶歲久傾圮道光六年重修同治十年里人王檠等復捐資重修并助田

湖心亭在十都湖田

利濟亭在十都後郭　柯莊路亭在十都前江凝菴側施茶　復花閘口路亭在十都　丁家埠路亭在九都　永濟亭在九都八里章陸光緒十七年章星齋捐建并置田二十畝零施茶　雙楓廟路亭在九都　永福菴路亭在九都蒲村　萬年茶亭在九都嵩厦東嶽廟右　張神殿茶亭在九都道光十三年重修　太平菴路亭在九都　報德菴路亭在九都　包公殿路亭在九都　井亭菴路亭在九都　馬路頭路亭在七都滋德菴前康熙三十九年何馮氏建并置露字號田十八畝施茶○已上據採訪冊新纂

北門

遺德廟茶亭在五夫邑人尹軼倫建嘉慶志　嘉慶兼捐資施茶立

施濟碑嘉慶七年尹軼倫捐荒字號田十畝七分零買悅艮捐荒字田五畝二分買鎮垣捐荒字田二

畝田軒忠捐荒字號田六分六毫杜夢熊捐荒字田一畝七分潘我君捐食字號田五分八釐同治十一年曹源盛又捐食字田五畝五分零場字號田二畝七分零今名飲茶亭據採訪冊新纂

廣福菴茶亭在五都陳巷國朝顧宗孟記畧吾里有廣福菴在蓋山東五里許乃瀕海通甯接杭之大道是菴始於明末時尼僧大成在官塘之內結茅而居至本朝順治初改建正殿三楹吾族潤木在白門募緣莊嚴三大佛并彌勒韋陀諸相後復漸次增造兩齋堂遂爲吾族北門砥柱至康熙丙辰以後兵火蹂躪日就頹廢行僧信善遷其址於塘外添建前殿并左右兩廡規模整飭亦可謂殫厥苦心乃猶以商賈往來無憩息所欲再建石亭三楹歲供茶湯以資寒暑僧其將以濟人利物爲佛事者也夫苟能邀福於一身且不惜胼手胝足而爲之況利在通國者乎僧之爲是舉也亦百爾君子所歡喜而贊歎之者其毋以予爲鄉人而私是亭也。沈奎補稿

包公祠茶亭在二都楊家溪邑人呂恒泰捐置嘉慶志

五婆嶺茶亭在縣北五里嘉慶志今名五癸亭光緒間邑人宋棠募捐重修新纂

稱心亭在二都尙聽亭在二都和尙橋道大楊嶺路亭在三孝聞嶺光二十七年建

上乘嶺路亭在三都石堰路亭在三都泗州塘路亭在三都一里

堰頭路亭在三都關帝廟路亭在三都小越馬慢橋路亭小越關帝廟側

在二沙袋嶺路亭在三汎愛亭在四都夏蓋山牛山亭在五都陸家溝

都謝家塘西二里。已上據採訪冊新纂

附明廢亭

旌善申明亭明初各都分設凡二十四所里老於此理訟有不平者乃上於官今廢僅存遺址一都坐查湖二都坐湖頂三都坐小越四都坐橫山五都坐黃家堰六都坐思湖七都坐潭頭八都坐港口九都坐嵩城十都坐後郭十一都坐花浦十二都坐馮家浦十三都坐鄭村十四都坐彎頭十五都坐石塘十六都坐小陣廟十七都坐吕村十八都坐聖官廟十九都坐生畈二十都坐夏湖溪二十一都坐西溪二十二都坐九枝樟二十三都坐橫路鎮都坐五夫街。萬歷志

龍光駐節亭在縣西門外使節往來於此停候明萬歷十二年令朱維藩建今廢萬歷志

塔

奎文塔在縣東二里邑東北無山水直下風氣潰泄之所萬歷七年知縣賀逢舜案賀逢舜萬歷志作林廷植誤今據康熙志正剏塔兩層至十二年知縣朱維藩成之邑人張承賚記曰皇上御極之四載今方伯見田余公奉命鎮越每行部輒嘆虞邑壤中隆而旁削山周環而一虧不飲其潤無以涵蓄風氣邑宜人文思培焉而未有當也會邑之東南山勢稍伏議建塔其上工且半而川屬弗給衆以隱田事請其逋稅於兩臺咸報可既以聞於公公欣然曰是余志也趨下隤俾竟之已又進鄉大夫士而言曰是在堪輿爲巽巽而昂秀固善然以余所睹其瀆水下趨東北日夜傾注無砥捍者則氣終洩而弗聚莫若修水口更佳先是水口有奎文閣蓋亦以障川之東而今又夾其會處屹立一塔以翼之使山水之精神交相映發顧不偉與於是卜日卽其地以標以址鳩工庀材經始厥事時惟澗南賀侯稱廉能率作之勤實賴焉無何公晉秩行而賀又以制去坐是弛輟若莽邱矣歲壬午淮陽貞石朱

侯來蒞政凡所興舉飈振雲集靡不中會未浹歲詢知其繇卽履其址延鄉大夫士召父老議之僉曰是役也費鉅卽有遁稅在徵之難中輟而議興更始之難侯曰不然是有成業而功之弗繼謂作者何古云平地可山矧爲高而得因也乎遂以請於今大府拙齋蕭公公善之畀俸以助曰無爲道謀是時余公適秉憲來浙不忘棠茇故思方下檄問昔所建塔今作何狀而我朱侯先已命倕執繩墨圬墁埴諸役者胥操作而前矣具以對則公欣然謂徼令賢孰成予志是虞所徼福也夫侯喜上下相信蓋殫心經營不取足於遁稅而用弗告匱不亟煩乎民力而功已次集閱數月而役人告成事侯於是偕鄉大夫士召父老觀焉則見欒櫨疊施梁甃井列上薄蒼漢下勒奔流蓋瀛壺閬風在襟帶間矣侯顧而爽然樂也以爲張子與知顛末乃屬記之余惟古今豪杰於世有所注厝必氣與地符地與人會兩相遘合實繇夙緣非偶然也乃今余公倡之侯成之輟而復作豈非吾虞千百年一大勝事哉自今以往行見人文鬱起多士奮庸以柱石乎廊廟以光榮乎邑里使後之誦之

者咸曰人才之盛於今日者伊塔之功則我公我明季侯之德與塔俱存而芳名流於永世矣○萬歷志

尋圮陳宮講木生議重建同時議者相左遂中格不行康熙志○王煦詩人傑由來仗地靈奎文遺迹炳丹青幾時鍊取媧皇石重補天西十六星

起鳳塔在縣東五里爲邑之巽峯萬歷五年知縣林廷植捐俸百金爲倡建塔車郞山上傍有菴三間萬歷志

文昌塔在六都嵩鎮北嘉慶志

啟文塔在縣南塔山之陽舊以磚砌乾隆庚辰湖溪丁氏重建易石計周圍六丈高七級級各一丈抵頂七丈有奇塔前後有二額一曰斯文蔚起一曰砥柱中流據採訪冊新纂

應乾塔在縣南二十都萬歷庚子徐希明徐惟賢建據採訪冊

新纂

上虞縣志卷三十二下

建置志

義産

積善堂在縣治西南舊係新令到任公館計屋三十餘閒同治四年知縣王嘉銓籌款買民房置歲久坍塌光緒十七年知縣唐煦春暨邑紳經元善等公議改爲善堂籌款重修議新令到任庫戶等書先期知會董事借此堂暫住數日其安衙等件仍歸庫戶各書照就承辦是舉共捐洋一萬五千八百元邑令唐煦春捐洋二百元邑籍山東巡撫張宫保曜捐一百元邑人經元善在滬募捐六千元經文先後稟請籌賑局憲撥四千九百六十三元由董補足五千元陳仁趾堂捐二千元

由縣稟奉撫憲崧撰給保赤爲懷匾音一方袁杏雨書
屋捐八百元羅申祿堂捐三百元虞北司董合捐六百
四十元袁九如堂遞捐五百五十元謝潤德堂捐一百
六十元張延記捐五十元合計洋一萬五千八百元
已上捐洋除提存一萬三千元存典生息抵充
每年用款外其餘充作歲修及開辦一切諸費田五十
三畝五分有奇周凝遠堂捐金字等號田二十八畝一分四毫袁介祉堂捐列字等號田二十
一畝四分徐敬義堂捐弔字號田四畝三釐四毫備案勒石以備育嬰及一切
善舉之需唐煦春撰記易曰積善之家必有餘慶顧積一家之善猶易積一邑之善則難積一邑從
前未有之善而創而新之則尤難余自同治閒以　廷
試博一官來浙需次之下見會垣同善堂規模宏濶舉
凡濟人利物諸善事悉歸之堂竊歎生長是邦者好善
如此誠爲善如此勇其所以起人文多顯秩簪纓世族
繼繼繩繩爲南省冠者皆爲善力也天之報施善人誠
不爽而人之樂善亦洵不虛光緒二年余承乏古虞下

車後常以積善與邑人商僉曰籌資難夫天下事易於
觀成難以創始余挾一不畏難之心欲爲邑之道難者
勸嗣奉調署山陰錢塘諸劇邑未果丙戌歲又回斯任
竊聞父老欣欣喜色曰使君三莅虞封或天假之緣爲
我邦成善政焉余於此知邑人之殷殷向善與我之殷
殷勸善心相印遂商之經中翰文等集貲鉅萬存質庫
取逐歲子金暫假一廛開辦第事就緒矣而不謀築室
奚以垂久遠利將來且一人唱必多人和不有堂以實
之事類虛懸費亦難推而廣迺有好善之士各願解囊
以成善舉余亦分鶴俸二百元助之因購基不就遂查
署前右邊有官屋一所大小三十餘間日久失修卽以
此改爲積善堂圯者更之頽者葺之門樓低小擴而高
之需費千元有奇厥後有新官履任仍借此堂小住數
日司事暫居牆門右邊二間右側廂二間外人平日不
許借住諭庫戸各書照會董事存查此一舉兩得之道
也堂落成煥然巍然皆堂皇氣象嗟乎予愧不能爲邦
人建大功幸賴諸君子經之營之慨然身任無所於惔
由是育嬰孩創義學與夫施醫藥牛痘及施衣粥棺木

不一事擬次第推行將救生命於斯贍貧寒於斯療疾病於斯養蒙作聖亦於斯何難分會垣之善爲吾邑培元氣哉爰泚筆爲之記併書紳董姓氏於右三品銜候選知府經元善三品銜候選道袁天錫同知銜屠成杰二品封職陳渭四品銜袁嵩同知銜經湛同知銜羅耀南佾生李品芳○據採訪冊新纂

案萬歷志載有積善堂在縣北二十五里橫塘廟左爲鄞郡學正陳夢祥同妻嚴氏所建今廢

牛痘局卽在積善堂内光緒十七年置

唐煦春記曰查施種牛痘爲保全嬰孩良法甯滬風行久著成效上洋電局總辦經紳元善之賢阮候選中書名文字培卿者仿而行之甯巡道薛公福成深以爲然自光緒十二年始每年認捐廉銀二百兩踵其任者吳觀察引蓀亦如之所謂蕭規曹隨久而勿替不敷之款通飭山會蕭餘上五邑籌捐每縣年以六十兩爲率前任王令承煦先捐廉五十兩煦春囘任至今共捐廉銀二百九十兩以期相與有成經君文因奉命賑饑往來山東河南浙江順直等省可云

勞於王事現將牛痘局歸城中積善堂辦理縣中每年捐廉六十兩應由善堂董事具領庶責有專歸而事可永久經氏叔侄辦賑之後施行牛痘是旣以天下饑溺爲心而又以懷保赤子爲念豈僅竹林濟美桑梓關懷已哉今因善堂落成復爲牛痘臚其巓末○據採訪冊新纂

育嬰堂在縣署西典史署前僅存屋數閒其餘遺址嘉慶三年知縣方維翰建造常平倉嘉慶志今廢新纂

養濟院在縣西南門外康熙志尋圮光緒十一年邑人莫鏶捐資建復十七年知縣唐煦春照會積善堂董事每年酌量修補以期完固新纂

惠民藥局在縣前西南偏改爲社學○萬歷志即古小學嘉慶志今廢

歸安局在縣北三都祝家山之陽咸豐七年邑人羅寶埜創議暨經緯陳淮等捐資建劉書田撰記余任天台時有八十老儒陳先生者五十無子時余尚乏嗣心竊慕之詢其事隔兩年一舉行是年適值掩埋期余請於先生曰願捐廉俸爲費經理仍勞先生先生許諾至期余往觀見於小山巔開土壙壙各砌以甎上覆石板加土焉男女以類從不使雜處余深嘉其敬謹後余調諸暨署秀水兩邑人士有善行者亦復不少然欲求如陳先生之敬謹不可得也回思已十年矣不意於上虞又得國子員羅生寶埜生孝友稱於鄉余初不識得聞於吾友鹽運同知袁君泩袁與生同里且相善一日余與袁君言及陳先生代余掩埋暴露事袁君曰吾鄉有羅生者道光三十年江潮橫漲官塘衝決暴露棺木隨波漂處羅生與其弟寶善寶琛雇夫撈取於洪濤巨浪中得三百餘棺葬之山今又搆石板備畚鍤欲爲掩埋計惟舊山已無隙地而新山尚未買也余曰羅生巨富耶曰否中人産耳特性好善故

孳孳焉樂爲之且族黨戚里知其好善之誠也多願爲捐助是以經費亦未嘗有缺余瞿然曰此眞陳先生之流亞也余欲買山爲義塚地也久矣不得其人故此願未償耳君盍商之羅生吾欲捐廉俸百金爲買山資可乎袁君曰善與人同君子心也何不可閱兩月羅生果持買山契來余始得見其人彬彬然儒者如吾友所言洵善士也山九畝零坐三都王牌下嶴內往字三十一號又往字二百二十二號立劉公戶輸糧歸安局完納余喜曰余十年之願未償今得羅生償矣羅生曰此公功德也乞一言以記之余曰生力哉余何功德之有無已謹卽吾前後所遇合者書而與之且勉之曰毋始勤終怠必如陳先生之敬謹年八十如一日也則善量益大而福田益厚矣是爲記

臺門正廳及左右耳房共十三間爲董事棲息所後又建平房兩進凡十間係堆置棺木及埋葬器具并置田產五十畝作修理費

餘姚朱蘭義塚記曰

上虞羅君錦標性好

行善謂積善貽子孫不若積德與子孫遂有義塚之舉家本寒素貿易申江迨壯歲業漸充盛馳至五旬外謂可行吾志矣無何遘病語戚友曰吾疾不能起距家遠不得與諸兒面望諸兒他日成吾志敢煩諳告吾死亦瞑目矣時道光十七年事也三子致堂悠齋吉人尚幼及致堂長思擇葬地於咸豐丁巳購山十餘畝續購山二十餘畝復造屋二十餘間名曰歸安局爲董事棲息所並置產五十畝作修理費閱五載乃告成吾觀羅氏之立義塚也使在申在虞之枯骨皆得歸葬而安幽魄於九原不成於父即成於子待其人尤待其時子不改父之心而力尤加厚焉事雖難而終易天之所以報善人者何如人孰不當勉爲孝子仁人乎哉爰記其事并詳書其名父曰振裕三子寶堃寶善寶琛　又措屍場經費稟縣詳憲批准舉

羅寶堃撰記咸豐丁未余承先志接辦歸安局義塚

行事越五載而工竣適芳洲經翁過訪謂當今刁吏蠹役藉勢擾民弊難勝言而勘尸一事爲尤甚若能籌其經費定其額數稟請由局開銷毋許株連鄉里如是則

吏役之計窮而小民得安枕矣余深韙其言而將以舉行時浙江賊氛逼近警報日至辛酉冬粵匪犯虞余避難申江迨匪平還家芳翁又言及之且謂上海輔元堂曾有此舉條例甚詳遵而行之可也因袖出一卷見示余以擾攘初定財力困頓而三弟二弟又相繼逝世未之能行乙丑秋芳翁督修海塘積勞病故余痛且駭并恐負長者之言也丙寅正月親友畢至余詳言顛末而苦力不從心幸座中田君伯周稟商伊叔舜雲助田四十畝零莫君萱庭助田二十畝零吳君月樵助田五畝零見諸君各有善根爭先創捐事有端倪乃述諸芳翁之子長子連山次子樸山二人亦知先君遺意慨然助田十六畝有奇余自助田五畝山八畝嗣後徐君友笙助田五畝各親友亦陸續輸捐無少吝者遂仿輔元堂章程畧爲增減稟請邑尊王公通詳立案並蒙前臬憲王面給護照告示撫憲李飭令浙省各州縣一律舉行虞邑爲則可見上好仁下亦好義而惜乎芳翁之不及見也蕆事後爲畧敘其緣起如此○據採訪冊新纂

附屍場經費

上虞勘尸一事刁吏蠹役藉勢擾民弊難勝述同治六年經歸安局紳羅寶森羅寶莖經元善等稟請虞邑路斃浮屍其無傷痕者該地保赴局報明均由局備棺收埋其有傷痕及謀故鬭殺自盡等案報明公局一面赴案報驗所有隨從書役人等屍場驗費悉由局中捐給毋庸屍親犯屬證佐人等再行出費嗣經臬憲王批准出示禁止書役不得分外苛派勒索備案立石

一憲定屍場費刑房五百六十文招房五百六十文傳話五百六十文代書二百六十四文原

差一千一百二十文押驗地保五百六十文紅快五百六十文禁班二百八十文值日四百四十九文門房一百十二文茶快一百十二文軍轎二百二十四文仵作八百文屍格二百二十四文衣箱馬杌一百十二文鋪司一百七十九文清道一百七十九文金瓜一百七十九文軍牢六百四十文轎班八百文傘板一百七十九文外加硃墨筆四十八文手巾四十文紅布五十六文芸香蒼朮九十一文燒酒九百六十文土作四百四十八文小夫二百二十四文吹手三百三十六文炮手二百二十四文粗紙二百七十二文肩牌一百十二文每次小轎船價不論遠近

共給錢四千八百文

一憲定勘驗路斃浮屍棚廠經費屍格二百五十六文仵作一百八十文原差二百十五文差夥二百十五文值日頭役二百十五文紅班二百十五文門房九十文禁班九十文刑招房三百四文值堂八十文傳話一百二十八文掌轎一百七十九文馬杌衣箱九十文茶快九十文鋪司軍牢轎

傘九百八十六文大傘四十五文壯班九十文清道三十二文樣板三十二文金瓜三十二文花炮二百二十文隨轎一百二十八文外加硃墨筆四十八文布三十八文芸香蒼朮草紙九十文燒酒一百二十八文搭廠一百二十八文搬屍

小夫一百二十八文

一縣定臨場攔驗照章減半給費

一屍場一切開銷皆由邑人捐助田畝儲爲經費同治三年田繼善堂捐本邑盈來署食場字號姚邑調字號田共四十畝四分八釐二毫五忽莫元善堂捐張來署往字號田共二十畝二分五釐二絲六忽經敬修堂捐食時豐字號田共十六畝四分七釐一毫四絲徐友笙房捐荒字號田共四畝七分八釐八毫七絲八忽羅致堂房捐暑字號田共四畝九分九釐五毫二絲又捐往字號山八畝吳介眉堂捐往字號田五畝九釐二號楊敷文堂捐來列字號田三畝九分七釐三毫二絲五忽袁錦

標房捐往字號田一畝四分三釐八毫吳咸若房捐往字號田六分吳恒若房捐往字號田二分　又同治五年將各戶捐資置得暑字號田五畝九釐八毫往字號田二畝二分九釐二毫　又同治六年續置食字號田一畝八毫五絲暑字號田二畝一分二釐七毫五絲來字號田三畝五分四毫暑字號田三畝六分七釐五毫七絲五忽　又同治七年續置暑字號田三畝三分七釐六毫六絲公字號田二畝往字號田二畝一分八毫三絲荒字號田七分　又同治八年續置往字號田十一畝八分一毫八絲宿字號山四十二畝八分六釐　又同治九年續置來字號田四畝八釐一毫八絲一忽暑字號田一畝二分四釐○已上據採訪冊新纂

塘工局在八都七里孫家莊同治九年邑紳連仲愚捐資創建前廳五間後樓五間臺門一間側廂四間平房十一間爲管塘停歇工料之所又置田三百畝爲歲修費

據採訪冊新纂

大查湖公田在一都竹公山對岸計墾田十餘畝歸典史署收花以作每年軍犯冬衣費據採訪冊新纂

敬睦堂義田在九都上黨莊邑紳連仲愚捐置田五百餘畝散給錢米立有條約未及建莊賫志以歿其子連芳連蘅等遵遺命於宅旁建義莊計屋二十五間續捐田六百餘畝曹江義渡田二十五畝零光緒十三年奉旨旌表建坊據縣冊新纂

徐氏義田在縣南二十都下管明徐文彪置田四十一畝

賑濟族人　明謝瑜撰記義田古之人有行之者范希文其尙矣義田記古之人有作之者錢公輔其尙矣希文義田之規備見於公輔之記希文之義溥博而有差公輔之記制詳而義盡也吾邑雙溪徐公文虎爲義田以贍族其季子世和氏於京邸屬余以記之余無公輔之筆惡能記徐氏之義田哉於是舉公輔之記希文者以告承其志修其業充而廣之無讓希文是在世和氏兄弟耳其田四十畝每歲宗之長者擇子姓能者司其入儲之祠堂之後命歲終稽族屬之乏差其等而周之春之季夏之仲周之如歲終焉遇有婚喪不能舉者量給助之不以時限田之數與其落處并勒於左以爲世守○據採訪冊新纂

羅氏義支堂在縣北三都道光二十六年羅其剛捐資羅祺受記署族兄其剛與其二兄於道光季年捐錢八百千設立義支堂爲賑孤恤寡費既而以經費不足復捐錢四百千置田二十餘畝於本姓三房一支按口給糧餘資存息以待不時之需又另捐錢二百千置產收花爲

孤子讀書修脯之費其所以成就孤寡者慮至周而計至遠也爰記其巔末而勒之石○據採訪冊新纂

義塚

義塚之設爲窶民無地或客死無歸者瘞埋所蓋體先王澤及枯骨意焉上虞自宋始設義阡至明各都分設義塚　國朝因之其閒有官地有民地捐捨者今分别時代一一載之

宋義塚

義阡在縣北後山下邑士劉漢誼地也廣二十五畝因縣令張志立有意惠民遂舉地以葬死無歸者正統志

明各都分設義塚按萬歷志義塚門有舊塚新塚之别其云舊塚者乃萬歷二十八年前所設之塚其云新塚者乃萬歷三十二年後知縣徐待聘奉撫臺尹檄嚴督各都置義塚時所分設今不分新舊併錄如左

一都附近新通明壩計山三畝萬歷閒太平菴趙五道人捐置又附近驛路計山二十五畝監生方志達捐資萬歷志

二都萬歷閒民王淇捐山一畝四釐四毫趙邦佐捐地一畝朱匯捐地一畝零萬歷志

三都在驛亭萬歷閒知縣徐待聘改便民倉基及亭基置倉基七畝零亭基一畝俱官地係辰字七百六十九號至四十四年邑紳李廷瑚復捐松山十畝十五號係辰字八助作義塚此塚越數百年牛羊踐踏骸骨暴露光緒十年里人經氏築圍牆護之○已上據萬歷志康熙志嘉慶志及採訪冊纂

四都亭基二所約二畝零又徐用寅捐山八畝坐厲家嶺側萬歷志

五都在夏山西湖邊貼官塘約地四畝萬歷志

六都在雀嘴畈官地十一畝萬歷志

七都民金政佩捐地三畝二分置萬歷志

八都在譚村荒地六畝萬歷志

九都劍字號官地三畝零號字號官地四畝零百家廟基地二分罔字號地七畝萬歷志

十都舊在外梁湖高阜地萬歷志作舊有義塚地六畝七分今攺曹恒吉義塔記萬歷間

邑令胡思伸相外梁湖高阜地建漏澤園爲掩骨埋胔之所據是知徐待聘所云舊有義塚者卽此但此塚至國朝娥江水駛民房淪没遂相率而後茅遵化復捐没於水並無遺跡矣說詳曹氏義塔記

山七畝零○此係徐待聘爲縣令時置據萬歷志參曹江集

十一都在漳汀畈官地二畝零又黃泥山智度寺基地四畝此係萬歷三十二年置○萬歷志

十二都沿塘塗地十畝萬歷志

十三都在蔡山渡側官字號荒地十一畝零萬歷志

十四都在龔村畈官地十三畝萬歷志

十五都民王敬捐山八畝魏文泮捐地二畝二分五釐萬歷

志

十六都民閻循捐山三畝又翁某捐地一畝三分李儒捐地七分零萬曆志

十七都南倉廢基地十畝零亭基地二分九釐又馬十金捐地三分九釐萬曆志

十八都一在萬金菴側邑人丁魁捐陶字號地二畝一在爛大菱山丁朝捐唐字號山三畝據萬曆志及採訪冊纂

十九都在搭灣畈荒地約十餘畝萬曆志

二十都在石埠西畈荒地約十餘畝萬曆志

二十一都一在西南門外養濟院前計地七畝正德間葛廷貴葛世民捐置此係萬歷志所云舊設義塚至萬歷三十二年知縣徐待聘復於西南門外官地七畝楊婆橋官地七畝暨近西溪山十八畝此係民人成經第一捐助分設義塚據萬歷志纂

二十二都一在縣西門外二里舊名漏澤園此塚係明初置正統志云在縣西門外有地僅四畝當卽指此一與舊塚隣此係萬歷二十八年知縣胡思伸置其云舊塚者卽指漏澤園一在縣東花園畈黃家瀝東此亦胡思伸建至萬歷三十二年知縣徐待聘復建義塚於受字號地計五分二釐五毫及楊坤四捐地計九分七釐一毫。以上據萬歷志纂

二十三都一在橫山案山字沈奎刊補謂當改路字王氏備稿謂二十三都原有橫山今從之廟邊竹字等號地趙大化捐地一畝零宋深捐地七分張成捐地一畝四分又荒地約三畝九分一在黃竹嶺廟邊地趙志趙瑞捐一畝三分趙孝捐五分趙乾捐八分姚文達捐體字號一畝四分萬歷三十二年知縣徐待聘建已上據萬歷志纂

鎮都義塚一在甘家衖口西山頭萬歷間改百家廟基址七分置一在姜希衖口山路下改陳七郎廟基地一畝置據萬歷志參五夫志

國朝增設義塚康熙志承萬歷志之舊義塚絕少故不增入至嘉慶志始增入一二顧民間好義捐捨者不一而足至粵匪之變義團抗敵蹂躪最深同治初司道府憲札諭收埋

遺骸及浮厝屍棺光緒十三年又札諭紳董掩埋分別男左女右編號立石而義塚之設乃備今仍仿舊志各都分叙之例備録如左

一都一在東門外官山棋盤石左邊地三畝此塚係國初時置後漸墾爲地光緒十三年知縣唐煦春諭禁開掘永爲義塚一在祖一房村後一在西小壩上一在竹公山頭近大查湖一在十八里河北岸新石橋西一在大閘南一在蘿巖虎頭山下黃字八十九號山六畝黃字九十九號山三畝三分五釐葉聯輝助一在蘿巖山脚下車衕黃字二百廿二號山一畝葉煌助一在雨山廟後宇字五十五號山六畝一分葉春熹助○據採訪冊纂

二都一在楊家溪半路橋側里人趙淞趙璠等捐助同治元年

北鄉起義粵匪至半路橋殺傷義民無數趙淞等即於其地撮土埋葬歷年清明致祭 一在半街菴側據採訪冊纂

三都一在小越南山袁天錫置塚分爲二列字一百五號山十畝爲別姓埋葬所列字一百三十二號山十一畝七分四釐二毫爲袁氏本姓埋葬所 一在沙袋嶺麓羅氏捐置又在葫瓜瀝祝家山王牌下杜郎嶴羊山等處係歸安局分設義塚塚外築圍牆環以枸橘里人經緯陳淮羅寶堃等募建○據採訪冊纂

五都一在夏蓋新廟後歲字號田計二畝四分四毫 名太平塚嘉慶八年邑監生王懋昭捐置據嘉慶志 一在華山菴側歲字號田計二畝六分零 同治七年置一在嶽廟東歲字號田計十一畝

零　光緒十年置俱係舉人王濟清捐助據採訪冊纂

六都一在槎浦村東雲字號田計八分郭餘慶堂捐置一在金馮劉村西調字騰字號田調字號二畝六分零騰字號七畝零光緒十四年連敬睦堂捐置據採訪冊纂

七都在張家埠村南露字號田計五畝朱洧銑捐置據採訪冊纂

八都一在港口村生字號地一畝一分六釐七毫水字號田二畝二分二釐七毫里人邵棠等立石一在埒頭村係霜字田二畝零陳天麟陳瞻山捐助一在玉字號田計六畝四分光緒十三年連敬睦堂捐置據採訪冊纂

九都一在出字田一畝二分九釐咸豐三年呂連甲捐資光緒七年子松泉續置出字田一畝一在號字田七畝二分一在巨字田五畝三分光緒十三年連敬睦堂捐置一在珠字田三畝光緒十四年趙金法捐置據採訪冊纂

十都一在蔡山南岸鳳山麓光字號地係光字七十二號地九分七十三號地一畝三釐一毫名同善堂義塚案嘉慶志於十都下敘列蔡山義塚又別立同善堂義塚名曰王氏備稿謂其重出今刪其一。據王氏備稿參嘉慶志一在百官孫家灣李字號山光緒三年谷震谷瀚捐置係三百七十一六畝四分八釐三百七十二九畝三百九十三一畝五分至十六年備案勒石。據縣冊一在前江村湖墩上暨聖

恩寺東此係舊塚又出水橋對岸果字號田計四畝零里人金鼎

金元等捐置塚前有碑只許掩葬毋得亂埋一在蔡舉大覺寺前光字

號山計二十九畝零光緒十四年王耀紱等勸捐置一在潘家

陸日字號山計八分宋姓捐置。據採訪冊纂

十一都在嵩廟鎮花紋嶺東鱗字號山計山二畝嘉慶志云未詳所自邑人

募捐建普濟廬一所大石路兩座周迴築石牆護之。據採訪冊纂

十四都在姜山下虞字田係虞字三千三百四十二號田一畝九分九釐六毫里人

金堃捐置一在謝墓花園衖山一在章埠後荒地金姓捐廢田數畝

一在江濱沙地據採訪冊纂

十六都一在關帝廟前計地一畝零　一在蔡宅讓字號山計十五畝零蔡姓捐置　一在陳莊位字號地計二十餘畝　陳姓捐置據採訪冊纂

二十一都一在西畈溪邊伏字號地土名吹郎壩　一在南嶴坐字號地土名松園○據採訪冊纂

二十二都在後山莊計山地四十畝零邑人陳惠生等募捐置據採訪冊纂

二十三都在横山舊塚旁鳳字號地係鳳字一百二十八號地四分零又一百二十九號地二一畝零羅家友捐置　一在永和市西南計地十餘畝○據採訪冊

纂

鎮都在徐山即西後山食字號地係食字八百三十一號地二畝又八百三十二號地五分五釐杜邦憲捐置據五夫志

案萬歷志載造葬修築之法一曰各處義塚地里有限待埋無窮若任其隨處亂埋匪直易於盈滿且日久必至沓葬是欲掩新骼而反棄舊骸矣今後如置有義塚先令委官逐一丈量通計若干分爲幾壣畫定界限每壣橫長九尺濶八尺葬棺二口蓋以一棺長六尺濶三尺兩棺長濶皆六尺四圍坑口各留濶五寸坑沿各五寸上下各加五寸以丈量法計之一坑長九尺濶八尺積得二弓八尺八寸算得一釐一毫每地一畝大約開坑九十八口可埋棺一百九十八具其掘土以深至五尺爲度其低陷處所恐有水浸亦須深三四尺面上仍堆高三四尺形如馬鬣各以遠處起土不許將塚地掘挖成坑如第一壣葬滿方於第二壣葬起仍先於地面

逐壙畫坑若干編立字號預報在官及葬棺以後報云某月某日葬棺若干開坑自某字號起至某字號止以備幾查庶地無虛費棺無沓葬矣此造葬之一法也一曰各處義塚置碑立界原杜豪右侵没之弊可垂永久第土葬之墓易於坍塌若不時加修築責以看管年深月久棺腐土頽頑民縱放牛馬踐踏難免暴骨荒耶須責令地方見役看守不許侵損仍於每歲清明時官給夫役將各葬過屍棺上面加土一次委官亦於此時親至義塚巡行有空陷者修築之浸污者疏導之仍具給狀以備稽查庶各塚經久不至崩坍矣此修築之法也

二說皆堪爲後世設義塚者取法今附錄之

義塔附　舊志無此門今仿鄞縣志例增

義塔一在城中北司土地祠後一在南門外吹郎壩上一在西門外蔡山頭鳳山麓邑人祝燦捐置一在裏梁湖沙湖菴

康熙間張大義陳必聞捐置側塔凡三座里人曹恒吉有記一在百官龍山麓一在五夫徐山據嘉慶志五夫志王氏備稿暨採訪冊纂

施材局

近仁堂施材局在縣治西南河岸乾隆閒邑人陳松巖陸辰章捐置垂字等號田十七畝零爲施材費棺儲等慈寺後松巖子百忍暨黃得陽等捐資創建施材局又續置田十六畝五分平字號田共十畝七分育字號田一畝一分九釐問字號田二畝六分一釐道字號田二畝迨咸豐辛酉粵匪之變局中司事搜埋路屍幷集資捐置山二百餘畝設爲義塚一在乂袋灣係育字號山七十二畝

一在羅家嶴係戎字號山五十八畝一在搗臼嶴係首字號山四十畝一在皁隸湖象山係河字號山十五畝一在胡瓜舍係駒字號山十畝一在夫人廟後係育字號山十二畝○據採訪冊纂

同仁施材所在縣南二十都管溪徐東明捐置田産內周字號田一畝三釐發字號田一畝七分四釐八毫附字號田三畝零作收殮路屍棺槥埋葬費據採訪冊新纂

蔡山頭同善堂施材所在縣西十都蔡山頭嘉慶間邑人朱文紹等捐置田十五畝零爲施材費河字號田共六畝四分八釐五絲光字號田共六畝四分二釐一毫海字號田共七分五釐重字號田共一畝四分五釐六毫○據嘉慶志及王氏備稿纂

百官同善堂施材局在縣西十都百官鎮乾隆間里人陳天德等創建施材會道光十年王啟盛等捐資建施材局同治十三年季汝賢等設法增置田產連舊董捐田共五十畝零內果字號田共一畝三分七釐珍字號田共七畝七釐李字號田共七畝六分八釐六毫柰字號田共十三畝五分七釐六毫連地在內夜字號田三畝六分二釐六毫時字號田共八畝二分五釐四絲附時字號田共五畝一分和字號田共四畝五分爲施材費其施材餘錢約每年冬至後埋葬浮棺永爲定例據採訪冊新纂

映泉施材局在縣北三都小越市里人袁麟等捐資建并置有列字號田八畝零嗣因經費不敷麟子崙募捐施

上虞縣志卷三十二

據採訪

材冊新纂

上虞縣志卷三十二下

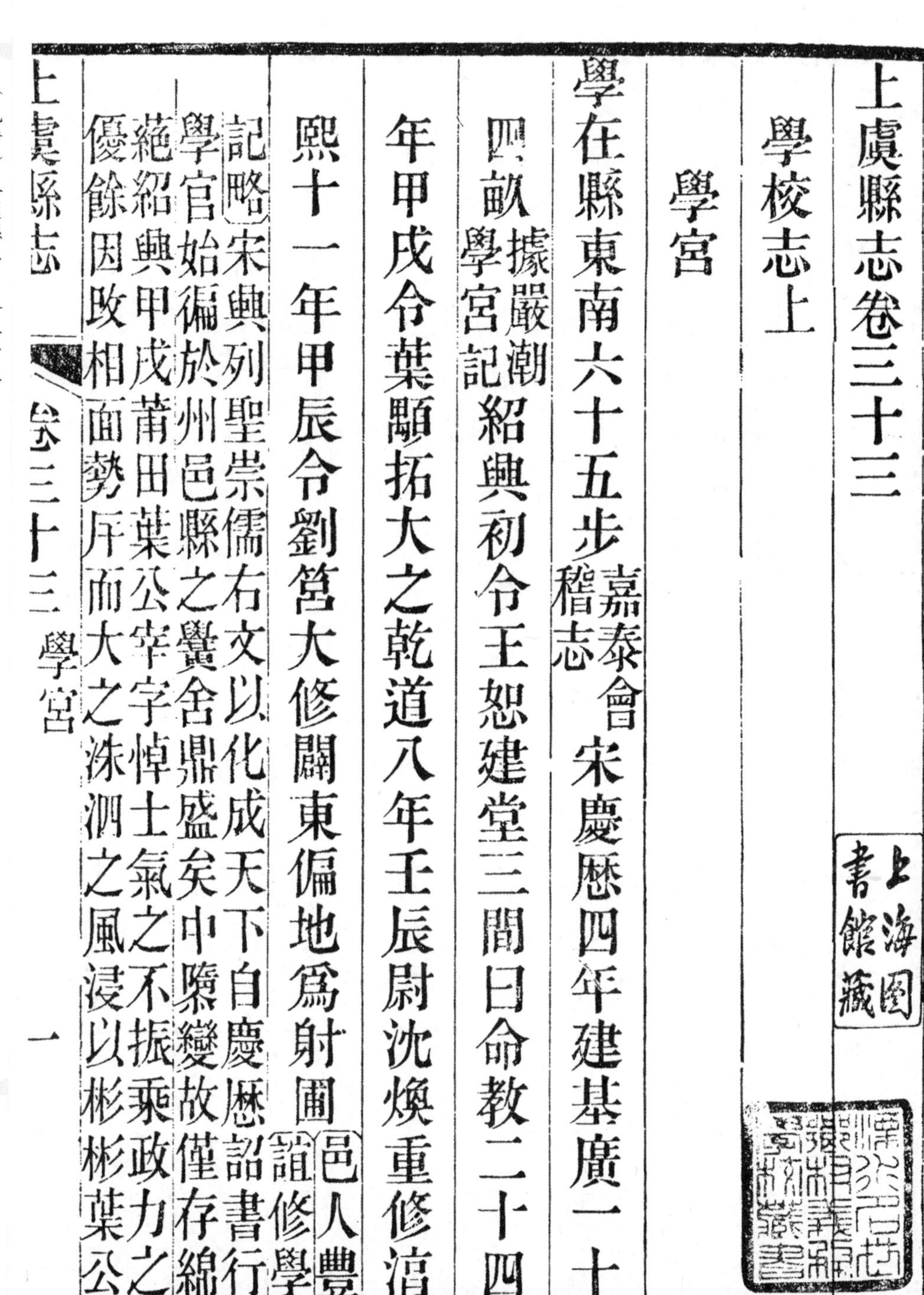

上虞縣志卷三十三

學校志上

學宮

學在縣東南六十五步嘉泰會稽志宋慶歷四年建基廣一十四畝據嚴潮學宮記紹興初令王恕建堂三間曰命教二十四年甲戌令葉顒拓大之乾道八年壬辰尉沈煥重修淸熙十一年甲辰令劉筥大修闢東偏地爲射圃邑人豐誼修學記略宋興列聖崇儒右文以化成天下自慶歷詔書行學宮始徧於州邑縣之黌舍鼎盛矣中罹變故僅存綿蕝紹興甲戌莆田葉公宰宇悼士氣之不振乘政力之優餘因攷相面勢斥而大之洙泗之風浸以彬彬葉公

去而後之來者徒爲簿書期會供輸督責所困青衿城闕恝然相忘淳熙十一年令吳興劉筥下車奠謁顧瞻慨然遂有志於興葺規橅中定方發其謀明年九月辛亥首撤宣聖殿盡去腐材斬然一新行覽四周次第營繕凡爲學之屋三十間斷壞者盡剔傾仆者畢扶赤白煥鮮人用改觀尋增墾東偏茀地芟薙草莽闢爲射圃張侯棲鵠其中以爲諸生暇日相與揖遜習威儀而觀德行之地是又向來之闕典今而粲然備矣工旣訖事釋菜廟庭以告成功門序宏深戟衛森植俎豆在列旒冕端臨吏民交口讚說喜葉公之政爲有繼也詎居是邦能道其實故樂爲之書○萬歷志

十五年戊申令戴闓之改命教堂爲仰高慶元中令施廣求始鑿泮池架木爲橋嘉定十七年甲申令樓杓建欞星門於泮池南重建仰高堂吏額曰明倫元至元二十一年甲申尹王璘建儀門三間

萬歷志併改作門廡齋廬庖庫據戴俞重修儒學記大德元年丁酉尹阮惟貞撤明倫堂舊材而構新之教諭喻舉重修櫺星門邑人貝道周貝居仁等捐地拓基萬歷志皇慶元年壬子達魯花赤馬思忽薦加修治據戴俞記泰定二年乙丑按舊志作至治三年今據記更定尹孫文煥修治儀門萬歷志復郎廟東偏築堂三間爲官廳事

戴俞重修儒學記略

泰定二年冬十有二月丁丑朔上虞儒學重修成學掾三衢戴俞記之曰惟是邑有學自宋慶歷四年始令大成殿湻熙十有四年令劉筥所建後三十有八年令趙希惠嘗繕理焉歸□□因陋就昧弗究弗圖至元三十有一年令王璘始改作門廡齋廬庖庫踵手並舉後十有三年令阮維貞始撤舊講堂而構新之又十有五年今達魯花赤古燕馬思忽公薦加修治其

明年當至治三年令令南陽孫公文煥始至周省前後議更葺之而俞適□□乏於□亟贊其謀明年公以行省命乘傳繼出不果遂明年始籍餘學稟與羣士子樂助之貲廼□□徒□□□壁漫漶鮮明危桴廣庭闕敗蓋覆闌楯衞嚴除砌序辨復卽廟東偏剏草捄土築堂三室爲□官廳事由□內外完好前所遺者靡不與起是邑之人貴仁義惇信讓發越天性而有士君子之行壹是皆知公爲政之本鼓舞而作新之也斯役也主簿也先忽都魯典史郎榮頗有力焉皆不可以不記○新增至正初尹李好義府志訛作李好改辦儀門曰大成門十一年辛卯尹林希元更葺明倫堂〔夏泰亨記略〕翰林應奉林君希元任上虞尹至官一切期與民休息朔望謁先聖先師於學與文儒故老講求治要顧瞻講堂棟宇摧撓慨然曰學校未興德教弗流若何稱塞□□□□屬歲少祲無以給所費廼與達魯花赤佛家奴議捐奉金以倡之參佐寮吏莫不樂從邑人占籍於學及家饒而好義者各出私錢來助合

所得緡錢五千有奇諏日庀工撤而新之度材必良陶
埴必堅基構樸斲杇墁塗塈靡不完好凡爲堂三間高
壯深廣度越舊制用可經久興工於至正十一年冬十
有二月丙子□明年五月丁亥落成教諭朱槼疏其事
屬余識之於石按上虞有學始於宋之慶歷重建於淯
熙講堂則嘉定甲申所剏也國朝大德十一年令阮維
貞以其庳隘得民間故材改作焉逮茲僅五十年漸致
圮壞玩歲愒月補葺相承今得賢令興學以教之宜勸
而父兄率而子弟講之於學修之於身施之於家以睦
其鄰以親其上以無負邑大夫之志尙其勗哉林君天
台人屢任館閣爲政廉慎嚴正縣以治稱達魯花赤□
臣故家律己奉法克相其成焉○萬歷志○按舊志以
此記爲泰不華撰今據
沈奎虞乘刊誤本更正十三年癸巳教諭朱槼易泮池
橋以石十八年戊戌尹韓諫更名明倫堂爲忠恕堂元
末悉燬於兵明初因故爲新中建大成殿凡五間殿前

左右爲兩廡甬道南爲大成門門之南爲泮池池之南爲櫺星門殿東翼室爲祭器庫東廡外爲倉庾大成門西爲庖湢建鄉賢祠於大成門前之東祔祠名宦於夾室列土地神於中殿之後爲明倫堂門書大學經文劉端書堂內設鼓鐘各一丞張準鐘銘曰惟學有鐘爲晨夕警赤牢一鳴音聞四境怠者以興昏者以醒舊既無存闕典斯大今復釁成士子是賴凡有耳心以懲以戒東西設兩齋東曰明道西曰正己齋左右設號房爲諸生肄業所再東仍爲射圃教諭廨在明倫堂後兩訓導廨一明道齋後一正己齋後其規制略備焉洪武三十一年戊寅知縣馬

鬻贖民地於櫺星門左𠛬建儒學門三門舊從櫺星門出入病其褻故另建
正統間知縣李景華教諭盛景修葺兩齋改東曰正誼西曰明道並鑿池於西廨以種蓮景泰四年癸酉知縣唐啟重修改名大成門爲廟門東西增建兩廡各十楹復各建樓屋十楹作諸生號舍疏砌泮池假民地三十餘丈鑿溝以防涸溢祭酒陳敬宗記略虞學舊有殿廡堂齋歲久腐朽日漸傾欹景泰四年夏六月臨川唐君啟來令謁聖後周覽學宮廢墜慨然有一新之志先因學基迫隘廡齋共一廊屋穿其中以通出入隔前簷以爲廡而繪先賢像於壁分後簷以爲齋而居生徒於下蹂躪喧雜殊失祀神之敬乃捐俸金購鄰人屋基而充拓之東西各建兩廡俱十楹以列先賢之位東西各建樓居十楹以爲生徒講

讀之所然後賢得所尊士安所習戟門外有泮池瓦礫填塞四際皆蕪惟存石梁旱則水涸雨則水溢於是濬淤塞以蓄水假民地疏鑿爲溝以洩水俾無涸溢之患載瞻聖殿巍巍明倫翼翼欞星戟門前列廩儲食庫旁峙以至會饌之堂炮爨之廚凡學宮所需治者靡不究心焉輪奐輝耀制度一新奉祀者致誠講肄者奮志周旋進退於衣冠禮樂之中莫不遊心高明脫略凡近唐令之功何其盛哉余素知其能及宰上虞能譽益著茲因文學之請樂爲記之如此。萬歷志 宏治二年己酉知縣林球移欞星門與大成殿相對據嚴潮學宮記 正德間知縣伍希儒重修嘉靖初丞陳大道亦嘗葺治三年甲申知縣楊紹芳以欞星門舊制未稱更爲高大門前湫隘贖西南錢氏地以拓之八年己丑知縣左傑移置鄉賢祠於廟門西奉制建敬一亭於祠故址十年辛卯改大成殿曰先師廟提學汪文盛書遵制額也十三年甲午奉制建啟聖祠於敬一亭後十五年丙申知縣張光祖建名宦祠於廟門東舊祔主鄉賢祠夾室移庖湢於明倫堂西舊在廟門西南再西爲倉庾舊在東廡外又西爲祭器庫舊在殿東翼室東廡北爲吏書房冊籍文案皆藏焉二十三年甲辰教諭嚴潮遍植柏木於廟中并參以桂自記嘗考邑志學建於宋慶歷四年基廣一十四畝自是頻建不一元大德中教諭喻舉重修櫺星門以地隘得邑民捐地數丈相之是時門在大成殿東南爲出入者所共由洪武間知縣馬公駉病其褻乃贖民居另建門以通出入景泰四年知縣唐公啟又充拓改築之時櫺星又偏在東宏治己酉提學鄭公紀屬知

縣林公球移置欞星門與大成殿相對然西猶逼民居南偏雜市廛嘉靖甲申楊公紹芳闢而廣之自是文廟門臺端直軒豁巍然可仰矣而東西號舍尚多缺略自宏治乙丑知縣陳公祥贖地數丈充拓西號至嘉靖丁酉訓導吳演請於巡按周公汝貞官置民地教諭張全又捐貲易地合計之由東北而前深一十六丈濶四丈充拓東號已而吳演又以本衙隙地易唐麟田一畝以完官舍自是學宮規模均齊方正無復欠缺且本學舊有柏數株僅拱把自嘉靖庚子涖學偕同寅桂薰夏梁徧植柏共四十二株間參以桂余考本學修建歷有碑記然止及一時鼎建之人其於歷年充拓之人與地或未之詳況景泰以後充拓居多自今不記則前人之美且孤而後來者將何考據耶故記於石以備稽覽○萬歷志

隆慶四年庚午知縣謝㫤琦重修正殿未畢以憂去署縣林琛繼之委典史林九思經其事乃畢役復甃神路增露臺邑人陳洙有記文不錄○萬歷

志萬歷五年丁丑教諭李志寵建土地祠於明倫堂右

十年壬午知縣朱維藩重修大成殿（邑人陳絳有記載文徵）○萬歷志

二十一年癸巳知縣楊爲棟復修葺焉（邑人鄭一麟修學記略）虞學圯以歲久屬丁亥風變且大壞士靡樂業辛卯楊侯涖治謁是先師所妥靈而弟子員遊居習讀其處柰何稱雅觀會歲比歉至癸巳始克興役材庀於贖工鳩於募惟倕運斤圬者執塗撤腐易堅丹雘外繚儼然爲孔氏宮牆學博諸君以事竣委一麟記之余惟是造士以學與農之畬工之肆埒不問畬於農則惰不居肆於工則偷學舍圯而士無所託迹卽欲誦法先王而取世資謂發軔何偉哉侯之此舉得首務矣雖然學鞠而圯告有任者修矣士何以無忝厥修虞俗猶近古其返之醨也特易第令諸生憲聖訓遵先喆勵名節敦雅道俾庠序不爲虛具弟子員不爲觀美而論士者取重於虞乃稱茂才異等不者士自渺修而曷以稱修學之意焉是役也

費帑金若干爲日若干甲午之夏業已勒石而鄉民有以古鼎獻者侯命舁諸學曰是惟先師所克享夫地不愛寶行與符會兆厥佳祥則侯之大惠於虞庠也實並茲鼎以不朽○萬歷志二十五年丁酉殿盡圮知縣胡思伸購材新之工甫竣明倫堂復圮吏爲創建邑人何大化有記三十五年乙巳廟門兩廡啟聖祠兩齋皆就圮鄉賢祠久廢櫺星門與牆垣俱壞知縣徐待聘捐俸發贖次第創修并建儀門於儒學甬中以壯雅觀〔邑人倪涷記略〕吾虞徐侯已試樂清有成績下車見學宫圮壞喟然歎曰是先聖之所依憑英才之所聚集而榱崩棟折人將厭之如教育何鄙鳩工庀材諏日戒事踰年而告成堂殿門廡祠亭齋室垣池庖廩煥然改觀而黝堊丹漆之輝煌棁題宋桷之完美瓦墁礎甓之堅緻又足以新耳目而垂永久於是紹介而屬記於

余余惟循吏莫盛於兩漢彼其廣陵湖夤刀劍種桑柘畜菱芡榆韭有數彘雞不遺非不蔚然信史而所傳文翁則獨詳其化蜀一事它無及焉豈不謂士習重而教育先與卽前漢吳公治平第一千百世所沿說而儁譚者亦獨舉洛陽一年少耳則其平日之教育又可知也敝邑文雅或不爲蜀郡後拓而充之又安知無通達治體如賈生者此侯所以汲汲於下車之初也侯名待聘辛丑進士吳之海虞人時萬歷三十四年歲在柔兆敦牂壯月既望○萬歷志

教諭馬明瑞又以衙廨朽壞捐貲葺之是時學宮頗稱完美惟號房則久爲蔬圃矣萬歷志　崇禎間歲久殿廡傾壞不蔽風雨七十二賢神位聚廬而奉知縣李拯捐俸捌建煥然一新　本朝康熙初棟圮牆摧幾成墟莽八年己酉署縣孫魯慨然經始教諭樓立尊

勸輸協助十年辛亥知縣鄭僑捐俸加修委典史張鳳麒督工理財前後凡積數年始蕆事康熙志乾隆初邑人錢儀吉等捐修大成殿四十年乙未殿復圮知縣鄧雲龍籌資重修者民沈儀彬獨建先師暨四配十哲神座嘉慶三年戊午大柱朽邑人朱文紹易之嘉慶志道光元年辛巳知縣李宗傳重葺殿宇邑人謝紼姚望傑陳魁秀等捐緡助之〔李宗傳重修學宮記略〕上虞學宮南則百櫰聳秀北有五癸作爲屏嶂羅星奎文峙其東坤山列其西五曜歸垣闠繼森整故邑畀産端人毅士爲浙東萃秀之區歲戊寅予涖斯邑春秋釋奠躬謁廡下仰見殿西梁桁支以巨木詢諸士紳僉曰地多白蟻齧蝕故易頹朽恒數十年一更葺之予

周視殿楹暨內外室宇宜重葺者殆將過半慮其經費之浩大諭邑紳以圖勸襄及辛巳之冬紳士王登墀等來言有北鄉紳士謝緋者願捐三千緡以助修建嗣有姚望傑陳魁秀等亦樂解囊得一千餘緡予因顧司事者曰緡逾四千足以興矣後有乏之匱予益以俸廉可耳遂議烞黃卜吉鳩工庀材木之霉蝕者更之陶甓之脆損者易之增之丹黝之飾金漆之文則刮垢而重新之櫺星門丹垣之外樹石柵以爲砦列東西門以止輿馬則舊圮而復置也明倫堂之上覆以光石設以花櫺則昔無而新增也餘如崇聖祠文昌閣名宦鄉賢二祠並加塗葺煥然肅然溯始事之日六越月而告成司事復來請記於予予因北上不果旋浙後復充秋闈監試官尋即攝嘉禾郡篆簿書倥傯不暇及翰墨今又奉簡命任東漕觀察事行將督運漕艘矣夫修舉廢墜本守土之責即傾輸襄事縉紳家禮亦宜之本無煩勸示貞珉然其重葺之年增新之所不可以不誌也爰述顛末以應司事之請云爾○新增十八年戊戌署縣龍澤潽重修大成殿

邑人王振綱董其役並從章鉞議改移櫺星門向龍澤滸記

略古虞文廟創自有宋閱世窅遠遞有修易比來蟲蟻蛀蝕棟日以圮歲道光十八禩秋余奉檄莅斯邑載瞻禮殿兩學博以朽蠹告退謀所以新之爰集諸薦紳分任捐輸事不閱月得資六千□百餘緡適工師得南山異材二十餘章迺亟請於當道諏吉明年春仲鳩工庀材宋欂櫨榱桷盡撤其舊凡簿錄之出入工倕之勤惰甗甄膠漆之零星擇賢能者董其事丹堊既畢復以四配十二哲櫛比連次向制苟略如制增二室分六案洎戟門星陛齋廡垣墉增飾其漫漶壹是咸新工將竣會其贏餘又於經正書院之北建尊經閣以祀魁宿藏經籍仿稽山書院式也自興作以逮落成凡五越月亭亭苕苕煥然改觀余惟激流聚沫因人成事而過祠者歸功於予予何功之有若同寅董事諸君咸有督工之勞例得並書於右以告將來○備稿

咸豐初正殿復傾頹知縣張致高捐俸四百緡署縣林鈞復詳請

撥帑委邑人夏廷俊董修之（備稿）十一年辛酉粵匪犯虞

城陷殿廡及崇聖護聖等祠兩學署俱被燬惟大成門

名宦鄉賢祠明倫堂文昌閣魁星閣僅存焉同治二年

癸亥知縣翁以巽修葺明倫堂建築櫺星門及東西宫

牆暫奉

聖位同治六年丁卯知縣王嘉銓命邑人王淦等勸輸建

復學宫并創立忠義祠於明倫堂西邑人連仲愚董理

之（德清俞樾有記）○新纂

按虞學規模自宋以來遞有增易前志具在歷代可稽

粤匪之亂十毁七八大難初平百廢待舉翁令僅請帑九百餘緡補葺一二綿蕞習儀亘非獲已至丁卯歲糾民貲二萬一千四百緡有奇力圖興復豈不偉與然議者以内外異向大成殿大成門櫺星門階級未立與美哉猶憾之嗟夫踵事增華固不能無待於異日而今制所搆亦將來徵信之資也謹錄於後以表大凡　大成殿凡五間西偏翼室爲碑亭左右兩廡各五間甬道南爲大成門凡五間兩旁各一間爲文武官廳東西廂屋各六間列於東者外三間爲得入門門外卽儒學夾道而達崇聖護聖等祠者内三間爲名宦祠列

於西者外三間爲孝義祠内三間爲鄉賢祠大成門南爲泮池池南爲櫺星門凡三座門外左右列石坊二東爲都憲坊西爲會魁坊坊之下樹以石柵其南爲宮牆以上叙述俱由内而達外者

櫺星門左爲儒學門凡三間其上爲魁星閣直北有夾道一帶係學宮全圖之關鍵從而入爲文昌閣得入門即在閣後再入爲禮儀門再入折而西即大成殿後而明之西偏

倫堂在焉門書大學聖經其後爲教諭署署中有正樓有廂房有花廳有書室明倫堂西爲忠義祠凡三間東爲訓導署有頭門有客堂有正樓有後樓以上叙述俱由外而入内

者文昌閣後東偏西向者爲護聖祠凡三間旁有平屋作學書棲息之所再後南向者爲崇聖祠頭門及正殿各三間崇聖祠西偏卽禮義門過門折而東爲泳澤書院故址今爲四諫祠凡三間以上俱由儒學門夾道入過祠折而北爲承澤書院院後東向者爲倪文貞公祠祠之前爲頭門各三間按萬歷志有庖湢倉庾祭器庫三所嘉靖十五年知縣張光祖移置明倫堂西今所建忠義祠卽其故址又有敬一亭在廟門東射圃在廟東偏今崇聖祠護聖祠一帶基址是焉○新纂

崇聖祠　在學門內夾道折而東明嘉靖十三年建舊名啟聖專祀叔梁公雍正元年奉文合祀五代改今名餘詳

上並參見學制　同治六年重建新纂

護聖祠　在學門內文昌閣後西對文廟得入門明萬歷五年教諭李志寵本建於明倫堂右名土地祠（自記略）虞之學宮宋慶歷間始刱歷明其制乃備獨土地祠尚缺而廁於名宦俎豆之列豈有待而未遑也萬歷丁丑余自南宮來署學事嘗聞諸士云每於星月之下見一老人裒衣角巾鬢髮垂白往來於殿庭間人以爲土地云余謂鬼神出殁雖幻冥不可知而敬事之訓則嘗聞之夫子夫山川草木鬼神依焉尚足以呈奇表異況宮牆之嚴喬木之森廣袤數十畝而獨無神司之乎顧所以妥靈貺而昭陰德則在有司者事耳虞之文物彬彬甲於天下而於土地祠宇比他郡邑獨缺者責將安歸於是特刱於明倫堂之右肖其像貌築壇設坐奠厥攸居朔望率諸生拜於祠下春秋祭祀必虔使人人惕勵而振起若有爲之祐贊然者安知非神賜耶則土地之設於學

校不無少補云祠後有樓三間崇禎癸酉教諭丁汝驥建　本朝康熙十年教諭姜岳佐捐俸重葺歲久樓與祠俱圯遂移祠於今處易額曰護聖祀韓昌黎伯咸豐十一年燬於兵同治六年重建參舊志新纂

名宦祠　在大成門東與得入門比接新纂明嘉靖十五年知縣張光祖建萬歷志　本朝同治六年重修祀漢度尚唐崔協宋陳休錫趙不搖葉顒葉元泳陳炳沈煥元林希元明陳祥汪度胡思伸徐待聘　本朝胡堯戴按虞邑祠名宦者萬歷志載漢度尚唐崔協宋葉顒陳炳沈渙元林希元明陳祥汪度及葉顒傳云其子元泳並祀名宦

則共計九人康熙志加胡思伸一人餘如舊嘉慶志第散載傳中曰祀名宦而已如宋陳休錫趙不搖則據府志補載又末增徐待聘一人而於陳祥汪度兩傳轉不云崇祀殊欠詳覈今參考舊志明以前得十三人而以

本朝胡令殿爲其有嘉猷濊澤足光俎豆而莫之或舉尚待陳請者亦謹誌以寄甘棠之愛於明得六人曰楊紹芳鄭芸陳大賓熊漢李拯余颺　本朝得五人曰鄭僑張逢堯周鏞楊遡洢劉書田

鄉賢祠　在大成門西嘉靖八年備稿作正德八年誤知縣左傑建後廢萬歷三十五年知縣徐待聘重建萬歷志　本朝同治六年知縣王嘉銓修祀漢王充孟嘗魏朗戴就朱儁晉謝安謝元王宏之謝惠連宋李光趙子潚豐誼李孟傳潘時宋延祖貝欽世李知退劉漢弼劉漢傳劉漢儀

夏夢龍趙艮坦明葉砥劉履謝肅貝秉彝王進陳金陸淵之俞繪洪鍾韓銑潘府陳大經葛浩朱衮張輝徐文彪車純葛木王仁姚翔鳳徐子麟胡景華金柱鄭遂鄭舜臣徐希明謝師嚴倪鎧倪應蘄倪涑陳旺陳堌陳翀陳邦瑞葛曉徐如翰陳雲器丁子中李懋芳謝偉王誠倪元珙　本朝倪會鼎朱鼎祚陳文煥謝宗嶽陳啟麟

按舊志鄉賢祠無戴就謝元王宏之謝惠連李孟傳倪應蘄陳旺陳堌陳翀陳邦瑞丁子中倪元珙倪會鼎朱鼎祚陳文煥謝宗嶽陳啟麟今據各列傳及李府志補入惟府志以明葉砥謂蕭山人歷查一統志虞志及科甲題名碑確係虞人一併補入備稿有陳縉葛焜今查舊府縣兩志均無從祀語姑闕誌謹又明葉經謝瑜陳

紹徐學詩另立四諫祠倪元璐另立專祠皆附近文廟祭官於春秋上丁同日致祭此不復列

查例凡入名宦鄉賢者必督撫學政上其事於朝報曰可始得崇祀設法詳愼前代已然虞經兵燹後舊主散失無存後事者並不參考顛末列位而奉者名宦幾以百計鄉賢之數且過之錯亂僭越莫此爲甚亟宜更正以肅祀典按胡令堯戴禦賊殉難例祀昭忠而虞無其祠分屬官長與本邑忠義諸賢同廡而坐亦嫌錯雜若竟從删略無以妥忠魂而彰德報今祔祀名宦亦因事關題請得邀褒卹且其政績懋著遺愛在民於變通之中仍寓畫一之義焉

忠義祠　在明倫堂西舊在大成門西偏　本朝雍正五

年知縣許蓋臣奉文建參用浙江通志同治六年知縣王嘉銓移建今處祀漢孟英晉謝珍宋龔生趙艮坡豐存芳元顧圭明謝澤朱思明顏日愉趙德遴顧旦徐至美陳重光陳祥麟徐國泰徐復儀陳明遇顧勳陳梧　本朝黃應乾周祖唐夏攀龍林江何如鏡錢應昇趙啟玉朱旌臣陳景祺錢世叙徐虔復按忠義祠栗主叢雜與名宦鄉賢同今擇列傳中忠烈較著者錄傳云祠忠義昭忠兩祠者錄其已入鄉賢祠者不復錄

孝義祠　在大成門前之西與鄉賢祠比接卽舊忠義祠同治六年移建忠義祠於明倫堂西修葺故祠以奉歷

代孝義諸賢漢楊威吳樊正吳範南齊杜栖魏溫仁宋周元吉劉承詔趙善傅張達錢興祖元姚天祥俞文珪明俞正儀薛廷玉陳理杜槱閏思嚴姚鎧徐數徐子行朱文澗須有文徐子恆謝時康曹同德張自偉徐邁由吉俞木倪元瓚　本朝俞汴曹一鳳陳泰交楊文蔚范廷耀宋球張成元袁翃元陳步雲謝甯渙陳作霖陳光林萬邦懷葛延瀌王全璧王全琮錢晟胡元彪張宏毅徐廸惠葉向宸楊光南葛鵬飛朱學富按吾虞風俗仁厚孝義最多今擇其事蹟震鑠尤足厲世者錄傳云　旌表者錄義行利被鄉邑賴以永濟者錄

四諫祠 祀明葉經謝瑜陳紹徐學詩在儒學夾道禮義門內折而東崇聖祠後承澤書院西偏 本朝嘉慶六年建（邑人朱文紹記略）此四公者或以諫謫或以諫遷或以諫死或以諫廷杖不死而幾瀕於死所處不同要其不戀祿位不顧妻子不避刀鋸斧鉞之概四人若一人焉卓立乎千百載以上千百載以下聞者猶祗徊而景仰況居同鄉里者哉壬戌冬余介平湖貢士陸嗣鰲兵部主事家爲粥白中丞儀徵阮公葺祠於承澤書院之西偏阮公題其額曰南臺四直飭邑宰張掛祠中世世垂爲儀式或曰祠設於學於義何居曰學也者效也此四諫者不足爲膠庠之士所效法哉 咸豐十一年燬於兵同治六年重建（參嘉慶志新纂）

倪文貞公祠 祀明倪元璐在承澤書院後 本朝乾隆

十三年紹興知府杜甲捐俸創立鄞人全祖望有碑銘○載文徵邑人錢儀吉募捐廓充之道光二十年邑人王志熙掌教書院白署令龍澤澔官備祭器每春秋丁祭後集文武官同日致祭著爲例嘉慶志備稿同治間創建頭門三間新纂

魁星閣　在儒學門樓上　本朝乾隆四十年知縣鄧雲龍集資建嘉慶志

文昌閣　在儒學門內夾道第一進乾隆四十年與魁星閣同建嘉慶志

明倫堂　在大成殿後　本朝康熙五十年邑人馮辰錦

捐金重建嘉慶志　同治二年知縣翁以巽修葺詳見上○新纂

教諭署　在明倫堂後同治六年重建詳見上○新纂

訓導署　在明倫堂東舊有兩訓導故廨亦有兩一明道齋後一正已齋後今併置爲一○據萬歷志參嘉慶志　同治六年重建詳見上○新纂

學制

宋慶歷四年范仲淹請詔州縣興學校東都事略明洪武二年詔鐫設科分教令式於學降卧碑制書三年詔頒鄉射禮儀十一年詔頒鄉飲禮儀萬歷志　十五年頒釋奠先師孔子儀注李府志　正德十五年立科甲題名碑於學邑人

潘府爲記○據本碑嘉靖八年建敬一亭貯御製敬一箴五箴解

十年詔去聖賢像用主瘞像於廟門外不稱封爵曰

先師萬曆志十一年立歲貢題名碑於學知縣左傑爲記○據本碑萬曆

五年勅宣宗御製儒學箴於石據本碑　本朝順治九年

命禮部頒卧碑於學宮十四年改文廟謚號爲

至聖先師孔子康熙二十三年頒

御製學校論二十八年頒

御製

孔子贊及顏曾思孟四子贊并序四十二年頒

御製訓飭士子文俱立石學宮雍正元年追封

先師五世王爵三年

詔春秋二季增用太牢五年頒

諭訓飭士子乾隆五年頒行

御製文訓諸生爲己之學並敬謹勒石據李府志參本碑

位次　正殿至聖先師孔子四配東復聖顏子回述聖子思子伋西宗聖曾子參亞聖孟子軻　兩序十二哲先賢東閔子損冉子雍端木子賜仲子由卜子商有子若西冉子耕宰子予冉子求言子偃顓孫子師朱子熹

兩廡先賢東四十位公孫僑林放原憲南宮适商瞿漆雕開司馬耕梁鱣冉孺伯虔冉季漆雕徒父漆雕哆公西赤任不齊公良孺公肩定鄡單罕父黑榮旂左人郢鄭國原亢廉絜叔仲會公西輿如邽巽陳亢琴張步叔乘秦非顏噲顏何縣亶牧皮樂正克萬章周敦頤程顥邵雍西三十九位蘧瑗澹臺滅明宓不齊公冶長公晳哀高柴樊須商澤巫馬施顏辛曹卹公孫龍秦商顏高壤駟赤石作蜀公夏首后處奚容蒧顏祖句井疆秦祖縣成公祖句茲燕伋樂欬狄黑孔忠公西蒧顏之僕施

之常申棖左邱明秦冉公明儀公都子公孫丑張載程頤　兩廡先儒東三十四位公羊高伏勝毛亨孔安國后蒼許慎鄭康成范甯陸贄范仲淹歐陽修司馬光謝良佐羅從彥李綱張栻陸九淵陳湻眞德秀何基文天祥趙復金履祥陳澔方孝孺薛瑄胡居仁羅欽順呂柟劉宗周孫奇逢張履祥陸隴其張伯行西三十四位穀梁赤高堂生董仲舒劉德毛萇杜子春諸葛亮王通韓愈胡瑗韓琦楊時尹焞胡安國李侗呂祖謙袁燮黃榦輔廣蔡沈魏了翁王柏陸秀夫許衡吳澄許謙曹端陳

獻章蔡清王守仁呂坤黃道周陸世儀湯斌大清通禮文廟位次圖○案汪士鐸續纂江甯府志光緒二年有孔璇從祀待攷

祭器　銅香爐十鐵香爐二十四爵二十三錫燭臺十對錫鉶十四錫鐙錫碗十四大盤十小方盤二十六帛匣十二牲匣盤二十七籩二百八豆二百八簠四十簋四十木燭臺二十六對酒瓦罇七正殿大紬帳六啟聖兩廡紬帳二十七古鼎一萬歷年間上妃湖耕夫得之田中獻於縣令楊爲棟轉送學以爲祭器每丁祭陳之殿中據萬歷志

祭品　正位帛一　獻爵三　牛一　羊一　豕一　太羹實於登一　和羹實於鉶二　黍稷實於簠各一　稻粱實於簋各一　形鹽槀魚鹿脯棗栗榛菱芡黑餅白餅實於籩各一　韭菹菁菹芹菹笋菹醓醢鹿醢兔醢魚醢脾析豚胉實於豆各一　酒罇一　四配位每位帛一　爵三　羊一　豕一　和羹實於鉶一　黍稷實於簠各一　稻粱實於簋各一　形鹽槀魚鹿脯棗栗榛菱芡實於籩各一　韭菹菁菹芹菹笋菹醓醢鹿醢兔醢魚醢實於豆各一　酒罇一　十二哲東六位六案每案帛一　爵一　豕一　和羹實於鉶一　黍實於簠一　稻實於簋一　形鹽棗栗槀魚實於籩各一　韭菹菁菹醓醢鹿醢實於豆各一　豕

首一　西六位同　東廡帛一　爵各一　豕三　每案黍實於簠一稻實於簋一　形鹽棗栗槀魚實於籩各一　韭菹菁菹醓醢鹿醢實於豆各一　西廡同據李府志

祭文　維先師德隆千古道冠百王揭日月以常行自生民所未有屬文教昌明之會正禮和樂節之時辟廱鐘鼓咸恪薦於馨香泮水膠庠益致嚴於籩豆茲當春秋仲祇率彝章肅展微忱聿脩祀典以復聖顏子宗聖曾子述聖子思子亞聖孟子配尚饗

樂章　迎神昭平　大哉孔子先覺先知與天地參萬世之

師祥徵麟紱韻答金絲日月旣揭乾坤淸夷　奠帛初獻宣平　予懷明德玉振金聲生民未有展也大成俎豆千古春秋上丁淸酒旣載其香始升　亞獻秩平　式禮莫愆升堂再獻響協鼗鏞誠孚罍甗肅肅雍雍譽髦斯彥禮陶樂淑相觀而善　終獻叙平　自古在昔先民有作皮弁祭菜於論思樂惟天牖民惟聖時若彝倫攸叙至今木鐸　徹饌懿平　先師有言祭則受福四海黌宮疇敢不肅禮成告徹毋疏毋瀆樂所自生中原有菽

送神德平　鳧繹峩峩洙泗洋洋景行行止流澤無疆聿

昭祀事祀事孔明化我蒸民育我膠庠

舞譜　初獻　自生民來誰底其盛惟師神明度越前聖

粢帛具成禮容斯稱黍稷非馨惟神之聽　亞獻　大

哉聖師實天生德作樂以崇時祀無斁清酤惟馨嘉牲

孔碩薦羞神明庶幾昭格　三獻　百王宗師生民物

軌瞻之洋洋神其甯止酌彼金罍惟清且旨登獻惟三

於嘻成禮

典籍按舊藏書籍兵燹後無復存留今載同治年間憲頒諸書○厨藏教諭廨中〔新纂〕

十三經古註

御纂周易折中

欽定書經傳說彙纂

欽定詩經傳說彙纂

欽定春秋傳說彙纂

欽定周官義疏

三魚堂文集

三魚堂賸言

陸清獻公年譜

學官　教諭一員復設訓導一員會典

學額　上虞縣學歲科額進各二十名增生二十名廩生二十名二年一貢歲進武生十五名學政全書咸豐六年加永額二名七年加永額一名十年加永額一名同治六年加永額三名八年又加永額三名嗣是文童每歲科試取進學額各三十名據學冊舊府學撥進二名同治間加撥一名嗣是歲科試大都以三名爲率

崇聖祠位次　肇聖王木金父公裕聖王祈父公詒聖王防叔公昌聖王伯夏公啟聖王叔梁公配位先賢東孔氏孟皮顏氏無繇孔氏鯉西曾氏點孟孫氏激○兩序

先儒東周輔成程珦蔡元定西張廸朱松與文廟同日釋奠朔望釋菜上香並與文廟同大清通禮文廟位次圖新增

祭品　正位五案每案帛一爵三羊一豕一鉶一簠二簋二籩八豆八實同上酒罇一　配位每案帛一豕首一爵三簠一簋一籩四豆四實同上豕肉一　兩廡每案帛一爵三簠一簋一籩四豆四實同上豕肉一〇據李府志

祭文　維王奕葉鍾祥光開聖緒盛德之後積久彌昌凡聲教所覃敷率循源而溯本宜肅明禮之典用申守土之忱茲屆仲春秋聿昭祀事以先賢孔氏先賢顏氏屆先

賢曾氏先賢孔氏先賢孟孫氏配尙饗

學產

田　在一都及二十三都共七畝五分明嘉靖二十三年教諭嚴潮查復潮自有記萬歷二十一年知縣楊爲棟徧搜廢寺產以作學田〔邑人何大化記略〕今天下郡縣學往往有田以贍寒畯周緩急而所在士亦往往藉以完粹修養冲志蓋興學育材鉅舉焉虞學雄甲於越故未有田爲缺典楊侯自萬歷辛卯春領茲邑逾五禩矣諸一切子惠元元而尤屬意黌序學舍之圯也俎豆露零章逢雨立有弗堪者遽葺而修一朝輪奐煥然妃湖之鼎或云禹鑄或云商彝廟甫落而天發祥詎非古神物哉而遽薦諸廟千百載湮藏一旦而登崇簠簋華美宮牆於學亦大有庇矣廼又以聖靈允妥士業靡資游息有歸修繕殊缺煢煢鉛槧有不能具饘

糜時昏葬者即或砥節而修亦何藉以興乎侯慨然引爲己任爰徧搜諸廢寺產如嘉福奉國等若干畝入豪吻者上諸當道曰若爾產也與其饜小人之腹孰若公諸學校爲靑衿士一助哉當道咸報可復令邑幕湛君汝魁履畝核實而牒之學歲所入在邑庾歲賑給聽所請侯殫心力緜曠代未有之典貽多士永賴之澤於學不重有造哉爾多士席型范又叨煦沫其亦知是穮是蔉以祈獲於有秋乎雨露並育梧檟由人倘其勗諸

嘉福寺上田二十五畝八分六釐四毫　法界寺田五十二畝四分　奎文閣上田六畝　智果寺田四畝七分三釐四毫　奉國寺田一百三十九畝六分七釐　另山兌換田二十三畝七釐一毫　范永五入官田二十畝已上租載原卷　山共三百四十一　二十五畝地共六十五畝五分俱候變價另置田畝

年知縣胡思伸續置學田若干畝〔會稽陶望齡有記載文徵〕○首字號田十二畝六分八釐每年額稍租銀五兩七錢六分七釐扣納糧差一兩二分七釐淨銀四兩七錢四分收候修理

學宮并明倫堂又置首字號田二十三畝五分零每年額稍租銀九兩五錢三分九釐扣納糧差一兩九錢五釐淨銀七兩六錢三分四釐收貯候歲考類考造冊外餘銀憑本學別項公費俱於租稅銀內支用永爲定規其田畝號段開載印信交收簿內○已上萬歷志　本朝乾隆十一年以前明胡令所置歲修學宮師生公收公用田十二畝六分零勒石於學併詳載細號畝數　首字六百六十三號田三畝一分六釐四毫　六百八十三號田二畝九分七釐九毫　六百九十一號田二畝四分三釐九毫　七百九號田四畝一分一釐三毫三絲○五十四年知縣繆汝和詳請憲定紳士公收據本碑

公辦田勒石於學即前明胡令所置二十三畝五分零者也　首字六十七號田九分五釐三毫　七十號田九分九釐五毫　七十一號田一畝三分六釐九毫

六百三十五號田二畝一分六釐六毫　六百四十
三號田三畝三釐一毫九絲　六百四十五號田一畝
九分五釐　六百四十六號田三畝三分八釐四毫
六百四十九號田一畝五分四釐六毫　六百五十二
號田四畝三分一釐七毫　六百八十七號田三畝八
分七釐七毫○據本碑○以上兩碑田俱係城都三里
泮林庄胡世　此外學田據今實在畝數花號臚載於後
學戶承糧
以杜侵沒之弊　道字九十號田一畝六釐三毫　一百
十三號一百十四號田五畝八分五毫
二百六十號田二畝三分六釐九毫　二百六十一
號田一畝八分九釐一毫四絲　三百六十四號田二
畝三分五釐　三百六十五號田一畝一分六毫　有
字三百九十八號田一畝一分三毫　弔字一百十八
號田一畝五分八毫　朝字一千六十三號田三畝八
分三釐九毫　育字一千一百六十三號田一畝一分
七釐　一千一百六十四號田二畝三分七釐六毫
一千一百六十六號田一畝三分九毫　首字二百七

十九號田四分七釐一毫　七百十三號田一畝一分一釐三毫三絲　六百四十號六百六十八號池六分五釐以上田俱係城都三里泮林庄胡世學戶承糧天字一千七百八十二號田一畝　黃字一百九十號田一畝六分七釐八毫　二百七十一號田一畝三分五釐　二百七十二號田一畝五分一釐九毫　發字二千七百九十號田一畝二分五釐　人字三千一百十七號田七分二釐六毫　三千一百二十九號田一畝二分六釐　三千一百四十九號田二畝七分三毫　三千一百五十號田一畝八分九釐六毫　章字四百二十六號田二畝一分七釐四毫并地九畝九分七釐以上俱係城都八里大池庄孔朝王戶承糧

地　道光七年邑人葛鵬飛捐置辦

聖廟器物地若干　教諭阮兆熊有記虞邑蒿鎮居民葛鵬飛樵薪力食將生平苦置山地拾餘畝於道光丁亥年願捐入本學地玖畝零以供置辦聖殿器物是歲適兆承乏教諭心竊嘉之每年將折租錢

拾千兩學分存各爲置具至今辛卯計每歲分收錢共念伍千訓導汪公所置外兆歷年備具嗶叭卓圍三張紗燈一堂并河沿石柱木柵一帶餘錢先爲葛氏立碑待後租收陸續再具以永其事并可歷任檢交毋隱人願爰是勒石并將捐地號畝開列於後　翔字一千七百七十八號地肆畝玖分捌釐　一千七百八十五號地二畝五分　一千七百九十二號地一畝二分一釐　一千七百九十三號地一畝二分八釐係城都八里大池庄孔朝王戶承糧○據本碑

山　在十九都共三千餘畝備載學正周振碑陰久被居民僭没明嘉靖二十三年教諭嚴潮查復〔自記略〕舊有學山歲久迷失嘉靖丁酉知縣鄭公芸始查出未幾鄭去奸人埋没如故癸卯歲潮偕同寅桂藁督舟併力復之始得招認供租自甲辰年始其山係十九都如字二十號四十號共山三千八十五畝佃山戶王兼八王福元王祥五王

記三四人爲首又舊有學房二間一在大中坊儒學西
一在南城門內止存空地勒石以備稽查○萬歷志
本朝康熙六年丈量後據今實在畝數花號開載於
後民字一千三百九十三號山五百十三畝城都八里
大池庄孔明山戶承糧　民字一千三百九十三號
山四百三十七畝　一千四百二十七號山七十七畝
俱大池庄孔朝山戶承糧　民字一千四百二十七號
山一千二十九畝大池庄孔旺山戶承糧　民字一千
四百二十七號山一千二十九畝大池庄孔聖山戶承
糧

附

本朝乾隆四十七年知縣鄧雲龍詳請郡守與經收
明因寺田八十畝每歲由學官報解租銀以充戢山書
院膏火費嘉慶志

附倪文貞公祠田同治十一年知縣王嘉銓因案斷入充公錢三百緡祠董錢紀堂等具領修整祠宇併前後置田十七畝零元字一千四百二十田一畝一分五釐四毫一千三百九十田二畝二分四釐一千五百六十三四田一畝九分二釐九百三十六田一畝一分三釐一千四十七田一畝一分六釐五毫一千四十九田四畝九百二十八田一畝四分三釐九百四十田一畝五分一千六百六十三田六分五釐五毫一千六百四十六田一分五釐一千六百六十田一畝七分八釐一毫以上係城都九里圓橋莊文會戶輸糧每年徵租稍錢三十二千二百文自光緒二年起歸經正書院董事兼管每歲留抵書院糧錢四千催稍工食紙筆費錢三千餘錢二十五千二百文由祠董支取備作

春秋祭費嗣因二祭銀兩仍照向章由縣捐辦知縣徐餘諭祠董歷年重銷之欵作何支用着據實申明錢紀堂等稟覆置得龔姓房屋併置山三十九畝零每年生息錢二十一千六百文契存院董宋梁處於光緒七年前後報銷在案自光緒八年至今約存錢數百千計尚未置產報銷據縣冊纂

附忠義祠田光緒十二年邑人徐文墉捐田及地五畝零

問字一千五百十一田一畝二分五釐有字二千三百六十五田二畝四分六釐又二千一百二十二地二分三釐一毫二千六百十九二十地九分五釐二千八百三十五地七分二千九百七十八地三分　光緒

十四年胡有煒助田四畝零冬字三百五十八田一畝一釐六毫七絲三百六十一田三畝五分五釐以上均係二十都二里下管莊忠義祠戶輸糧充祠內春秋兩祭又捐田三畝零冬字三百四十五田九分五釐三百六十二田一畝九分四百六十九田三分係二十都二里下管莊忠義祠胡楊氏張氏等墓祭戶輸糧作祭掃胡氏諸墓費有煒湖南人即前令胡堯戴子也據縣冊

上虞縣志卷三十四

學校志下

書院

月林書院在五夫市清風峽宋潘經畧畤淑朱文公講道之地也正統志廢久址存萬歷志〇明潘府記月林書院興廢始末曰按上虞舊志云月林書院在五夫市北宋潘經畧淑朱子講道之地今即月林堂記觀之則書院誠經畧公自淑也又按戴正心跋朱子與潘恭叔即友恭字跋書則知晦翁嘗訪李莊簡於五夫館於月林書院經畧公因令諸子友端輩受學焉予意朱子最後爲浙東提舉必又往來斯地四方學者輳集遂爲講道之所宋理宗手敕謂朱熹所註四書原本在卿家信不誣也既云講道之所必祀先聖爲宗惜乎廢久迄今三百餘年幸有清風峽浮香閣疊錦溪皆其

遊息遺址尚存五夫也然滄桑之變理數自然而大半屬之他姓祀典久湮無怪也予於宏治戊午搆一書堂於南山之下顔曰南山書院方舉祀典又羈王事弗暇也後六年冬乃自廣東棄官歸南山遠近從遊者三四十人明年春祭丁行鄉約歌詩奏樂講書讀律通鄉耆俊咸萃斯地而吾母亦往觀焉諸老捧觴再拜祝壽吾母曰今日鄉老數十輩一拜幅巾瀟灑猶愈於廣東諸名宦金紫崢嶸也俟吾母先歸乃舉約禮禮畢曲水流觴無算而止洋洋乎禮樂衣冠之盛視之宋代爲何如也蓋惟法其意耳亦何嘗有心於襲其跡更求勝乎予一日又過聽鄉人之言曰書院遷鳳山雖不及南山之奇絶然路近往來差便也否則爲隣縣勢要請佃矣因改廢寺建月林書院又代逃僧賠糧應役償債起業將爲祭祀賓友義倉義學公私經久之計惟期禮制之益崇而欲般建之益備也不意行幾一載小人竊乘劉瑾時事而妒之者至矣乃濫奏折塔毁寺起造修經閣青山白水亭諸事却如眞有神明護持凡所忌訕者皆吾分内事也時辛御史巡按楊公滋亦請大義乃謂巡

守龍公霓云甯使潘公家人贖公罪勿隱改建書院闢邪崇正之盛舉也蓋楊已密訪得新遷書院記矣龍遂如言事乃息書院與寺亦並廢而南山之祀復自若也久矣天道好旋提舉陳公遵奉聖諭許令廢寺重興先賢祠宇邑宰伍公因以月林廢院告遂草建之其今遺址則參政黃公瓚親定者予猶慮其事不專一業不可久乃通以前產捨歸縣學具請提學副使徐公董管糧參政宮泉行令每歲月林書院差官主祭及完糧差或有餘資用修書院因增置所未備庶免日後被人侵佔而錢糧有歸書院永久不廢也噫予不肖天性素僻在長樂拆毀寺觀以城長樂厥後在朝又乞通毀天下寺觀以崇正祀迫今東歸復爲此舉齟齬百端固爲太痴然幸上天默佑之功而闢邪崇正之志亦能借是一少償也故爲具載月林廢興之始末○五夫志

泳澤書院元初草搬於西溪湖東正統志至正間方樞密更置金罍山東因朱文公弭節於此立祠祀之今院廢猶

名其地曰書院前橋曰來學橋至正二十六年儒學副提舉楊彝泳澤書院記

曰聖人之道自孟子殁而失其傳至濂洛諸儒始倡明之然不再傳而異說並興學士大夫反從而惑焉新安朱先生起而麾之紹隆道統折衷羣言以覺後學至今賴之矧昔所按歷之地功德在人則祠以祀之宜也先生以宋淳熙辛丑秋八月拜提舉浙東常平之命其冬十二月視事於西興時浙東大饑紹興爲甚先生舉行荒政條奏纖悉其鄮民之意至矣上虞紹興屬邑則其所與被者邑人李莊簡公之甥直顯謨閣潘公時當時賢者與先生相知深二子友端友恭皆及門受學而其問答之詳造詣之密見諸文集可考邑人得於私淑淵源有自來矣先生功德彰彰在人耳目而祠未有能與者豈非闕歟今榮祿大夫知江淛行樞密院事方公始建書院而立先生之祠意蓋有在也先是縣西南一里有湖曰西溪民資以灌溉旁湖之田恒得歲焉逺宋季籍湖地之高者爲田而租入强家曰籍田田下故植茭藕其後泥淖澍積豪民因耕其中曰蕩田合爲畝凡九

千一百有奇初籍田枕湖號爲膏腴及蕩田與而水利分百年以來高下異勢而肥瘠遷化蕩田歲稅籍田視其租再倍而多荒於草莽至郡縣責逋負一切繩之以法民交病之至正十八年公爲江浙行中書省叅知政事總餘姚上虞之師乃克命官驗田高下以均其賦復命治堤坊通溝洫以備水旱成豐年於是民大驩洽謀郎湖濱爲公立生祠曰泳澤公聞之謂其人曰政有當然而何勞爾民若是民固請公曰必欲爲之曷若立書院興學勸善俾爾子弟游嚴師益友之間以漸於教化入相孝慈出相禮讓景仰前哲使忠義之風永永不墜不亦善乎且吾聞文公朱先生昔持部使者節以臨是邦救災卹患嘗有德於爾民而誦其詩書以成德達材者復不絕於世有功於斯文更大其爲澤更遠矧今朝廷追美先猷爵以大國改封於齊於儒者有光焉遂戒有司相地之塏爽者得於金罍山之東廼掄材鳩工諏辰協吉以與斯宇儀門禮殿祠宇堂筵齋廬庖庾凡若干楹瓦壁塗塈丹雘之施聖賢儀像几席籩豆罍爵之設亦既完且美矣公復以白馬夏蓋湖田一千一百餘

畝歲入以供春秋祭祀師生之廪食經始於二十五年春落成於冬十一月民衆聚觀無弗慰喜其父老有識者喟然嘆曰公既均賦以生我又不忍以祠故而勞我使來遊來歌者咸霑濡乎聖賢詩書之訓以淑我則吾人之涵泳其澤者甯有涯哉公無事於祠而公之盛德庸詎可泯廼榜之曰泳澤書院從民志也

萬曆十二年知縣朱維藩復西溪湖并復朱文公泳澤書院於湖濱南北深一十二丈東西濶九丈蓋屋兩層前三間爲麗澤堂後三間爲祠所遷文公像於中兩廂各十間儀門三間榜曰文公祠前石坊題曰泳澤書院再前爲來學橋春秋祭祀修理養贍之資舊有田七畝坐奎文閣後朱令請於郡守蕭良幹將没入澄照寺田五十

畝給學贍費春秋丁次日縣官及教官率諸生行祭禮

蕭艮幹記畧宋文公朱先生提刑浙東講學於虞之西溪湖虞人慕之久而弗諼也即湖濱爲書院曰泳澤以志思焉元人記之詳已歲久湖湮廢書院亦傾圮夷而爲田者且二百年所萬歷癸未不佞來守越則諸生手牒而至請復湖余可之以屬令朱君既有緒諸生又手牒而至請復書院余又可之於是令朱君聚材鳩工諏吉選勝爰就湖之滸爲堂若干楹後爲室若干楹左右爲翼舍各若干楹而綽楔其前榜曰泳澤書院仍舊名也既成諸生來問記余嘉諸生之勤也其不懈思知所嚮也朱君之周也其於民事急所先也亟趨其地與落成焉已乃進諸生而語之曰諸生知復書院固也抑爾故有當復者而未之思耶夫爾邑之名虞也豈不以虞舜之遺哉聖學一脈肇自虞廷而危微之旨精一執中之訓固千聖之眞傳萬古之心印也諸生爲虞之士而或不以虞之學爲學也無迺自遺厥珍已乎諸生曰唯唯已又進朱君而告之曰書院之作以貞教也虞廷敷

教本諸道心之微而順施於父子君臣夫婦長幼朋友之間勞來匡直輔翼振德使人各得其性若此也令於諸生爲師帥爲虞之師而或不以虞之教爲教也其毋乃自失其故已乎朱君曰唯唯不於是不佞守𩣡然而喜可知也日茲書院其庶幾不墜哉世衰教弊功利日熾其不知知學者無論已即其學也循文執藝者或不知反求諸本心談玄語虛者或多至疎濶於倫物又其甚者談則諸舜行則蹠名實懸殊不可究詰茲近世所以諱學而書院所以爲天下厄也信如師帥賢弟子相與以有成也率吾之良心而達之於彝倫日用致其精一之功察之危微之辨以發之父子罔不親發之君臣罔不義發之夫婦長幼朋友罔不別不序不信也則豈特罔文公之澤之由茲以衍雖謂虞廷之教之再闢於茲書院可也是又豈直爲虞邑重而已余於茲有深望焉因書以爲之記是役也經始於癸未之冬成於甲申之夏其費凡若干緡民無知者朱君名維藩淮陽人起家丁丑進士學諭程克昌司訓戴士完謝𤪌皆樂觀厥成例得並書云○近書院祠宇頹廢復移文公像於水東精舍奎

文閣上春秋丁後祀　後因守祠不得其人亦廢據萬歷志新纂之○以上萬歷志

○案萬歷志注云近書院祠宇以守者不得其人今已頹廢復移文公像於水東精舍奎文閣上是朱維藩所復之書院即於萬歷間廢矣乃嘉慶志云舊在文廟東北即今承澤書院舊址攷承澤書院舣於乾隆四年乾隆府志並不云泳澤書院舊址且泳澤書院之在文廟東北建於何人廢於何時舊志向不載及其爲臆說可知

中峯書院在東山兩眺間臨池水董文簡玘建乾隆府志引萬歷府志　邑人潘府講學於是玘嘗從之嘉慶志

古靈書院在縣北屯山之陽今廢乾隆府志引俞府志

松陵書院在嵩鎮北　國朝康熙壬寅郡守俞卿建俞旣

築塘爲虞捍禦餘資建學舍共二十四間置田二十二畝有奇池二分三釐以作供用歲修之費內李字二百七號田一畝五分七釐九毫　二百八號田二畝四分五釐　四百五十八號田二畝七分八釐一毫　四百六十二號田二畝三分八釐　二百八十五號田七畝　海字一千五百四十號田四分六釐七毫　致字七百五十號田一畝二分七釐二毫七絲　七百五十一號田三畝三分八釐九毫　海字一千五百七十號池五釐　一千八百七十八號池一分八釐〇已上嘉慶志道光間又續置田十二畝一分零寒字一千二百七十四號田二畝　民字一百二十號田二畝　二百三十一號田一畝七釐　金字四百三十六號田三分三釐五毫　四百九十一號田八分五釐　四百九十五號田一畝　六百三十七號田一畝　七百十六號田一畝六釐　七百十八號田一分五釐　一千四十四號田二畝六釐　一千六十號

田六分五釐附河池一帶

○已上據採訪冊新纂

承澤書院在學宮東側乾隆四年知縣耶兆熊建五十年知縣繆湲和修葺乾隆府志○繆湲和記畧戊申秋予攝篆茲土甫下車即釋奠學宮謁先聖祠覩所謂承澤書院者梁木侵蠹墻垣頹落慨然有觸於懷因轉思先王之遺澤在人終不以此而久湮也爰進諸生於庭使為之勸而都人士皆踴躍以從諏吉庀材共圖修葺若宇若堂若廊若舍木者石者陶者丹堊而髹者百度咸集可仍仍之否則易之不匝月而告成焉非敢云有志復古亦庶幾無隳前人無廢後觀而已限於經費僅建講堂三間偏廂六間於肄業之廩餼奬賞率多未備至五十九年知縣儲錫齡到任後每月捐給花紅錢文與儒學輪次課衡歲久將頹道光壬辰

署教諭徐廷鑾捐廉重修是時署知縣楊淵沖別建經正書院於縣東隅遂改爲義塾延師訓蒙章程盡善據五美錄纂○五美錄承澤書院章程畧曰一承澤書院前中丞阮宮保捐銀二百兩及賑餘米折銀二百兩又秀署任捐銀一百兩三項共已易錢發典生息計戊子起至本年七月底止本利共錢八百九十四千二百三十文又歷年租穀除開銷外存錢二十七千九百七十文又前據賈悅艮何君達等捐田十九畝三分五釐茲雖另建經正書院此款並未畫取仍作承澤書院義塾經費存款每年循舊生息徵租訂設存支印簿二本一交經正書院首事一手經管一交禮房備查一延師每年送束修錢四十千文膳金三十千文束修每年端午中秋年終三節分送膳金按月致送兩項共錢七十千文一生徒開篆日進館後於二月起十一月止每月提出錢一千文送交師長以備硃墨紙筆及生徒識字紙塊字簿之費又每月提出錢十二千文儒生徒入數多寡

按名核股均派分給以爲紙筆之資閏月不給正月十二月在館計日無多故亦不給兩項十個月共錢一百三十千文一師長須品學優備年富力充之士方能盡心啟廸每年着地方紳士公同採訪於甲年十二月初旬禀縣酌定後禮房持縣名帖首事持此規條送師長閱過師長允可然後訂定乙年之席若師長教授有方宜仍舊者首事平日察看禀縣接延倘師長於次年已有他就務在中秋以後向首事言明以便紳士採訪另請

又舊有城河北岸一帶水閣費每歲禮書出票催取作是屋歲修及朔望考試雜用嘉慶志○案嘉慶志又云相傳即紫陽講學處繆汝和即以紫陽片席題其額攷舊志月林爲紫陽講學所泳澤亦因紫陽講學而設乃泳澤在西溪湖濱後移置金罍山東並不涉今承澤地繆令所題額蓋因紫陽曾講學上虞言之非謂講學於此嘉慶志誤

經正書院在縣城東隅道光十二年署知縣楊溯洢署教

諭徐廷鑾首倡捐廉暨闔邑紳民捐資創建楊溯洢有記載五美錄大門額曰經正書院儀門額曰麗澤試院左右各建考棚三十八間爲歲科童子就試所又進爲講堂後爲正樓上設文昌一座左右廂房庖湢俱備案今大門三間儀門三間講堂三間正樓五間中爲文昌閣左右爲書舍正樓前左右廂書舍各三間正樓左側書舍二間又左面南書舍三間又左爲庖舍三間正樓右側書舍二間又右面北董事所三間又右爲管院住房三間與五美錄所載小異計用錢六千緡有奇又捐置田山沙地畝分詳下暨銀錢等儲爲書院經費凡主講束脩住齋饍廩皆擬有條規酌量盡善五美錄經正書院條規畧曰一紳士公同議舉純正首事四人每年十二月初一日開列

四人名單送縣簽點兩人責成管理次年收支錢文之事逐年更換接辦以杜久踞侵蝕之弊由縣發給蓋印收錢總簿一本將各當商生息錢各佃戶租田錢數載於簿首各當商各佃戶見此印簿自行註明某當鋪佃戶交某年經正書院租息錢若干蓋印圖書方許交錢當鋪存項只准交利不准交本即地方官挾勢提取借用亦不許交付致干着賠並許該首事等稟知大憲行文禁止其支領各款每年正月禮房立四柱簿二本蓋印交首事領一回出入登記清楚每月散膏火後送縣過硃一存縣署一存首事以憑內外查對該首事於年終將通年收支存賸數目彙冊稟縣查考至次年正月初十日以前即將印簿及支銷四柱簿交與下班首事接管該新首事務將舊首事賬目逐款會算明白方許將上年用錢總數填入總印簿之內將上年四柱簿繳縣更領新簿如有侵虧稟官究追隱一賠九並將侵虧劣蹟榜示書院不准再列名單簽點承管首事二人每年各給月費錢二十千文每年共錢四十千文一書院主講須請舉人進士品學兼優者聽地方紳士公議稟請本縣

出名聘請不由官薦庶免有名無實每年送束修錢二百千文每月伙食錢八千文開館散館折席錢八千文端午中秋兩節共送錢八千文共錢二百九十六千文凡延請主講聘儀路費於膏火缺曠內取給如有不敷官爲捐足修金按季火食按月致送一禮房隨散膏火年終造冊報銷承催典息租錢每月給工食錢一千文紙筆錢五百文每年共錢十八千文一設管門院夫一名灑埽堂室每年給工食錢二十四千文一所捐田畝每年若徵收穀石既多晒礱舂簸之繁又不免收多報少之弊議定熟田每畝每年佃輸租價錢若干文責成首事經手稍佃徵租定於甲年十月內徵收乙年租息以作乙年春夏兩季經費於十一月二十日以前該首事彙齊收數造冊稟縣所入租息除扣完糧賦之外存貯書院責成首事經管沙田定自道光十三年起限定六月內交清租錢以爲本年秋冬二季經費倘有疲玩佃戶稍價租錢逾期拖欠該首事稟縣即飭幹役嚴追如尚延挨未完者該首事一面稟縣一面另召誠實佃戶稍種其玩佃嗣後不准再種○已上據五美錄新纂

但銀錢向係存典粵匪擾亂後各典停歇無常董事經營之催提存欵於同治十年至十二年前後增置田二百餘畝畝分字號詳下編號釘界造冊立案經營之自敘畧查各典存錢係建院時餘資暨歷年積伙每歲長年八釐起息五美錄舊規只准用息不准用本原與置產無二併不准官紳挾勢提借楊前令之保全是欵嘉惠士林者至矣迨西匪擾虞黃賊編捜簿董營攜簿遠避而始免平定後翁令以輿論提是項營邀請邑紳稟求而始止圖保是欵殊常艱苦迄今各典被擾均經停止欠息逐多若被效尤恐有保之不及保者爰商前山長謝蓉初前董事劉新齋暨年董衆廩生並邑紳等公同酌議稟請王前令將是錢隨提置產於同治十年至十二年止共置得東鄉元鳴等字田二百七畝零以穀二石易稍二千共得稍息四百餘十千較之典息猶幸有盈無虧既保院欵亦充經費蓋仍希不負楊前令保全是欵之苦心爾　又保

公杜弊一則按東鄉田產舊有頂價猶租屋之有墊租多不過預付一歲之租金即頂價多亦不過一歲之租穀指因當時風俗仁美各佃爭佃預付一歲租穀以爲信向由業主出立頂契佃戶出立租契各載頂價數目即更新佃除扣算欠穀外將餘頂歸還原佃即或原佃轉頂新佃亦必附交業主頂契並着新佃向業主出立租契以此業必由主頂不浮擡通行無弊詎英夷滋事後刁風日起各佃轉佃不問業主亦不附交業主頂契即新佃亦不向業主出立租契以致頂價互串浮擡逾於正價甚將各田隱匿混指以東易西挾制團霸俾業主無從管業由是積玩風成租穀日次田價日賤業主之正價盡被奪於玩佃之浮頂不數十年而數十餘千之沃壤竟變爲十餘千之石田矣要知此等惡習並非向行俗例實由刁玩所致試思該佃頂契既不承糧又不投稅不難互串浮擡何足憑准乃敢依恃挾制牢霸佃田而業主承糧投稅之正契事事經由官長反不得管產業冠履倒置風俗之壞莫此爲甚今書院置買是田稔悉此弊爰集紳董與各佃公同議約遵照舊行俗

規定一平情之論該田起業如各佃頂契附有前業主頂契者照數給還如無前業主頂契者免交一歲稍價作歸頂論至着各佃出立認稍票據載明坐落土名並將每田釘定界石編列號碼存案登簿更所以杜隱匿混指之弊但界石一節最爲各佃所深惡遇有拔毀務在隨時稽察公同禀究勿令再蹈故轍庶幾保公充費之中更有以挽風而正俗焉

至光緒十四年知縣唐煦春斷捐南匯沙地畝數詳下撥入書院示諭每歲徵租作生童加獎膏火

唐煦春諭畧曰照得本縣斷歸經正書院充公沙地案內各墾戶一年兩期應徵租錢九十餘千文業經按畝造冊照會二董經收在案茲查書院師課一年八課所給膏伙合數無多現將是項租錢分課加給除官課花紅仍由本縣自行加獎外師課膏伙按照原額章程生以三十名止童以三十五名止不分前後每名加給錢二百文自本年秋課起年內計加四課下年加八課此後永遠照加庶肄業生童有所鼓勵而文風日益振興

永以爲例（據縣冊新纂）

案嘉慶志載有書院花紅田係賈悅亘朱文紹等捐置賈悅亘捐時字號田九畝七分朱文紹捐弔字號田四畝一分八釐七毫丁調梅捐國字號田二畝三分潘家揆捐塲字號田一畝三釐九毫三絲凡遇鄉試年分專責歲科一等首二名及頂貢副貢經收分給今查捐田碑記此碑在經正書院係道光十二年立道光時統歸經正書院司事經理以作承澤歲修等費碑上載有何君達捐章字在字號田二畝一分五釐六毫亦作承澤歲修費蓋其章程異矣經正書院自楊令創建迄今已六十年凡有捐置院產俱錄如左

一道光十二年署知縣楊溯洢等捐弔唐等字號田三百八十六畝零內除邑紳徐廸惠捐田一百畝作公車路費地四畝八分池四鼇山一畝屋三間又續捐鱗翔等字號田四畝七分零地四畝零池一分零已上田地等字號畝分細數係詳載五美錄及書院碑記

城都三里新立麗澤庄經正書院戶完糧

一道光十二年署知縣楊溯洢奉憲勘丈瀕江沙地一千三十九畝零在沿江梅塢等庄按庄編立日升月恒竹苞松茂大有慶十一字其徵租定額載明五美錄撥入書院徵租

一道光間立捐田碑記內有五美錄所未載者如袁霔

等捐置田畝袁濡捐守字號田二畝又往字號田三畝
又宿字號田三畝三分孫德峻捐和字夜
字號田五畝王漢泳捐道字號田二畝
四分李芳遠捐體字號地內平屋三間　均歸書院徵租

一道光間立捐田碑記此碑在經正書院內有續捐吳均等田
吳均捐夜字號田一畝三分李錦捐墾田四畝八分
產九釐車松庢抵入鳳字號田二畝王吳氏捐伐字號
山價三十千文陳聖裕捐墾田四畝六分零俞王氏抵
入藏字地內樓屋一間李雲仙捐服字地七分俞傳材
捐沙地三十二畝零此係道光十九年縣令斷捐東城轎會撥入墾
田二畝六分零郭學江捐發字號田二畝零大覺菴撥
入有字號田四畝四分零又地六畝零又山一百九
畝此係道光二十七年知縣孫夢桃斷入謝楊氏撥入墾地三畝零　均
歸書院承糧徵租

一咸豐間書院新置天字二百三十六號田九分九釐

八毫此田在蘿巖山下

一同治二年書院司事經營之捐助元字號田七畝二分九釐

一同治十一年書院新置元鳴等字號田一百三十畝零至十二年又續置田九十七畝零田在縣東一都暨二十三都等庄計鳴字號共二十七畝一分五釐八毫宙字號共三十八畝五釐一絲元字號共一百三十三畝六分七釐四絲鳳字號共六畝一分四釐四毫九絲地字號七分七釐七毫三絲又元字號池共一畝六分六毫係城都四里麗澤庄經正書院戶承糧

一同治八年監生賀學義稟助豐惠橋平屋一間至九

年知縣余庭訓將革役張瑛充公化字號樓屋兩間斷

歸書院

一同治十二年職員杜儀稟助王字六百九十六號田

一畝五分三毫

一光緒十四年知縣唐煦春斷捐監生阮宗漢等南匯

充公沙地六百六十畝六分撥入書院徵租

附經正書院藏書

御批歷代通鑑輯覽一部　光緒六年署知縣徐榦捐藏

正誼堂全書一部　光緒六年署知縣徐榦捐藏

尊經閣即在經正書院東北隅道光己亥知縣龍澤澔捐

資建　龍澤澔記畧各學皆有尊經閣所以儲六籍上虞獨以宮牆地隘是典缺然道光己亥春余旣宰邑八　重新　聖廟會其贏餘即於經正書院東偏建尊經閣三層上祀奎宿中藏經籍籍其出納備師生講肄閣聳雲霄爲邑城望夕陽下影明星揭天指文垣七宿氣如貫珠炳射斗牛間與閣輝映匪惟式瞻觀之美實於以卜經學之昌多士景仰聖言昭如日星浩如江河其庶知所以尊乎　尋圮光緒十七年

知縣唐煦春籌款重建　唐煦春記畧昔之建是閣也分列三層中藏經籍俾師生講習其間景仰乎聖言以求至經學昌明而後已今去龍公不過五十年耳而任其朽腐敗壞不加修葺將所謂經者何存而所謂尊者安在我　朝以經義取士春濫承是選來宰斯邑亟思興廢舉墜以盡職守志局諸君復慫恿之於是料量崇廣修葺完固自光緒庚寅臘始七易月告竣遂援筆而爲之記○新纂

義塾

羅氏義塾在縣北三都羅氏大宗祠旁據採訪冊新纂

介祉義塾在縣北三都小越市袁氏家廟咸豐乙未侍郎袁希祖典試福建回里捐俸創立袁天錫袁嵛續捐爲族中子弟延師課讀據採訪冊新纂

經氏義塾在縣北三都驛亭經仲溝側咸豐六年邑人經緯出己資建講堂書舍及大門船廳計五十餘間向東北隅建魁星閣一座幷置田三百六十餘畝爲族中延師教讀並恤嫠贍老之用知縣劉書田記畧經君芳洲少孤苦性孝友未弱冠即學

負販於蘇之上洋垂四十年獲有餘資不置生產爲衣食計即先以買祭田建祠堂立義塾爲首務余聞而喜曰如經君者眞所謂孝義可風足爲四民勸者乎予嘗觀一鄉一邑之中有善舉爲人所樂道者世不乏人然大抵㨂祖父之業席豐履厚間出其稍資以潤及於族黨至於手創門楣發跡異鄉備歷艱辛覓生產衣食爲身外物亟亟焉以敦宗睦族育才養士爲已任如經君者殊不數數覯苟非孝友之性蘊於中發於外以行吾一心之所安不牽乎流俗之所爲者曷克若是夫塾以學爲本學以師爲要苟爲之師者誘掖勸講以磨厲後進彼秀而文者固可以博科目膺顯官爲國家名臣以高大經氏之門即魯而鈍者亦得知孝悌友恭廉讓節儉不失爲一鄉善士此經君之所望於族人而余樂爲其族人告者至於祭田若干畝堂室若干間土木磚瓦若干件匠作若干工經君自能記載之余無俟瑣瑣言之也是爲記○據採訪冊新纂

四知義塾在縣北五都岑倉堰里人楊笑峯建據採訪冊新纂

謝氏義塾在縣北五都謝家塘謝蘭兆奉母羅氏命建助成字號田二畝六分零爲基址幷置閏歲律藏字號田二百零一畝賙卹族人及族內無力讀書者俱令入塾就學嘉慶二十一年稟縣詳憲備案勒碑據採訪冊新纂

王氏義塾在縣北五都方村道光辛丑王步鼇捐資建造幷置修膳田四十畝零據採訪冊新纂

楊氏義塾在縣西七都瀝海所南城楊國棟建設經蒙二館延師教讀捐糧田六十畝以資束修膏伙並助考費田二十五畝零以備楊氏子弟應試之費道光二十六

年請憲立碑據採訪冊新纂

陳氏義塾在縣西八都埆頭村陳次沐等建置有霜字號田十一畝零據採訪冊新纂

金氏養正義塾在縣西十都前江同治二年建先有日觀菴因產涉訟前令陳備恪斷以菴爲塾延師課徒尋以離村遠就學不便里人金鑑禀縣立案移建村內有時字號田二十畝爲脩脯資據採訪冊新纂

蒿峯義塾在縣西南十一都光緒十六年蒿江釐局委員顧璜捐廉創建其脩脯由釐局支應顧璜記畧蒿壩地方人民富庶幼穉

衆多亟宜及時教之俾一鄉多培一端人正士即爲一鄉多一表率則效前型引掖後進所以端風俗而正人心胥賴乎此璜司權於斯不忍坐視其有養而無教爰捐貲籌費設立嵩峯義塾使凡無力從師者來兹就學議定規條課程創興斯舉璜轉瞬瓜期及代惟願後之人與地方紳耆塾董隨時加意俾垂永久不致中輟漸增實效所費無多所益甚鉅尤願擴而充之庶免額限見棄則更地方之幸矣○據採訪冊新纂

王氏義塾在縣西南十二都玩石莊康熙間王承謨籌建并置田二十畝以資應塾中諸費知縣邱肇熊有記據採訪冊新纂

坤麓義塾在縣西南二十一都東溪村同治間周鼎鐘首先捐錢二百千文又間字號田二十四畝暨周爾簠助

基建造正屋三間庖湢俱全據採訪冊新纂

金氏義塾在縣西南十四都章鎮光緒十一年金堃及弟姪等建設經蒙二館據採訪冊新纂

丁氏養正義塾在縣南十八都湖溪村道光二十九年丁文秀捐己戶陶間吊唐字號田三十餘畝建平房三間延師課本村丁唐兩姓蒙童據採訪冊新纂

方山義塾在縣南二十都下管明徐文彪建賈大亨記畧徐君文彪少負俊才積學砥行明正德初以才德應聘至京忤宦豎賫志歸慨然曰丈夫不能兼善天下猶可淑之一鄉因念鄉族之窘於脯脩者無以教子弟乃立義塾禮聘賢師館於中弁撥稔田一十畝作膳修之費朔望閱試不

以爲煩昔韓昌黎以楊巨源不去其鄉有裨風化謂其可祭於社先生此舉視巨源功德倍之其祭於社也亦何歉哉先生既歿厥嗣子將立石義塾登載田畝圖永弗墜先生雅志因請記乃書以遺之尋圯據採訪冊新纂

會館

上虞會館在京都正陽門外韓家潭　國朝道光間編修袁希祖戶部郎中田士昀籌欵建設頭門三間廳堂三間正房五間左右廂房各兩間正房西書室兩間照屋兩間共一十九間專作赴試者住息之所光緒庚辰後編修陳夢麟歷次籌捐修葺山東巡撫張曜前後慨捐

銀兩爲數最鉅邑人德之案前明舊有上虞會館在絨線坊久廢○新纂

賓興諸費附上虞自錢氏葉氏楊氏捐鄉試費後徐氏復捐公車費朱氏夏氏又捐童試卷費樂善好施美難殫述今備錄如左

鄉試路費田乾隆二十七年邑人錢必邁捐田三十畝零田在縣東南茆嶴計駒字號田共十九畝一分七釐九毫五絲章字號田共十一畝三分四毫呈請撫憲莊每遇科舉之歲分給貧生路費又嘉慶七年邑人葉向宸捐田二百畝田在縣西南花礲計官字號田共二十二畝三分七釐二毫八字號田共三十二畝九釐六毫六絲六忽皇字號田共九十七畝四分四釐五毫二絲制字號田共十一畝一分七釐四毫字字號田共五畝二釐四毫乃字號田共三十一畝九分一釐六毫呈請撫憲阮作

邑士鄉試赴省費舊志云此項租錢專責是年項貢弁第二三名廩生及歲科一等首名文生協同經收經散又云奉制憲阿移文內開此項路費以周寒俊其教職監生不得一例濫給○已上據嘉慶志

又道光七年邑人楊光南捐田六十一畝零田在七都南門莊東門莊鄉試戸承糧計露字共三十九號田六十一畝五分九釐六毫經撫憲劉專摺具奏永作衿士鄉試赴省費又光緒十四年楊光南之孫懿復增助田十一畝計露字號田共四畝九分二釐五毫結字號田共一畝一分一釐五毫霜字號田共四畝九分一釐四毫一絲五忽○已上據採訪冊新纂

案以上鄉試費田共三百三畝有奇統歸項貢次貢及歲科試一等首名協同經理收稍存典俟賓興年分周濟入闈士子助其資斧惟帶有捐職者不給是項本因周濟寒俊起見向由場前分給遂起弊端縣學則有但

考遺才不應秋試具名領取者府學弁有不考遺才冒名領取者書斗串棚漏巵不少光緒十七年經廩生黃誠祈恩貢陳世楷副貢朱孔陽會同葉楊後裔葉芳嶼葉祥齡楊懿等新立條欵具稟批准刊印章程

葉氏鄉試公費章程

一糧賦業經立案直銀兌換不取平餘　一董事歸頂貢次貢二八以及歲科考一等首名協同經理逢正科鄉試前二年八月廿五日收稍　一經理收稍價盤費每年七千文三年積計錢廿一千文　一董事及本家貰寓伙食伙工錢共廿四千文　一解錢到省盤費錢及貰錢包細索効力人錢共四千文　一支應學師供膳錢四千文　一學書紙筆飯費錢一千四百文　一本學門斗點心費錢二千六百文　一莊書三年紙筆費錢六千文　一報銷紙筆費上下每科錢八千文　一給武場每科錢三十千文交每科武一等第一名給發

楊氏鄉試公費章程

一糧賦業經立案直錢兌換不取平餘　一董事歸頂貢次貢二八

以及七都內貢廩增附中以資格派一人協同經理按次接管不得攙越先二年十一月初一日收稍一鄉試時董事及本家貲寓錢伙食伙工錢共十八千文一解錢到省盤費包索等錢共三千文一支應學師錢二千文一開銷學書紙筆飯費錢一千文一開銷門斗點心費錢一千文　一莊書三年紙筆費錢一千八百文　一報銷費錢每科三千文　一七都門斗每科催稍收票勞金錢四百文　一武場每科給錢十千文交每科武一等第一名給發

公車路費田道光十二年邑人徐迪惠捐弔讓等字田一百畝畝分細號詳載五美錄給發新舊舉人進京會試及優拔貢進京朝考副貢進京就職等費詳憲立案勒石學政陳用光撰

碑○新纂

案徐氏此田有一百十九畝零是時適當楊瀾𣴓建經正書院遂分十九畝零助作經費而分一百畝作本邑舉人公車路費五美錄載此田仍歸徐氏經理收花積算俟會試前一年十二月初一日照撫憲咨文給發出本縣起程者給全股留京者減半優拔貢赴朝考者亦給全股副貢赴京就職者給半歲貢卷費酌給五千其已經領去者倘有事故不及起程或中途逗遛不及到京者俟回籍後仍復繳還至舉人已作教官者自有俸廉不得派給

童試卷金田咸豐元年邑人朱寅夏廷彥合捐田五十畝計法字號田共二十五畝三分六釐九毫四絲四忽垂字號田共三畝四分九釐六毫坐字號田九分七釐官字號田共五畝一分七釐三毫師字號田共十五畝一分九釐一毫以作闔邑童生縣府院試正場卷費稟縣詳憲批准勒石邑令孫夢桃記畧近者貢生朱君寅

久釐遺命創興此舉樂助糧田二十九畝零州同夏君廷彥亦遵其父遺命樂捐糧田二十畝零共計五十畝以作諸童院府縣三試正場卷費予既嘉二君之好義而美其克成先志爲亟詳各大憲立案示遵其出納收存諸法一仿曩時錢葉楊等所定章程其栽培庠序不已多乎事既竣爰刻石於經正書院以垂永久云爾○

新纂

案五美錄載免童試卷金章程每於試前給付禮房錢二十千文縣府院試合共給卷金六十千文嗣以經費不足事仍中止玆得朱夏二君助田捐免童生縣府院試正場卷金其覆試之卷仍歸本童自行給付至童生於院府縣試塡冊之後或有事故不考在後補考者雖係頭場亦仍自行給付

上虞縣志卷三十五上

武備志

兵制

宋

宋史兵志宋之兵制大槩有三禁軍廂軍而外選於戶籍或應募使之團結訓練以爲所在防守則曰鄉兵又高宗紀建炎四年七月詔江浙州縣諭豪右募民兵據險立栅防遏外寇玉海乾道八年二月置忠武軍選二浙土兵弓手爲之九年四月密院言忠武軍藝已精歸之州縣

梁湖堰營　在縣西額五十人嘉泰會稽志

打竹索營　在縣東嘉泰會稽志

通明堰營　在縣東額二十五人嘉泰會稽志

弓手　額七十人嘉泰會稽志

佛跡山寨　在縣西北萬曆府志

元

元史兵志諸路府所轄州縣設縣尉司巡檢司捕盜所皆爲立巡軍弓手職巡邏專捕獲官有綱運及流徙者至則執兵仗導送以轉相授受外則不敢役示專其責焉

軍營　在縣治西南正統志

佛跡山寨　在縣西北至正年間設正統志

明

續文獻通考洪武元年以太史令劉基奏立軍衛法乃自京師達於郡縣皆立軍衛大率以五千六百人爲衛一千一百二十八人爲一千戶所一百一十二人爲一百戶所設總旗二名小旗十名凡軍之政必聽於衛衛下千戶所千戶督百戶百戶下總旗小旗率其伍卒以聽所明會典洪武二十六年定凡天下要衛去處設立巡檢司僉點弓兵應役從信錄正統十四年九月令各處招募民壯就命本地官司率領操練遇警調用泳化類編宏治間令州縣選民壯年二十以上五十以下精壯之人州縣七八百里者每里僉二名五百里者三名三百里者四名一百里以上五名春夏秋每月操二次至冬操三歇三遇警調集官給行糧

瀝海所官兵　千戶一員百戶八員鎮撫二員額軍一千一百二十名帶管一百名召募一百五名萬歷府志

本縣民兵　額四百名萬歷府志

弓兵　黃家堰廟山二巡檢司各設弓兵三十四名梁湖巡檢司弓兵一十二名萬歷府志○案嘉靖初沿海弓兵獨倍他處每司額設一百名與正軍同操有事聽調隨伍故通志海防黃家堰廟山俱作一百名倭變後因抽取工食始裁汰每司各存三十四名隨操亦廢

陸兵　前營左營中營每營總哨官一員部領哨官五員兵五百四十一名屬臨觀總統轄臨汛分發乾隆通志

乾隆府志前營平時屯劄臨山衞操練防守遇警往來截剿汛期分發五哨內分一哨協守臨山衞巡哨周家路泗門烏盆趙港夏蓋山荷花池等處與防守瀝海所官兵會哨左營平時屯劄紹興府城操練防守遇警往

來截剿汎期分發防守三江所東哨宋家漊蟶浦等處與防守瀝海所官兵會哨中營平時屯劄臨山衛操練防守遇警往來截剿汎期分發一哨協守觀海衛又分一哨協守三山所二哨防守臨山衛巡哨周家路泗門夏蓋山等處一帶沿海地方又分一哨防守瀝海所巡哨槎浦西海塘浦西滙嘴等處與防守三江所官兵會哨

國朝

乾隆府志順治五年經制額設紹興府副將管轄左右兩營每營於都司守備外各設千總二員把總四員康熙四十七年十月爲稟報事添設把總二員其左營千把七員分防蕭山諸暨新昌嵊縣向天嶺三江瀝海等七汎右營千把七員分防餘姚上虞觀海周家路梁衕中村北溪等七汎俱一年一調以均勞逸雍正五年署直督宣條奏案內增添右營外委千總二員外委把總五員巡防府城餘姚上虞臨山夏

葢山周巷滸山等七汛一體協防巡緝俱一年一調

防守縣汛　輪防千把總一員乾隆通志○案今駐防協係千總署建縣治東南防外委一員乾隆府志○案今協防係外委千總駐曹娥兼轄百官梁湖曰曹梁汛嘉慶志作輪防縣汛千把總名一員誤馬步戰守兵丁原額四十名乾隆通志乾隆四十七年奉文裁改養廉公糧分防上虞實帶兵三十八名內戳兵三名守兵十名分撥口次戰守兵二十五名詳汛守官例馬二匹兵戰馬一匹乾隆府志嘉慶間改設八十七名內存汛二十六名分撥口次六十一名詳見汛守○嘉慶志

同治二年郡城克復陸續召募無定額五年總督左宗

棠奏請減兵增餉閩浙總督左宗棠奏閩之兵額六萬二千浙之兵額三萬七千二百合計己近十萬豈不爲多如果一兵得一兵之用制賊自有餘力何以巨賊入境所至成墟不但不能收一戰之功並不能爲一日之守也然則國家每歲所耗之餉不重可惜乎假令事前兩省有素練之兵五萬以之援鄰以之保境豈不綽然何至遠恃客軍多縻巨餉惟其兵多故餉不能厚惟其餉薄故兵不能精此固前效之可睹者臣惟兵之應亟汰者四老弱疲乏之兵吸食洋煙之兵虛名占伍之兵塘汛零星之兵此皆無所用亦不可練者此外各標協營聽差傳號書識各名色不預操練之兵實爲軍政之蠹亦應酌量裁減以實行伍約計應汰之兵至少不下四成有餘兵既減其員弁亦可酌量裁併所裁之廉俸薪乾亦可留養練兵挑留可練之兵即以裁兵之餉加給之餉米併計馬戰守兵日用足敷無須别營生業自可聚居勤練而免散漫荒嬉之弊塘汛零星之兵有名無實甚或竊留娼賭擾害地方若併歸總汛聚居勤練分段輪派巡緝聲勢較完訪察易

偏較之三五錯雜無人管束訓練者有別是減兵云者祇減此無用不可練之兵於兵制實無所損加餉云者即扣此項裁兵之銀於餉事亦無所加也浙江郡縣克復時臣即飭逃潰兵丁不準收伍此時議復常制祇須少募新兵當與浙江撫臣熟商定議並檄藩司楊昌濬專主其事等因奉　旨妥爲籌議辦理欽此六年總督英桂等會同議奏將浙省水陸各營共裁兵一萬三千八百二十九名實存兵二萬二千五百七十六名奉

旨依議八年奉文額設兵丁三十五名內戰兵五名守兵十九名分撥口次戰守兵十一名守詳汛官例馬二匹兵戰馬一匹　千總養廉銀壹百貳拾兩月支俸薪銀叁兩外委養廉銀壹拾捌兩月支餉銀叁兩米叁斗馬兵兵舊額每名月支餉銀貳兩今改支叁兩戰兵舊額每名月支餉銀壹兩伍錢今改支貳兩伍錢守兵舊額每名月支餉銀壹兩今改支壹兩伍錢米各叁斗馬乾舊額每匹月給銀壹兩今例馬照舊戰馬改給

草乾銀壹兩伍錢已上養廉俸薪均於乾隆四十七年奉文裁改餘係同治六年總督英桂等議奏經兵部覆准奉旨
依議○新纂

防守瀝海所汎　輪防千把總一員案今駐防係把總署建所城　外委一員案府志作額外外委係乾隆二十六年兩江總督尹條奏案內增設今裁　馬步戰守兵丁原額九十四名乾隆通志乾隆四十七年奉文裁改養廉公糧分防瀝海所實帶兵七十二名內馬兵七名戰兵十五名守兵三十五名分撥臺汎口次守兵十五名詳汎守　官例馬二匹兵戰馬八匹乾隆府志同治五年總督左宗棠奏請減兵增餉八年奉文額設兵丁一十八名內戰

兵三名守兵六名分撥臺汛口次守兵九名詳汛守官例

馬二匹把總養廉銀玖拾兩月支俸薪銀叁兩

兵餉及馬乾銀兩並同縣汛○新纂

防守夏蓋山汛　外委一員案今駐防係外委把總本汛無營署駐劄崧廈戰守

兵丁原額二十九名乾隆通志乾隆四十七年奉文裁改養

廉公糧分防夏蓋山實帶兵二十八名內戰守兵十八

名分撥臺汛守兵十名詳汛守兵戰馬一匹乾隆府志參嘉慶志同

治五年總督左宗棠奏請減兵增餉八年奉文額設兵

丁一十一名內戰兵一名守兵六名分撥臺汛守兵四

名詳汛守兵戰馬一匹外委養廉銀壹拾捌兩月支餉銀叁兩米叁斗兵餉及馬乾銀兩並

同縣汎

○新纂

民兵　額設五十名俱募壯健者充補內分鳥鎗二十名弓箭二十名長鎗十名與兵丁一體防守雍正十二年裁汰一十八名實存三十二名每名工食銀原額柒兩貳錢順治九年裁壹兩貳錢每名給銀陸兩遇閏加伍錢○新纂

弓兵　額設黃家堰巡檢司弓兵八名廟山巡檢司弓兵一十一名梁湖巡檢司弓兵一十名專司巡鹽捕盜之事康熙三十九年裁撤黃家堰一司並裁弓兵餘如舊制每名工食銀原額柒兩貳錢順治九年裁銀壹兩貳錢十四年續裁貳兩肆錢每名給銀叁兩陸錢遇閏

加叁錢

○新纂

鋪兵　額設衝要五鋪蒿陡司兵五名崑崙池湖蔡山板橋司兵各四名次衝要六鋪縣前通明查湖華渡蔡墓新橋司兵各四名偏僻四鋪夏蓋烏盆踏浦瀝海司兵各三名平時傳遞公文遇警馳報衝要二十一名每名工食銀捌兩肆錢次衝要二十四名每名工食銀柒兩貳錢偏僻十二名每名工食銀陸兩遇閏俱照加○新纂

看守城門兵　本縣及瀝海所每門五名係額設兵丁內輪流派值乾隆府志同治八年裁改營制各按兵數派守新纂

鄉兵　咸豐年間粵匪亂各鄉奉　憲檄設立團勇無定

額糧由民給事平撤去新纂

教場　舊在縣治西七十步居民侵爲叢後改在縣治東按察分司署旁萬曆府志今在縣治東等慈寺側嘉慶志

上虞縣志卷三十五上

上虞縣志　卷三十五

一

上虞縣志卷三十五中

武備志

汛守

瀝海所汛　在府東北七十里纂風鎮去海里許東衛臨山西捍黃家堰近海岸有施湖隘四滙隘爲汛守要地洪武二十年信國公湯和建城案會稽縣志會上分轄詳建置置官兵戍之制詳兵轄臺一曰西海塘烽堠三曰槎浦曰胡家池曰槤樹巡檢司一曰黃家堰巡司　國朝分設汛守東至上虞縣六都二十里與夏蓋山汛接界西至會稽縣

三十三都抵海南至上虞縣七都傅浦江與三江所接界北至會稽縣三十三都半里抵海左營千把總帶兵駐防詳兵制轄臺二一曰北門臺案本臺屬會稽地東十里至踏浦臺曰踏浦臺口次一曰西滙嘴本所原設判官新礮二臺於康熙五十六年奉裁乾隆通志

夏蓋山汎　在縣西北六十里南臨夏蓋湖西近三江口北枕大海舊有烽堠洪武中築臨山衛所轄案嘉靖間備倭奴通判雷鳴陽率兵駐此詳見古蹟蓋山亭碑國朝增設汎守東至五都陳倉堰與臨山汎接界西至六都萬壽菴與瀝海所汎接界

南至雁埠南塘三十里與餘姚縣汛接界北抵海右營千把總帶兵駐防案今駐防係右營外委詳兵制臨山守備兼轄轄臺二曰荷花臺曰顧家臺乾隆通志

中原堰　在縣五都有廟山巡檢司城舊駐餘姚之廟山洪武二十年徙今所仍故名萬歷府志○詳建置設弓兵防禦乾隆通志國朝康熙八年巡檢司移駐臨山衞城兼轄中原堰毗連一帶新纂

黃家堰　在縣西北七十里纂風鎮有巡檢司城舊駐府城東北六十里黃家堰洪武二十年徙瀝海所西宏治

中從今所。萬歷府志詳建置設弓兵防禦。乾隆通志　國朝康熙間

巡檢司裁。備稿

烏盆隘　在縣五都。萬歷志汎守要地，舊有烽堠，洪武中築

臨山衛所轄。乾隆通志

趙港　在縣五都。乾隆餘姚志舊有烽堠，洪武中築臨山衛所

轄。乾隆通志

槎浦　在縣西六十里，舊有烽堠，洪武中築瀝海所，所轄

乾隆通志

施湖隘　四滙隘　在瀝海所，舊以二處海水衝激賊船

易泊特立寨委官一員旗軍五十名守之今廢天下郡國利病
書瀝海所所轄乾隆通志
西滙嘴在黃家堰明嘉靖三十二年倭賊登犯天下郡國利病
書國朝康熙五十六年增設口次爲邊海緊要東至
本所城五里西北抵海乾隆通志瀝海所所轄撥守兵五名
烟墩三座乾隆府志同治閒改撥守兵三名新纂
踏浦臺康熙二年築東五里至萬壽菴與夏蓋山汛接
界乾隆通志瀝海所所轄撥守兵五名烟墩三座乾隆府志道光
二十一年巡撫劉韻珂籌辦海防檄知縣龍澤澣重修

並建營房三間今圮同治間改撥守兵三名新纂

荷花臺　明初僅設荷花池烽堠屬臨山衛所轄　國朝康熙二年改築臺後倒入海中夏葢山汛所轄撥守兵五名烟墩三座乾隆通志參府志　舊建營房三間今圮同治間改撥守兵二名新纂

顧家臺　康熙二年築東至黃家路十里烏盆地方與臨山汛接界西至夏葢山十里乾隆通志　夏葢山汛所轄撥守兵五名烟墩三座乾隆府志　道光二十一年巡撫劉韻珂籌辦海防檄知縣龍澤湍重修並建營房三間今圮同治

間改撥守兵二名新纂

案嘉慶志載康熙十年紹協鎮左營都司王自功移文內開上虞縣沿海有踏浦臺荷花臺顧家路臺墊橋路臺崔家路臺趙家路臺勝山臺曲塘臺今已奉文撤防考原文稱紹屬二十四臺外尚有蕭山之長山臺餘姚之臨山北門臺二臺俱同時建造今已奉文撤防非謂各臺俱撤防也舊志失於體認而於夏蓋山臺汛仍開列守兵各五名前後疏舛惟查臺寨防守僅踏浦荷花顧家臺三座隸於本縣其餘則歸餘姚之周巷滸山汛慈谿之觀海衛汛非本縣所轄不贅錄

又案嘉慶志海防載有臨山衛一汛乾隆通志云衛在餘姚西北五十里初置廟山上後徙上虞故嵩城戍守去海三里並海築城舊志蓋據此列入不知通志所云明係徙故嵩城於臨山衛萬歷府志亦云洪武二十年信國公湯和經畫浙東以餘姚東北控大海慮島夷或竊發上虞非要津也乃奏徙上虞故嵩城於餘姚西北

五十里廟山之上並海而城之爲臨山衛是衛城在前明時本屬餘姚　國朝亦然不得列入本縣汛守今删

右沿海汛

百官　在縣西北四十里萬歷志　唐舊縣址萬歷府志　明移梁湖巡檢司駐百官市明史地理志　設弓兵防禦乾隆府志　今如舊制曹梁汛所轄同治間撥守兵一名烟墩三座新纂○案百官上接龍山下通瀝海所西鄰江爲縣境要口

曹娥　在縣西三十五里嘉泰會稽志　縣汛所轄撥戰兵一名守兵四名烟墩三座乾隆府志　後改撥十三名嘉慶志　舊建營房五間瞭樓一座咸豐十一年燬今曹梁汛駐劄同治

閘改撥戰兵一名守兵六名新纂○案曹娥前接東關後背大江亦一要害也

梁湖　在縣西三十里萬歷府志宋時有營嘉泰會稽志明置巡檢司本治梁湖尋遷百官市仍故名明史地理志縣汛所轄撥戰兵一名守兵四名烟墩三座乾隆府志後改撥十三名嘉慶志舊建營房三間瞭樓一座咸豐十一年燬今曹梁汛所轄同治間改撥守兵二名新纂○案梁湖西控娥江東接運河又北有蘭風山舊與餘姚之石堰均爲海浦要地見讀史方輿紀要

蒿壩　在縣西南四十五里萬歷志縣汛所轄撥守兵五名烟墩三座乾隆府志後改撥七名嘉慶志同治間改撥守兵二

名新纂○案蒿壩在曹娥江西岸接會稽界紹台二郡往來通衢

上浦　在縣西南四十里萬歷志縣汛所轄撥兵四名烟墩三座嘉慶志同治間裁新纂○案上浦亦接會稽界與王家滙鋪山頭均爲沿江要區

王家滙　在縣西南縣汛所轄撥兵四名烟墩三座嘉慶志同治間裁新纂

鋪山頭　在縣西南縣汛所轄撥兵四名烟墩三座嘉慶志同治間裁新纂

章家埠　在縣西南四十里萬歷志縣汛所轄撥兵四名烟墩三座嘉慶志同治間裁案章家埠濱於江南接三界通剡台最衝要　已上五

口次舊俱有營房歲久傾圮新纂

三界　在縣西南六十里萬歷志漢始甯縣舊址萬歷府志嵊縣汛所轄撥兵防守烟墩三座乾隆府志

右沿江汛

佛蹤山　在縣西北四十五里名勝志○嘉慶志蹤一作跡宋元俱有寨天下郡國利病書

麇家山　在縣南六十里萬歷志當奉化嵊二縣界地甚僻嘉慶志元有巡檢司天下郡國利病書

寨嶺　在縣南六十里古潭山西宋時鄉人禦倭寇於此

萬歷志

雙溪嶺　在縣南二十五里李溪之上萬歷志　同治元年鄉兵誘賊中伏處新纂

筀竹嶺　在縣東二十里接餘姚境萬歷府志○案府志險要繫此於餘姚縣下其爲縣境要口不複載今增補

智果店　在縣東北十五里嘉靖中倭入犯官軍郤之即此讀史方輿紀要○嘉慶志店一作寺

通明堰　在縣東三里萬歷府志宋時有營嘉泰會稽志　已上七處皆縣汎所轄新纂

中堰　在縣東十里萬歷府志縣汛所轄撥戰兵一名守兵四名烟墩三座乾隆府志後改撥六名嘉慶志同治間裁新纂

崔王　在縣西七里萬歷府志縣汛所轄撥戰兵一名守兵四名烟墩三座乾隆府志後改撥六名嘉慶志同治間裁○已上二口次舊有營房歲久傾圮新纂

右內地汛

萬歷志邑治舊在百官濱江蕞爾其蹂躪於孫寇無足怪者然不知今治之在當時豈盡町疃之場耶漢永建間會稽守周嘉請分南鄉爲始甯縣蓋慮其地曠遠而鮮制馭故立治以爲之犄角耳晉謝靈運嘗率家僮數百人自南山伐木開徑直抵臨海太守驚謂山賊趙宋時倭寇突至上山鄉土人柵木禦之不能破今謂之寨

嶺則南鄉如三界宜有備也宋亡張世傑舟覆於海其潰卒闌入焚掠廨宇元末方寇據有明州截娥江以西拒屯劄於通明堰則姚江不足爲我屏障東鄉宜有備也明嘉靖乙卯島倭三至城下兩從餘姚篠嶺而入則東南鄉宜有備也北自袁嵩築扈以拒孫恩之後幸八無事所以湯信國撤虞城而城臨山者亦袁扈之遺意又於沿江一帶設巡檢司如廟山黃家堰等處以與臨山爲聲援是北以西之江鄉宜有備也虞固非必爭之險而環顧四郊無可倚恃脫不幸饑荒洊仍灾癘間作一旦盜乘其隙豈得令閭舍之弱民安枕卧乎故當內練丁壯外謹烽堠晝令村隘以譏察夜嚴街鼓以巡警防守固而備禦周庶乎潛杜不逞者之狂心而可以應卒矣

案虞邑延袤百里面山背海襟帶娥江固所謂天險也萬歷志就四境所至綜論利害頗得其要領至嘉慶志別立險要然所載七處第據萬歷府志爲本餘仍未詳我
朝數百年來德威廣被山海靜謐衆志成城惟隨

時防範之道未可以承平日久稍形廢弛謹自沿海以迄內地詳列古今汛守以昭愼重其無營汛烽堠而地屬要害者亦著於篇俾守土者資考鏡焉

上虞縣志卷三十五中

上虞縣志　卷三十五

上虞縣志卷三十五下

武備志

兵事

晉孝武帝時瑯琊人孫恩世奉五斗米道叔父泰嘗以秘術扇動百姓爲會稽王道子所誅恩逃於海衆聞泰死皆謂蟬蛻登仙故就海中供給恩恩聚合亡命得百餘人志欲復讐安帝隆安三年遂自海攻上虞（案縣治時在百官）殺縣令進襲會稽害內史王凝之於是三吳八郡（時以會稽臨海永嘉東陽新安吳郡吳興義興爲三吳八郡）一時奔潰旬日之間衆數十

萬恩據會稽自號征東將軍號其黨曰長生人宣語令誅殺異己有不同者戮及嬰孩由是死者十七八畿內諸縣處處蜂起朝廷大震遣衞將軍謝琰前將軍劉牢之討之並轉鬬而前牢之率衆軍濟浙江恩懼乃虜男女二十餘萬口逃入海牢之還鎭詔以謝琰爲會稽內史都督五郡軍事率徐州文武戍海浦四年恩復入餘姚破上虞進寇邢浦琰遣參軍劉宣之距破之恩退縮少日復寇邢浦乘勝至會稽謝琰出戰兵敗爲帳下張猛所殺牢之進號鎭北將軍都督會稽等五郡率衆東

征屯上虞吳國內史袁山松築扈瀆壘緣海備恩五年破浹口牢之擊之轉寇扈瀆城陷害袁山松自後屢入寇不在越皆爲參軍劉裕所敗明年寇臨海太守辛景討破之恩窮蹙乃赴海自沈妖黨及妓妾謂之水仙投水從死者百數餘旋復推恩妹夫盧循爲主自恩初入海所虜男女之口其後戰死及自溺并流離被傳賣者至恩死時裁數千人存而恩攻沒謝琰袁山松陷廣陵前後數十戰亦殺百姓數萬人據晉書列傳

南北朝宋泰始二年正月行會稽郡事孔覬與子都水使

者璪並叛前鋒軍已渡浙江二月明帝遣建武將軍吳喜統劉亮等東平會稽亮等進次永興同市二十日上虞令王晏起兵攻郡覬以東西交逼憂遽不知所爲其夕率千餘人聲云東討實趣石瀆值潮涸不得去竄於嵴山村嵴山民縛以送晏晏斬之東閤外宋書孔覬傳

南北朝梁大寶元年侯景跋扈益甚遂矯詔自進位爲相國封漢王尋加宇宙大將軍都督六合諸軍事十二月張彪起義於會稽攻破上虞景太守蔡臺樂討之不能禁梁書侯景傳

唐咸通元年正月浙東賊裘甫唐書懿宗本紀作仇甫攻陷象山官軍屢敗明州今甯波府城門晝閉進逼剡縣乙丑陷之時二浙久安人不習戰甲兵朽鈍觀察使鄭祗德召募新卒軍吏受賂率皆得孱弱者祗德遣牙將沈君縱等將新卒五百人擊甫戰於剡西復大敗官軍幾盡於是山海諸盜及他道無賴亡命之徒四面雲集衆至三萬分爲三十二隊其小帥有謀略者推劉暀勇力推劉慶劉從簡羣盜皆遙通書幣求屬麾下甫自稱天下都知兵馬使改元羅平大聚資糧購良工治器械越州震恐鄭祗

德累次告急且求救於鄰道及諸道兵至始令屯郭門及東小江尋復召還府中自衛朝廷知其懦怯議以前安南都護王式代祗德爲觀察使又詔發忠武義成淮南諸道兵授之初甫分兵掠衢婺州婺州今金華府及明州皆有備不得入又遣兵掠台州破唐興三月己巳甫自將萬餘人掠上虞焚之所過殺其老稺盡俘少壯者以去癸酉入餘姚東破慈谿奉化據甯海分兵圍象山及王式除書下浙東人心稍安裘甫方與其徒飲酒聞之不樂賊黨劉暀說甫急取越州遣兵西拒甫不從夏四月

式至分軍東南進討乃命宣歙將白琮浙西將淩茂貞北來將韓宗政率本軍士團合千人石宗本率騎兵爲先鋒自上虞趨奉化解象山之圍號東路軍時南路軍屯唐興俱大破賊又益以義成昭義兩軍遂克甯海甫遁走六月甲申復入剡式命趣東南兩軍會於剡悉擒之據通鑑唐紀

中和四年越州觀察使劉漢宏遣其將朱褒韓公玫施堅實等以舟兵屯望海杭州將錢鏐出平水與成及夜率奇兵破褒等於曹娥埭進屯豐山五代史吳越世家

案通鑑唐紀董昌謂錢鏐曰汝能取越州吾以杭州授汝鏐曰然不取終爲後患遂將兵自諸暨趨平水鑿山

開道五百里出曹娥埭浙東將鮑君福率衆降鏐與浙東軍戰屢破之進屯豐山所紀較詳考曹娥埭即北津埭江之東有南津鮎埼亭集浦陽江記南史浦陽江南北津各有埭司以稽察行旅胡梅磵曰南津埭即今之梁湖堰北津埭即今之曹娥堰與西陵埭柳浦埭實於六朝稱四埭今南津埭故道久失胡氏所指梁湖堰明嘉靖間亦改築然據通鑑所載則出彼必入此戎馬雜遝虞當其衝矣

後唐長興三年吳越文穆王嗣位梁鎮海軍指揮使元珦令兵士稱盜刼上虞庫殺令裴昌符及謀逆事敗賜死錢玫家山鄉眷錄

宋宣和二年冬十月建德軍清溪妖賊方臘反三年陷上虞燬民居及等慈寺其後臘擒餘黨走險剡縣魔賊仇

道人應餘黨而起破剡縣新昌上虞據宋史徽宗紀李莊簡集泊宅編

案刊誤援據宋史指臘寇爲不患虞然俗稱梁湖有福泉山土名大項尖山項廣約畝許相傳臘屯兵於此又有袋頭山亦以臘儲糧名顧皆居民之說於志乘無可考其可據者有康熙志遺德廟記宣和七年八月敕詞云浙部使者奏上虞遺德廟當睦寇猖狂引兵壓境忽素旗出於廟中賊衆駭愕謂官兵已至遂退走睦寇即方臘相去四年見聞較確非可飾詞奏請又李莊簡集等慈寺鐘銘寺於上虞爲大伽藍經方臘之變金碧之區鞠爲草莽越二十一載有僧首妙智大師志遠始出衣囊與其徒法常兼募衆緣經營而一新之其時爲紹興十一年辛酉莊簡以邑人述邑事其言要爲確據是方臘破虞具有明證刊誤所辨當不盡然

建炎三年十二月金人阿里蒲盧渾御批通鑑輯覽作阿里富埒緷入越州宣撫郭仲荀奔温州知府李鄴降蒲盧渾遂濟

曹娥江續通鑑綱目○案婁寅亮縣治記云金虜大入火其邑見正統志

元至元十三年宋張世傑挾潰卒奔玉山故婺冦經剡而來摽掠縱火邑居燬十五年二月世傑兵敗於厓山遭颶風舟覆其潰卒復闌入焚廨宇萬歷志

至正十八年方國珍遣兵侵上虞國珍一作谷珍台之黄巖人八年始倡亂海上掠州縣有司憚於用兵一意招撫累進國珍官爲海漕萬戸弟國璋爲衢州總管國珍既受官據有温台慶元之地益强不可制至是遂侵據上虞截娥江以爲界西拒紹興復分兵屯通明堰明年

十二月元以國珍爲江浙行省平章政事國珍復受之

邁里古思者甯夏人也授紹興路錄事與石抹宜孫平

處州山賊擢江東廉訪司經歷仍留紹興會國珍侵據

紹興屬縣邁里古思欲率兵往問罪先遣部將黃中取

上虞中還將益兵是時朝廷方倚重國珍資其舟以運

糧御史大夫拜住哥與國珍素通賄賂情好甚厚使人

召邁里古思以鐵鎚撾殺之二十四年十月遣弟國珉

築縣城舊止一里國珍以虞爲西鄙案顏氏譜宣慰使顏惟賓隨江浙行省討國珍時國珍據三郡以上虞爲西鄙設兵自備乃大加繕治廣十有三里詳建

置二十五年進淮南行省左丞相明年改江浙封衢國公弟國珉及子明善俱平章政事國珍益驕明太祖之定婺州也遣使至慶元招國珍國珍與其下謀意在順從以觀變於是請以三郡獻不欲奉正朔帝知其心持二端諭書至再三卒不省初云俟大軍克杭州即納土及杭州平國珍據境如故猶自海道輸粟元都二十七年九月帝既克張士誠遂命湯和吳楨率常州長興江陰諸軍討之楨引舟師乘潮入曹娥江毀壩通道出其不意上虞降案谷應泰明史紀事本末十月癸丑命湯和爲征南將軍吳楨爲副將軍十一月湯

和兵自紹興渡曹娥江進次餘姚降其知州李樞上虞縣令沈煜大軍長驅抵餘姚拔車廄別將又攻下台温國珍懼乃奉表乞降赦不誅三郡悉平據元史石抹宜孫傳明史列傳明從信錄萬曆府志萬曆志

明嘉靖二年五月日本國即古倭奴唐咸亨初改日本貢使宗設萬曆府志作宗設謙抵甯波未幾宋素卿亦至互爭眞僞素卿本鄞縣朱氏子名縞自幼鬻於夷先是正德四年曾充貢使爲人傾險重賄市舶太監賴恩因得坐於宗設上又貢船後至先爲驗發宗設怒遂相讐殺追素卿過上虞直抵紹興城下素卿以竄匿得免凶黨還甯波所過焚掠縣

境爲之震動據明史日本傳萬歷府志

嘉靖三十二年歙人汪直萬歷府志作王直勾諸倭大舉入寇連艦數百蔽海而至濱海數千里同時告警先是李光頭許棟逸福建獄入海引倭結巢於霩衢之雙嶼港分䑸剽刼二十七年巡視都御史朱紈遣都指揮盧鏜等部署兵船入港奮擊賊酋李光頭許棟皆就擒朱紈親率官兵築寨港口焚其營房戰艦賊淵藪空焉惟汪直收其餘黨復肆猖獗三十年倭寇烏盆案烏盆隘在縣五都去夏蓋山僅五里明年陷臨山二事本明謝讜蓋山亭碑詳古蹟至是賊益熾冬十二

月林碧川率衆寇瀝海所城千戶張應奎百戶王守正張永俱死之三十三年正月蕭顯自松江入浙至海鹽參將盧鏜率兵追擊賊由赭山遁走歷曹娥瀝海餘姚九月林碧川沈南山等率衆自楊哥入掠浙東及瀝海上虞三十四年四月淞浦賊自錢倉白沙灣抄掠甯海趨樟村遂至邑東門外燒居民房屋渡江冬十月倭自樂清登岸流刧奉化餘姚上虞至嵊縣乃殲之時賊不滿二百人所經過處殺戮無算十一月淞浦賊復自温州登海歷奉化犯餘姚南行入四明山地險巇官軍數

戰不能勝會盧鏜軍至與戰于斤嶺于梁衕賊少卻走邑西龔家畈復至東門外時同知屈某適率河南毛葫蘆兵駐虞迎戰于花園畈甫一合官兵敗北賊由北門外渡江去橫屍遍野慘酷不可言案舊志淞浦賊兩寇虞一作三十四年六月一作三十五年正月與府志稍異三十五年八月盧鏜擊賊於夏蓋山三江海洋大破之俘斬甚衆明年十一月汪直款定海關求互市初軍門大臣以直爲亂收其母妻及子下金華獄巡撫胡宗憲與直同鄉里乃出之給以美衣食奉之爲餌會朝廷遣甯波庠生蔣洲陳可願宣諭日本國

王宗憲因密諭令招徠汪直洲等諭宗憲指直果來宗憲温語慰之疏其罪狀上請三十八年十二月得旨斬於杭州市自是越中鮮倭患據明史列傳籌海圖編萬歷府志萬歷志

案倭寇虞始壬子迨甲寅乙卯以來擾害尤烈民遭蹂躪井里蕭條中間三薄城賴前令鄭芸脩葺完固不能破鄉村則無有能抵禦者自盧鏜夏蓋山一擊賊鋒挫折始鮮倭患然人情洶洶雖數十年後猶危懼不自釋萬歷志云十六年夏六月東鄉譌傳倭寇至男女棄家號奔者如蟻競至曹娥爭不得渡墮水死者纍纍時虞城方圮壞居民益惶急縣令蔡淑逵促令脩築倉皇莫辨聊以木柵禦之盡驅子民持戈握火登陴爲守歷三晝夜乃罷二十六年復譌傳倭寇自臨山而來鄉民逃竄縣令胡思伸夜出關王廟急召鄉大夫士民議備禦之計上下皇皇登陴爲守一晝夜而罷觀此則倭之寇虞亦慘矣

崇禎十六年奉化賊竺文竺武屯聚大嵐山劫掠四出撫

按檄奉虞新嵊四縣勦平之嵊縣志

國朝順治二年明張國維朱大典陳函輝鄭遵謙熊汝霖

孫嘉績迎魯王以海於台州監國紹興六月貝勒博洛

等率兵趨杭州潞王以城降并降淮王常淸監國使于

潁等畫江以守時

王師未東下横弁肆掠甚於盜賊虞民病之三年六月丙

子

大兵渡錢塘江紹興列戍驌潰馬士英阮大鋮嗾方國安

使執監國以獻監國脫走航海

大兵定紹興進下甯波境內肅清民得蘇息據聖武記魯紀年南略浙記南疆繹史康熙志

順治四年餘姚人王翊字完勳越殉義錄作上虞人今據勝朝殉節諸臣錄及南疆繹史係前明諸生魯監國時募卒海濱與防江諸師爲聲援授兵部職方主事己丑庚寅兩謁舟山累晉兵部右侍郎浙東潰翊至舟山說黃斌卿來襲甯波許內應歸約甯波諸生華夏等起事未幾謀泄夏等捕入獄翊入四明據險自守乃結主寨於西北境之大嵐山號大嵐洞主案餘姚志本傳翊與張煌

言部一梓李長祥分營互應繹史謂是時浙東山寨鱗次大率招集無賴從事鈔掠惟煌言軍上虞之平岡長祥軍上虞之東山且屯且耕井邑不擾然皆單弱不如翊雄翊一於蔓延四明八百里內設五營五司五司主餉王江任之五營主軍翊自統之五年案康熙志作四年南疆繹史以是年爲戊子當作五年春三月破上虞覘篆劉方至遇害夜半援兵至翊竄走會故御史馮京第以湖州軍破間行入大嵐遂與合兵守杜嶴提督調浙西兵令山民爲導攻破之翊以四百人走天台依威遠將軍俞國望久之謂部下曰山民爲官兵嚮導不可不除也乃回四明擊散團練者兼旬中隨道收合得萬餘人六年三月再破城盡焚縣廨冬十一

月至南鄉下管村燒燬民房越明年九月
王師會討令曰不洗山寨無以塞內顧乃大舉平南將軍
金礪與提督田雄會於大嵐仍用土團爲嚮導翊畀戰
不能抗遂率兵逃入海八年秋
大兵三道下舟山翊復由奉化出天台集散亡爲援逆中
被執不屈死十三年春餘黨投誠復叛焚刼鄉村居民
皆逃避大將軍宜檄甯紹二府合兵勦平之據南疆繹史康熙志

案王翊舊作王岳壽令就舊志城池所載證之南疆繹史事迹均合惟以破縣城殺劉令爲四年事與繹史異考志內劉方至傳本作戊子是志誤以戊子爲四年因以次年再破城爲五年紀年略有舛錯其事實係完勳

非岳壽也刊誤謂王岳壽別有其人志丙張鳳岐傳載康熙十七年山賊王岳壽圍邑城後殲於塔山事隔三十年不應前後長此一人據此則爲完勳尤確又康熙志目爲土寇嘉慶志仍之伏念國朝定鼎之初王師下討若輩敢於抗拒重爲民害例合直書至嘉慶時

純廟錫謚褒忠已載入乾隆四十一年

欽定勝朝殉節諸臣錄宸章炳耀薄海咸知邑志亦當改易且查忠烈傳載王翊事而他處則仍稱土寇何不爲之詳核耶茲但書其擾累虞邑不仍予翊以土寇名庶彰我朝寬仁之美

康熙十三年福州耿精忠反浙東温台諸州賊兵充斥嵊諸暨等不逞之徒所在竊發浸山賊壘賊龔萬里屯據大嵐山遥應耿逆並遣兵四出刼掠時夸蘭大張所志往省運礮位至上虞遇賊方懋功奮勇進剿擒殺三百

餘名十四年二月奉命大將軍康親王傑書奏下部議叙八月郡兵東討上虞餘姚至大嵐悉平之萬里伏誅據東華錄乾隆府志餘姚志

康熙十七年七月海賊突入掠北鄉居民倉皇無所措把總張殿或云名虎命避寇者入居故巡檢司土城在五都中堰率兵丁捍禦手刃數賊力屈遇害賊擄財物子女以去是年山賊王岳壽圍縣城令許宏道命工吏張鳳岐爲團練使募丁壯數百人嬰城力拒相持五日援兵至賊上塔山遁走鳳岐導官兵合圍於山麓盡殲之據嘉慶志人物傳

道光二十年六月英吉利寇邊陷定海先是議禁鴉片煙兩廣總督林則徐

絶洋販嚴海防夷人失利畏威不得逞乃入寇則徐以開釁被謫去夷勢遂張上虞戒嚴兩江總督大學士伊里布奉旨赴浙江勦寇時琦善督直隸英官義律詣津門乞撫琦善爲之奏聞八月詔琦善赴廣東籌辦西務檄伊里布緩其師於是三軍之士皆解甲而甘寢夷酋伯麥據定海數月輒縱洋艘四出游奕遂繞後海侵上虞界有五桅大船駛行近夏蓋山觸石礁船破案夏蓋山俗名覆船山海船須繞道行見山始避多遭覆没邑團董楊光普同滙海汎把總倪承統衆擒白夷一人稱國戚黑

夷三人案英吉利人有白黑二種白種者高準碧眼短髮而拳曲皆其本國人黑種則徵自呂宋孟邁孟加臘諸部而奴使之以爲舵工水手夷婦一人裝飾甚盛稱彼國三公主腳船一隻

上縣獻俘令龍澤澔械送甯波案此事去今纔五十年邑人目覩者言之甚悉中西紀事作餘姚係傳聞之誤二十一年八月夷再犯定海先是琦善在粵議和撤戍兵大半義律乘其懈奪取沙角大角礮臺琦善無計議割香港予之義律遂還定海事在本年二月益猖獗

詔以署兩江總督裕謙爲

欽差大臣會同提督余步雲迅速勦辦裕謙駐師鎮海命余步雲守招寶山虞邑東南一帶俱築土城官兵皆連

營結寨與甯郡爲聲援並於夏蓋山等處修築礮臺防堵海口戊戌夷破定海總兵葛雲飛陣亡越數日招寶山失守裕謙死之鎮海甯郡遂相繼陷官兵退保紹城巡撫劉韻珂聞變遣兵畫娥江而守

詔復勅奕經爲揚威將軍文蔚特依順爲參贊大臣馳驛赴浙奕經至紹駐東關檄徵江皖楚豫秦蜀軍暨土勇沙民合五萬餘人大半屯曹娥江西岸不敢渡時惟余步雲駐虞屢挫之後軍氣益衰縣境逼於寇上下惶恐城市民遷避盡焉十一月乙丑夷將窺紹興遂駛艦火

輪兵船闖餘姚姚城南有江橋海舶不得進夷入城掠財物子女復回甯虞民以是得免害新纂

咸豐十年餘姚黃春生宣自文等因逋租倡亂連結各村號十八局員外郎謝敬募土兵數百名曰黃頭軍轉戰而前所向皆捷局盡破宣自文竄入虞廪生丁敬義率團衆擒之十一年五月春生復聚衆竊發勾引嵊邑虎嘯黨屯梁衕掠虞邑廟嶴闖入丁宅街聲言復讐索敬義不得焚民房數十間飽掠而去自是數聞警邑人洶懼令胡堯戴洛會姚令並乞師於謝敬於是刻期會擊

并敬義團兵爲四路及期堯戴率兵先至匪驅衆悉出聲勢甚壯我兵單不數合而敗急收軍退保城匪驟進黃竹嶺謝敬率所部黃頭軍疾趨出八字橋攻其後擊殺數十人生擒二十餘人匪猶挤死戰會姚令陶雲升及敬義兵至乃遁走鄉民縛春生獻於縣胡令斬之局黨悉平嵊匪亦回竄新纂

咸豐十一年髮逆洪秀全黨率衆數十萬略金華而下紹屬大震初賊以邪教起粤西之金田事在道光三十年蔓延者數省尋據金陵稱天王僞爵自王以下有天將朝將主

將及天義天安天福天燕天豫天侯等官分股竄擾八年始及浙十年二月僞忠王李秀成領偏師陷省城巡撫羅遵殿署布政使王友端死之將軍瑞昌守子城相持五日會廣西提督張玉良援師至賊遁去至是由金華竄入紹九月癸丑僞忠王部下主將陸順德後爲僞來王等攻郡城知府廖宗元已因事受傷主守無人駐紹團練兩大臣邵燦以丁艱去王履謙相繼走城遂陷官兵退守曹娥江餘姚謝敬黄頭軍扼百官渡縣令胡堯戴募兵守城時江防頗嚴賊不得渡十月乙亥僞爵進天

義黃呈忠（後爲僞戴王）合暨匪何文慶由嵊竄虞丙子呈忠大隊至南鄉清水塘分路來撲一進沙塍攻百雲門一繞出朱村花園畈通明轉攻啓文門先是舉人劉輝訓導錢榮光奉巡撫王有齡札辦團練捐資兩姓募就近丁壯三百名分爲三社曰震定震亨震生購軍裝火藥儲糧餉設局東嶽廟逐日操演夜則更換防守如是者三月餘十月壬戌癸亥連獲賊諜二人斬之於聯登橋賊偵知東鄉有備以馬隊三百餘名先闖入步兵繼之衆如蟻民團見勢不敵皆退走官兵亦不戰自潰午刻

城陷胡令被害典史曹燮同時死（時胡令戚屬候補縣丞李光祖亦死於賊）賊縱火縣廨民居光燄燭天一晝夜不絕次日呈忠等竄餘姚留賊首羅黃司廖分據四門大掠城外三日乃招進獻勒索羊豕雞鶩等物鄉民刼於威無敢不供下令蓄髮頒僞諭安民十一月立僞鄉官縣設僞監軍鄉設僞軍帥師帥並給印旅帥給旗强富民爲之參以土豪羅布村鎮公所設座列刑杖如衙署制索丁口冊編門牌計戶納番錢遣僞官脅取各鄉設立卡隘派賊目守之十二月大拘工匠與土木拆　文廟改邑廟爲僞

公館是月壬子省城再陷將軍瑞昌巡撫王有齡學政張錫庚同日殉同治元年正月十九都民團起義殺賊南鄉自虎嘯黨亂後各村素有團兵賊屢窺管溪民團殺之或十餘人或數十人不等二月甲寅朔設局通澤大廟總理王志熙黃燕貽統領王殿孝王景輝分帶王河圖王仙根陳漢章張錦堂部署既定正擬出擊會大嵐吳芳林等亦起兵設局丁家畈嶽廟芳林勇力過人大嵐倚若長城乙丑王志熙等會同吳芳林率民團破梁衕後陳前方焉村清賢嶺趙嶴嶺各賊卡殺賊三百餘人南鄉卡隘爲之一空庚午

賊乃大舉至路口街統領王殿孝誘賊中伏斃賊一千餘人生擒十八人獲賊首廖某爲南鄉第一快舉次日團兵出廟灣丁宅街兩路殺賊五六百人羅賊大隊住清水塘乘我兵四散作食猝然來攻前後不及救應王殿孝王河圖俱被害死賊者二十餘人受傷者七十餘人賊乃入管溪擄掠殺害無算癸酉羅賊合餘嵊各賊號稱十萬黄夜出隊吴芳林至管溪中賊黨毒俄而賊至芳林連勝七陣毒發死之死賊者王紹成等十餘人賊伏兵四起民兵圍困山中不得脱天忽大雷雨民兵

奮力奪路斃賊百餘人民兵傷者一百十三人始得退守要隘賊燒廟嶨等處而回是月賊黨至北鄉索門牌費勢橫甚民不勝憤聚而殺之各村震動頃刻數千人頭皆蒙白誓進城殺賊至北門外之牛路橋賊隊大出鎗炮震天衆潰散賊乃大肆焚殺死傷如積此北鄉一大劫也四月己未據甯僞戴王黃呈忠率慈奉餘上嵊之賊號五十萬分攻大嵐上虞羅賊入管溪民團壘石以拒死賊者八人賊燒嶺下黑龍潭間道入隱地燒刈一空庚申賊由隱地至大嵐周迴三十六村盡成焦土

甲子官兵協英法二國兵克復甯城黃賊入上虞首尾兼顧甯城之捷雖仗官兵南鄉爲之後綴亦與有力焉七月戊子官兵恢復餘姚潰賊竄東鄉自通明以下十餘里連營屯劄時王志熙已死民團幾不振廪生丁敬義往甯奉憲勸辦并給軍裝火藥令俟官兵到虞爲策應於是黃燕貽王莘等復圖義舉賊知各都民團又起意欲先發制人乙未羅賊夜入丁宅街大肆圍殺遂攻十九二十十五等都戊戌進十五都莊頭下許十九都鳳桐樹等處民團堵禦接仗殺賊三十餘人庚子賊又

進十五都下莊嶴莊頭下許十九都張家嶺民團拒殺斃賊五十餘人民兵陣亡十餘人賊燒張家嶺房屋遁去八月辛亥朔潰賊萬餘至梁衕後陳等處民團緊守要隘與賊對仗互有殺傷乙卯賊由梁衕至大嶺等處徐子晉等督率民團殺賊二百餘人乙丑甯郡潰賊黃呈忠及姚邑潰賊上虞黃賊四路分竄徐子晉王莘等率民團截殺死賊者七人賊入管溪燒民房千餘間殺害丁壯老幼無數賴徐辰榮所雇餘姚建義軍五百人建隆嶴協力鏖戰徐子晉復鳴鑼率各村士民掃數齊團民

出賊始遠遁丙寅復竄餘姚四門鎮當是時賊分路攻甯一由南鄉出大嵐一由東鄉出餘姚南鄉有民團苦抵不能深入閏八月己亥王紹洙與賊對仗力竭死之東鄉一路竟爲賊衝新調者方去潰散者復來累日積旬晝夜不絶見人卽擄遇屋卽燒居民逃入山中餓死者無數東鄉之刼與南鄉略等丁未僞來王陸順德由奉化潰回突入十五都平岡下許等處連營三十里大肆擄殺戊申由下許等處竄入白龍潭王潮等集衆對仗知勢不敵乃退往嵊地盧田等處集勇五百餘人合

就地民團一齊奮出賊遂潰遁白龍潭地面被燒無餘九月庚戌朔賊移營管溪廟下等處壬子拔營去西鄉自虞城陷後頗稱完善賊蓋留此爲逃竄地梁湖商賈所聚百貨充牣尤饒富焉是月丁巳潰賊何文慶由五夫奄至大肆剽掠居民奔避不遑號泣聲不絶於路庚午紹城賊會攻餘姚復由梁湖取道擄掠一空戊寅前甯紹台道張景渠與護理提督陳世章法國副將勒伯勒東率中外軍取上虞己卯自辰至巳連擊東鄉賊營彈落如雨潰賊率走南鄉竄入嵊姚地大股賊竄北鄉

分渡百官後郭兩處官兵進薄城以炸彈大礮轟之賊猶力拒稅務司日意格督隊直前各軍奮登斃賊甚夥賊遂走西鄉渡江是夜火光不絶十月庚辰朔潰賊何文慶率數千人竄走瀝海所百官梁湖駐劄一夜燒民房無數紹城賊復由蒿壩渡江焚掠花浦横山等處西鄉及西以北西以南各村大罹其害賊之渡蒿壩也搭浮橋於江連結曹娥賊夾攻上虞勢危急邑紳王耀紱偕諸生宋棠賁夜招集農民爲備禦計黎明飛騎稟道憲時賊已至倒轉水離梁湖止四里洋兵聞警迅赴遇賊於袋

頭山下鎗發斃騎馬賊二名衆驚散我兵鼓譟從之賊大潰遂遁向花浦爭渡溺死者無算是日城鄉肅清越數日何文慶復據曹娥連營數里備舟欲東渡張景渠同游擊布興有率廣濟勇扼百官紳士縻悊棠谷南林邀團董金鑑金鼎等捐資供應併募民兵爲協守梁湖有耀紋等辦江防復得守備張其光法國帶兵官阿宜率廣勇花綠頭拒守不得渡會新嵊克復賊以我兵聲勢連結懼而遁張景渠規取紹城督中外軍濟曹娥江仍於沿江一帶派員戍守杜賊回竄二年正月巡撫左

宗棠定金華復諸暨癸酉張景渠克紹城遂收蕭山賊

西竄浙東悉平各防兵始撤去新纂

上虞縣志卷三十五下

武備志三

上虞縣志

卷三十五

三二

上虞縣志卷三十六

經籍志

漢

論衡三十卷崇文總目王充撰錢侗曰隋志二十九卷文獻通考引高似孫說曰書八十五篇二十餘萬言四庫全書總目提要曰原本八十五篇其自紀云書雜文重所論百種古太公望近董仲舒傳作書篇百有餘吾書亦纔出百而云太多然則原書實百餘篇此本目錄八十五篇已非其舊矣充書大旨詳於自紀一篇蓋內傷時命之坎坷外疾世俗之虛僞故發憤著書其言多激其他論辨如日月不圓諸說雖爲葛洪所駁載在晉志然大抵訂譌砭俗中理者多亦殊有裨於風教儲泳祛疑說謝應芳辨惑編不是過也○朱彝尊經義考載有刺孟一卷王充撰案是書即在論衡三十卷之內竹垞因專輯經義故另標名目茲不復贅

養性書十六篇兩浙名賢錄王充撰按論衡自紀篇云作養性之書凡十六篇虞涫熙論衡序亦云造養性書十六篇名賢錄所据者此也提要論衡條下云充所作別有議俗書政務書晚又作養性書今皆不傳蓋其佚已久矣○沈奎補稿載充又有六儒論此當如王命論之屬非書名也今刪

周易參同契三卷通志藝文畧魏伯陽撰崇文總目作一卷郡齋讀書志曰伯陽約周易作此書以授同郡涫于叔通因行於世隋唐書皆不載按唐陸德明解易字云虞翻注參同契言字从日下月今此書有日月爲易之文其爲古書明矣據漢魏叢書王謨引晁氏說本書錄解題曰其書因易以言養生後世修鍊者祖之王氏備稿引讀書後志曰其說以爻象論作丹之事首言乾坤坎離四卦於槖籥之外次言屯蒙六十卦以見一日用功之進退次言十二辟卦以分納甲六卦而兩之內詳月節外統歲功故葛稚川云其說似周易其實假爻象以論作丹之法朱竹垞則因朱子謂其無害於易列之經部惟四庫書目仍列道家

周易門戶參同契一卷宋史藝文志稱魏伯陽○案藝文志又有參同大易志三卷還丹訣一卷

參同契五相類一卷焦竑國史經籍志魏伯陽撰

太上金碧經一卷書錄解題魏伯陽注

百章集一卷書錄解題稱魏伯陽注云此條原本脫去今據文獻通考補入

大丹記一卷通志藝文畧魏伯陽撰崇文總目焦氏經籍志同

大丹九轉歌訣一卷通志藝文畧魏伯陽撰崇文總目注陳詩庭云宋志無訣字不著撰人焦氏經籍志亦稱魏伯陽

七返靈砂歌一卷通志藝文畧魏伯陽撰崇文總目焦氏經籍志並云魏伯陽撰黃君注

火鑑周天圖一卷通志藝文畧魏伯陽撰焦氏經籍志同嘉慶志王氏備稿並云火爐周天圖歌不知所据何本疑有舛誤

龍虎丹訣一卷通志藝文畧魏伯陽撰崇文總目同焦氏經籍志作龍虎丹砂訣一卷又有魏眞人還丹訣一卷

感應訣一卷通志藝文畧魏伯陽撰

蓬萊山東西竈還丹歌一卷通志藝文畧魏伯陽撰崇文總目作蓬萊山東西竈還丹經一卷焦氏經籍志又脫一山字作蓬萊東西竈還丹歌一卷

參同契注□卷王氏備稿湻於斟注字叔顯桓帝時官徐州縣令後隱烏目山神仙傳云會稽上虞人

大道形神論一卷通志藝文畧上虞隱士元黃子述焦氏經籍志同崇文總目云元黃子撰按元黃子未知何人嘉慶志以元爲時代而云黃子述撰非也沈奎刊補又云浙江通志經籍道藏類載於唐吳筠之下乾隆府志列於陸佃陰符經之上決爲宋時隱士自號元黃子者亦屬臆說今倣通志藝文畧崇文總目焦氏經籍志例附於道家魏伯陽之後蓋以類相從也

魏子三卷舊唐書經籍志魏朗注

三國吳

歷術一卷隋書經籍志吳太史令吳範撰

黃帝四神歷一卷隋書經籍志吳範撰

晉

晉太傅謝安集十卷隋書經籍志梁十卷錄一卷舊唐書經籍志唐書藝文志均作五卷通志藝文畧亦作十卷

謝元集十卷唐書藝文志作十卷通志藝文畧作太尉諮議參軍謝元集一卷焦竑國史經籍志亦作一卷王氏備稿引剡錄作十五卷今從唐書

南北朝

晉書三十六卷隋書經籍志宋臨川內史謝靈運撰舊唐書作三十五卷按宋書本傳文帝徵爲秘書監令撰晉書粗立條流書究不就是靈運尚未成書今從隋書錄入

晉錄□卷浙江通志謝靈運撰

內外書儀四卷隋書經籍志謝靈運撰案是書列經籍志儀注篇以漢叔孫通朝儀後漢曹褒漢儀

例推之當書
晉官儀今佚

要字苑一卷隋書經籍志宋豫章太守謝靈運撰

四部書目錄□卷宋謝靈運撰按舊唐書經籍志永嘉之亂洛都覆沒靡有孑遺江表所存官書凡三千一十四卷至宋謝靈運造四部書目錄凡四千五百八十二卷是靈運又有四部書目錄但其佚已久耳

遊名山志一卷隋書經籍志謝靈運撰剡錄作遊山志一卷

居名山志一卷隋書經籍志謝靈運撰剡錄作山居志一卷

宋臨川內史謝靈運集十九卷隋書經籍志梁二十卷錄一卷唐書藝文志作謝靈運集十五卷宋史藝文志作謝靈運集九卷通志藝文畧及焦氏經籍志作二十卷

賦集九十二卷隋書經籍志謝靈運撰亾通志藝文畧高氏剡錄焦氏經籍志卷數並同

賦集鈔一卷隋書經籍志謝靈運撰

詩集五十卷隋書經籍志謝靈運撰梁五十一卷又有宋侍中張敷袁淑補謝靈運詩集一百卷亾剡錄作五卷

詩集鈔十卷隋書經籍志謝靈運撰梁有雜詩鈔十卷錄一卷謝靈運撰亾通志藝文畧載詩鈔十卷詩集鈔十卷皆謝靈運集

詩英九卷隋書經籍志謝靈運集梁十卷亾按舊唐書及唐書作十卷通志藝文畧焦氏經籍志亦作九卷

設論連珠十卷隋書經籍志謝靈運撰亾按舊唐書及唐書均作設論集五卷連珠集五卷高氏剡

錄祇載連珠集五卷

七集一卷隋書經籍志謝靈運撰唐書藝文志及高氏剡錄作十卷

回文集一卷隋書經籍志謝靈運撰舊唐書作回文詩集一卷案靈運是書其載舊唐書者提行書大字其載隋書者附注吳聲歌辭曲一卷下考歌辭曲不著撰人名而注中多羅列晉人樂府歌辭意靈運回文詩亦如樂府之類歟

策集六卷舊唐書經籍志謝靈運撰又有晉元王宴會游集四卷伏滔袁豹謝靈運等撰

新撰錄樂府集十一卷舊唐書經籍志謝靈運撰

永嘉和尚證道歌一卷通志藝文畧謝靈運注

宋司徒府參軍謝惠連集六卷隋書經籍志梁五卷錄一卷亾唐書藝文志及宋書

藝文志均作五卷郡齋讀書志亦作五卷曰元嘉七年爲彭城王法曹行參軍十歲能屬文爲雪賦以高麗見奇族兄靈運每見其新[illegible]佇詩文曰張華重生不能易也

謝惠連集一卷 書錄解題司徒參軍謝惠連撰本集五卷今惟詩二十四首惠連得名早輕薄多尤累故不仕死時財三十七歲

謝幾卿文集口卷 南史本傳案幾卿靈運孫

謝微文集二十卷 沈奎刊補引東山志云微字元度好學善屬文官蘭陵太守文集二十卷行於世

三謝詩一卷 文獻通考引陳振孫說曰集謝靈運惠連元暉詩不知何人集中興書目云唐庚子西

謝氏蘭玉集十卷 文獻通考引陳振孫說曰吳興汪聞集謝安而下子孫十六人詩三百餘篇聞

熙甯六年進士序稱新天子即位之歲元祐元年也

宋

讀易詳說十卷四庫全書總目提要李光撰光爲劉安世門人學有師法紹興庚申以論和議忤秦檜謫嶺南自號讀易老人因攄其所得以作是書故於當世之治亂一身之進退觀象玩辭恆三致意如解坤之六四云大臣以道事君苟君有失德而不能諫朝有闕政而不能言則是冒寵竊位豈聖人垂訓之義哉故文言括囊爲賢人隱之時而大臣不可引此以自解又解否之初六云小人當退黜之時往往疾視其上君子則窮通皆樂未嘗一日忘其君解蠱之初六云天下蠱壞非得善繼之子堪任大事曷足以振起之宣王承厲王後修車馬備器械復會諸侯於東都卒成中興之功可謂有子矣故考可以无咎然則中興之業難以盡付之大臣蠱卦特稱父子者以此其因事抒忠依經立義大旨往往類此光嘗作胡銓易解序曰易之爲書凡

以明人事學者泥於象數易幾爲無用之書邦衡說易眞可與論天人之際又曰自昔遷貶之士率多怨懟感憤邦衡流落瘴鄉而玩意三畫可謂困而不失其所亨非聞道者能之乎其序雖爲銓作實則自明其著述之旨也書中於卦爻之亂皆即君臣立言證以史事或不免間有牽合然聖人作易以垂訓將使天下萬世無不知所從違非徒使上智數人矜談妙悟如佛家之傳心印道家之授丹訣自好異者推闡性命鉤稽奇偶其言愈精愈妙而於聖人立教牖民之旨愈南轅而北轍轉不若光作是書切實近理爲有益於學者矣自明以來久無傳本朱彝尊經義考亦云未見茲從永樂大典薈萃成編原闕豫隨无妄睽蹇中孚六卦及晉卦六三以下其復與大畜二卦永樂大典本不闕而所載光解復卦闕大象及後四爻大畜則一字不存繫辭傳以下亦無解其爲原本如是或傳寫佚脫均不可知姑仍其舊其書宋史作易傳諸家書目或作讀易老人解說或作讀易詳說殊不畫一而十卷之數則並同殆一書而異名也今從永樂大典題爲讀易詳說仍析爲十卷存其

舊焉

春秋左氏說十卷李光撰朱彝尊經義考云佚沈奎刊補王氏備稿同引萬歷府志不載卷數今据經義考補

兵畧十卷王氏備稿引會稽續志李光撰是書乾隆省志一引會稽續志列之史部一又引續文獻通考列之子部宜刪其一

神仙傳十卷沈奎刊補引會稽續志李光撰乾隆府志及嘉慶志作神化傳誤

李莊簡集十八卷四庫全書簡明目錄宋李光撰原本久佚今從永樂大典錄出其詩多婉約流麗託興深微頗類詞人之作其區畫軍國排擊姦諛乃碩畫危言凜然生色過嶺以後多與胡銓手札往還溫厚纏綿無牢騷不平之意尤難能也續文獻通考曰光集載於紹興正論者四十卷宋藝文志作前後集三

十卷焦竑經籍志作二十六卷錯互不合錢溥祕閣書目葉盛菉竹堂書目俱載莊簡集八冊是明初尚存其後散佚今据四庫全書著錄

左氏說十卷 宋史藝文志李孟傳撰

讀史十卷 宋史藝文志李孟傳撰乾隆府志及嘉慶志王氏備稿均作讀史雜志十卷

記善錄十卷記異錄十卷雜志十卷 寶慶會稽續志李孟傳撰乾隆府志儒家類載記善錄十卷小說家類載記異錄十卷又載雜志十卷記善記異錄各五卷是李氏所著書除雜志外記善記異合之得二十卷矣必有舛誤不敢羼入

磐溪詩二十卷文稿三十卷宏辭類稿十卷 寶慶會稽續志李孟傳著

奏議一百卷 王氏備稿引萬歷志趙子潚撰字清卿

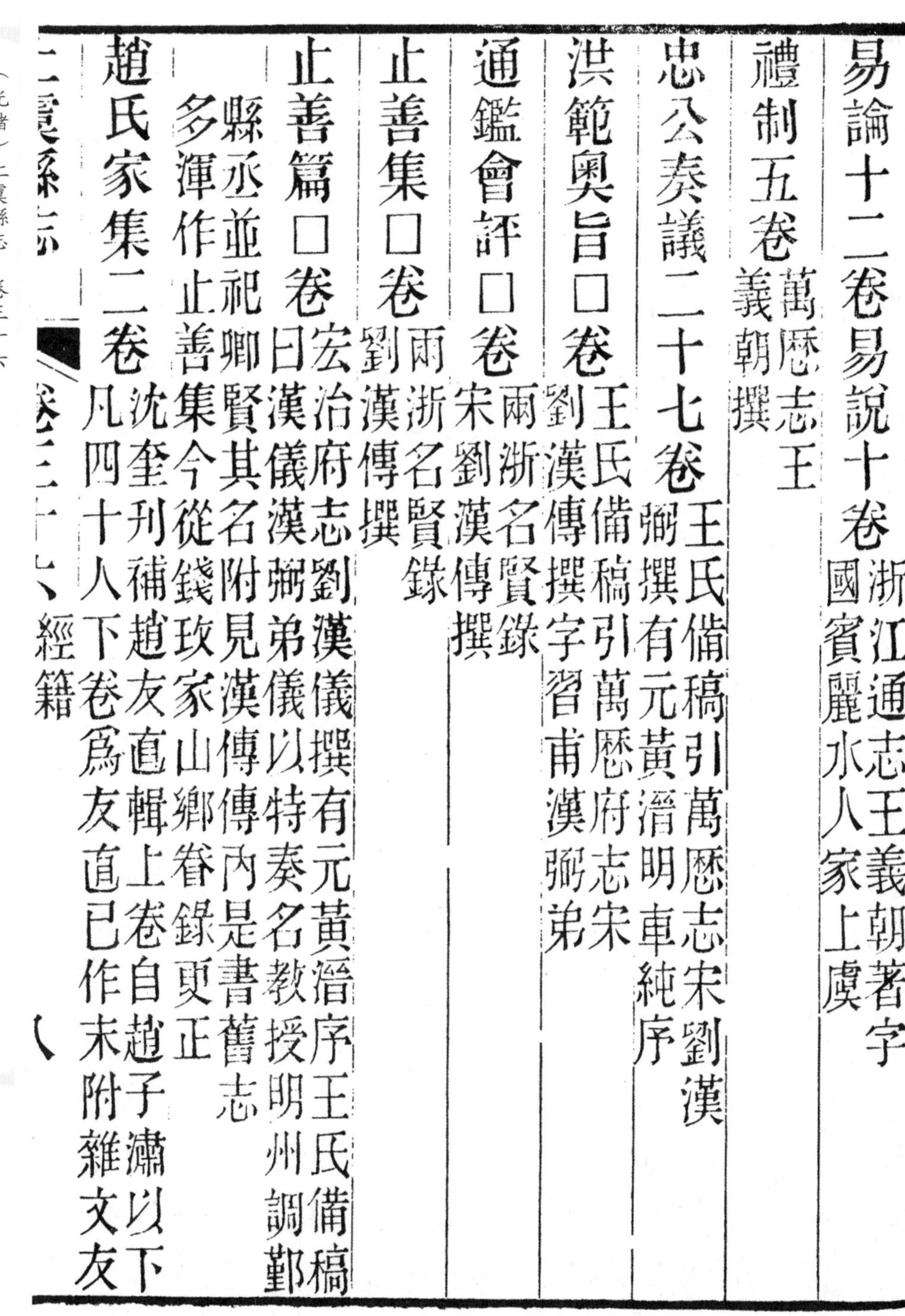

易論十二卷易說十卷浙江通志王義朝著字國賓麗水人家上虞

禮制五卷萬歷志王義朝撰

忠公奏議二十七卷王氏備稿引萬歷志宋劉漢弼撰有元黃溍明車純序

洪範奧旨□卷王氏備稿引萬歷府志宋劉漢傳撰字習甫漢弼弟

通鑑會評□卷兩浙名賢錄宋劉漢傳撰

止善集□卷兩浙名賢錄劉漢傳撰

止善篇□卷宏治府志劉漢儀撰有元黃溍序王氏備稿曰漢儀漢弼弟儀以特奏名教授明州調鄞縣丞並祀鄉賢其名附見漢傳傳內是書舊志多渾作止善集今從錢玫家山鄉眷錄更正

趙氏家集二卷沈奎刊補趙友直輯上卷自趙子潚以下凡四十八下卷爲友直已作末附雜文友

上虞縣志　卷三十六　經籍

直太宗十二世孫距子潚凡七世世明趙同道家集小引曰予聞先大父師幹公訓隱西溪湖牛山之原授兒輩業不仕獲暇力焉遂出先生手書雜錄綜輯編次名曰家集云家集者何集吾趙氏家世也肇自龍學清敏迄於先生作者數十篇凡數百然吾獨以先生名集者寫本所由出也趙炳宏師幹先生家集跋曰昔人謂淵明詩爲淡雅之宗先生兹集斤斤摹古雖於體格丰致不無少讓一籌而跡其出處大節殆與淵明曠世相符矣

元

通鑑綱目考證五十九卷

沈奎刊補引宏治府志徐昭文撰其自序畧曰資治通鑑綱目朱子所修之書也朱子祖春秋而修是書所以示天下後世不易之大法昭文竊嘗讀綱目而考凡例以證綱目今諸刊本所書之綱目與所定凡例或多不合昭文僭不自揆輒本大賢之立言摭諸儒之同異反覆訂定補漏正誤注於各提要之下間亦竊附己意以推廣述作之本義名曰資治通鑑綱目考證以俟君子正焉

上虞五鄉水利本末二卷陳恬著有劉仁本楊翮二序嘉靖間邑令張光祖重刊國朝朱鼎祚續刻是書分上下二卷上卷乃陳恬所著爲總目十有七一夏蓋湖圖一上妃白馬湖圖一三湖源委圖一五鄉承蔭圖一三湖沿革一植利鄉都一溝門石閘一周圍塘岸一抵界堰壩一限水堰閘一禦海堤塘一科糧等則一承蔭田粮一元佃湖田一五鄉歌謡一興復事蹟一古文碑記佔故令誅沈奎刊補謂爲十五者非也下卷乃朱鼎祚所增刻歷敘三湖興廢事蹟暨堰壩成規足備攷鏡近時枕湖樓連氏有重刊本連蘅又附刊續水利一卷

風雅翼十四卷四庫全書總目提要劉履編是編首爲選詩補註八卷取文選各詩刪補訓釋大抵本之五臣舊註曾原演義而各斷以己意次爲選詩補遺二卷取古歌謡詞之散見於傳記諸子及樂府詩集者選錄四十二首以補文選之闕次爲選詩續編四卷取唐宋以來諸家詩詞之近古者一百五十九首以

爲文選嗣音其去取大旨本於眞德秀文章正宗其詮釋體例則悉以朱子詩集傳爲準其大旨不失於正而亦不至全流於膠固又所箋釋評論亦頗詳贍尚非枵腹之空談較陳仁子書猶在其上固不妨存備參考焉又案葉盛水東日記稱祭酒安成李先生於劉履風雅翼嘗別加註釋視劉益精安成李先生者李時勉也其書今未之見然時勉以學問醕正人品端方爲天下所重詩歌非其所長考證亦非其所長計與履之原書亦不過伯仲之間矣○案浙江採集遺書總録作選詩補注八卷補遺二卷續編四卷計適符 四庫書目十四卷之數嘉慶志作十二卷而沈奎刊補王氏備稿仍之均誤乾隆府志引百川書志亦作十四卷

草澤閒吟四卷 黄虞稷千頃堂書目劉履撰字坦之

述忠公年譜一卷 王氏備稿引劉氏譜劉履撰

青城集口卷 萬歷志張岳撰有魏驥呂份二序

上虞魏氏敦交集一册 浙江通志魏仲遠輯集中皆名賢唱和詩其卷數無考沈奎刊補載

朱彝尊跋曰敦交集一册上虞魏仲遠録其友酬和之詩也作者二十四人詩七十六首其末宜有仲遠題識而今亾之非完璧矣册爲我鄉李太僕君實紫桃軒藏本康熙丁丑予購得之稽諸竹齋丹崖全業多有與仲遠贈答詩仲遠父處士明叔預卜塋兆於福祈山陽結廬其下曰福緣精舍丹崖爲之作贊又爲題尙古亭竹齋亦有筠深軒長歌季潭則有短歌予因補書其後

明

書集傳發揮十卷 明史藝文志朱右撰黃虞稷千頃堂書目作書傳發揮無卷數朱彝尊經義考云未見載右自序文一篇其畧曰集傳之作非後學所敢妄議嘗參諸當代名儒質以所聞父師之教則不無相發明者於是謹述集傳發揮六卷綱領始末一卷指掌圖一卷通證二卷凡一十卷卷首有李祁序稱其綱

領圖說音釋通證皆有補於是書有功於學者足與九峰蔡氏相頡頏

禹貢凡例一卷浙江通志引黃氏書目朱右撰朱氏經義考載右自序曰愚讀禹貢而知聖人之書法謹而有辨也其載九州山川地理曲折及貢賦封域之事言簡義密詞嚴意周一字之間含蓄無盡如書山川廣平曰原下濕曰隰山南曰陽水北曰汭地高曰丘再成曰陶高平曰陸瀦水曰澤其土色無塊曰壤土黏曰埴脈起曰墳青黑曰黎玄而疏曰壚其草木少長曰天上竦曰齊繇言其茂條無甚長叢生而積曰苞其水道因水入水曰達循行水涯曰沿舟行水上曰浮絕水而涉曰逾曰亂大水合小水曰過小水合大水謂之入二水勢均相入謂之會會而合之一謂之同其治功除木曰刊祭山曰旅致功曰績可種曰藝可治曰乂順其道曰從得其正曰殷經始治之曰載已盡治平謂之既其賦法最薄曰貞雜出曰錯其貢賦常獻曰貢器盛曰篚包裹曰包待命曰錫非一物曰錯凡例不過四十而千萬世之豐功盛德盡在是矣因詮次以曉覽者

深衣考一卷　明史藝文志朱右撰黃虞稷千頃堂書目朱彝尊經義考並同王氏備稿作深衣考于一卷謂深衣之制世代沿革襲以成俗右乃援禮經及先儒之說求合古制使宜於今作考于一卷今遵明史及諸家書目

春秋傳類編□卷　嘉慶志引赤城新志朱右撰卷數無考朱彝尊經義考云佚又載右自序其畧曰愚讀春秋三傳國語愛其文煥然有倫理該而事核秦漢以下無加焉因采摭其尤粹者得若干卷題曰春秋傳類編語云文勝質則史是編也亦史氏之宗匠文章之筌蹄歟

元史補遺十二卷　明史藝文志朱右撰黃虞稷千頃堂書目同

歷代統紀要覽□卷　明史藝文志朱右撰黃虞稷千頃書目亦無卷數是書乾隆府志引浙江通志例編年類一又引宏治府志列史鈔類宜刪其一

三史鉤元□卷　黃虞稷千頃堂書目朱右撰無卷數

邾子四卷　黃虞稷千頃堂書目朱右撰是書浙江通志及乾隆府志作邾子世家並無卷數今以黃氏書目爲正

性理本原三卷　明史藝文志朱右撰黃虞稷千頃堂書目揭河圖洛書於首本諸天以復乎八次錄太極圖說定性書理學論東西二銘擴諸人以復乎天附以通書一卷感興詩一卷於後若正蒙諸書或有未純故不錄

李鄴侯傳二卷　明史藝文志朱右撰

白雲稿五卷　四庫全書總目提要朱右撰右自號鄒陽子所著白雲稿十卷今世所傳僅存五卷雜文之後僅有琴操而無詩檢勘諸本並同無可校補朱彝尊靜志居詩話謂後五卷嘗得閣本一過眼恨未抄

成足本則彝尊家所藏亦非完帙也右爲文不矯語秦漢惟以唐宋爲宗嘗選韓柳歐陽曾王三蘇爲八先生文集八家之目實權輿於此其格律淵源悉出於是故所作類多修潔自好不爲支蔓之詞亦不爲艱深之語雖謹守規程罕能變化未免意言並盡而較諸野史蕪詞馳騁自喜終不知先民爲何物者有上下牀之別矣

案是書明焦竑國史經籍志作九卷葉盛菉竹堂書目作白雲稿一冊不載卷數　國朝錢謙益絳雲樓書目陳景雲注及黃虞稷千頃堂書目並作十二卷浙江通志及乾隆府志引內閣書目亦作十二卷今以　四庫書目爲正嘉慶志及王氏備稿並同

唐宋八先生文集十六卷 赤城新志宋右輯八先生者唐韓柳宋歐三蘇曾王也黃虞稷千頃　書目作唐宋六家文衡疑即一書而異名者嘉慶志作唐宋六先生文集今據王氏備稿

秦漢文衡□卷 ○浙江通志引宏治府志朱右輯卷數無考○案嘉慶志引浙江通志載有朱右今山

文集王振綱駁之曰考府志列正德時且云王文成之弟子必另一朱右今從刪

周易參疑口卷續文獻通考王廉撰字希陽括蒼人與兄霖同居上虞

左氏鉤元口卷宏治紹興府志王廉著

三禮纂要口卷黃虞稷千頃堂書目王廉撰

四書詳說口卷朱彝尊經義考王廉撰蘇州府知府況鍾刻於府庠袁鉉作序案是書萬歷府志作四書注解今從經義考更正

史纂口卷乾隆府志引萬歷府志王廉撰浙江通志引括蒼彙紀亦無卷數

南征錄口卷萬歷志王廉撰乾隆府志載宋濂南征錄序曰安南國王陳日煃卒翰林編修王廉充弔祭使所作紀載之餘并及詩歌

書海通辨口卷　浙江省志引宏治府志王廉撰

迂論七卷　王廉撰按明葉盛菉竹堂書目有迂論一冊並無卷數乾隆省志引括蒼彙紀亦無卷數今據王氏備稿云書凡七卷天一閣藏有抄本廉自序曰嘗輯先儒論著之不同者而折衷之得二卷各論之下附以己斷名之曰書海通辨讀三禮日纂其要疑者疏之得若干卷名之曰三禮纂要讀左氏傳元者鉤之得若干卷名之曰左氏鉤元又嘗於經史平日有疑於衷者別爲論斷得若干篇然則說散見於別集不能總一使觀者倦於檢閱今攟摭通辨纂要鉤元論次之明著并經史辨論合之得若干卷以其論次迂闊因名之曰迂論備見於宋竹坨文集

交山集口卷　王氏備稿引浙江通志王廉撰

魏氏世譜口卷　浙江通志魏鎮撰王氏備稿載宋濂魏氏世譜序曰濂居浙河東嘗聞上虞魏氏爲

簪纓大族其先蓋出於唐鄭國文貞公徵之裔公居鉅鹿生禮部侍郎叔璘侍郎生武進縣令政始自鉅鹿遷居會稽之山陰武進生邠州録事參軍珍參軍生莫州司馬明復自山陰徙居餘姚之蘭風司馬生石首縣令實實生廬陵尉璘璘生憲憲生章章生克敬克敬生惟賢惟賢生績績生塤塤生恕恕生和和生傑傑生有聲有聲生義義生安珣凡歷世一二雖不與仕籍而能修明理義蔚爲鄉之望宗安珣生宋從政郎艮瑞從政生紹興府學録亨之復自蘭風徙居上虞之龍山學録生廸功郎監婺州東陽縣酒税震龍監酒生文炳文炳生壽延壽延生鎮此其傳系可見之大畧也初侍郎實生二子武進與汝陽縣令殷武也汝陽爲北祖至四世孫司空謩遂相宣宗武進爲南祖孫子甚多如上所書之外而明之鄞台之臨海比比有之而在上虞者爲最盛一門之内敦禮樂而說詩書由是四方才士大夫慕艷其聲華無不自遠而至當其園亭勝集雅歌投壺酣暢淋漓誾誾然和洽亹亹然旅語或不知夕陽之在樹也故鄉之論閥閲者一則曰魏氏二則曰魏氏云然而歷

代以來名門右族若金張若許史者蓋亦多矣求數傳間或至於殄絕宗允即不絕亦降於皁隸有不勝感慨者矣魏氏自文貞至鎭已二十有五傳其遺風餘烈猶能不廢者其故何哉蓋文貞之事唐立心忠蓋奏疏剴切凛乎有三代遺直之風德厚者其流長其效固應爾歟鎭能孳孳不怠詳譜其所自出粲然有條而不紊豈不誠賢者歟雖然氏族之學尙矣古者有世卿大宗之法得以伸其敬之義至於定世系序昭穆則又有小史以掌之故其盛衰有徵而親疏備見也古法旣廢唯宰相家得著世系表於史冊猶可髣髴見其遺意若鎭之爲其亦可謂有所本歟魏氏之子孫幸襲藏而續書之公侯子孫必復其始他日焉知無文貞之出者歟鎭請戶部郎中求序其首簡不揣無陋而備著之鎭字士圭有學有文者也

密庵集八卷　四庫全書總目提要謝肅撰字原功明史藝文志焦竑國史經籍志黃虞稷千頃堂書目俱載肅密庵集十卷而傳本久稀藏書罕著於錄惟永樂大典中所收肅詩文頗多其時肅沒未久而姚廣

孝等已錄其遺集與古人同列知當日即重其文矣朱彝尊靜志居詩話稱肅初謁貢師泰於吳山仰高亭時貢方奉詔漕閩廣粟當泛舟大海因與同載至海昌留居州北執經問難凡一詩之出一文之就折衷論議必當於理乃已是肅之學問淵源實出師泰觀集中題天風海濤二事詩序云用先師尚書貢公玩齋所詠詩一句爲起以仰止於公又師泰遺集亦肅所刊行均惓惓不忘其本故作古文詞格律具有法程其在濰州寄人一詩載所與同徵修禮書者有張紳楊融等十八人之名爲一明史禮志所未及又送行人蔡天英頒琉球國王印寶一詩考之明史外國傳但有賜中山山南山北三王鍍金銀印一事而不言曾遣行人凡此之類於考史尤有所裨益謹採掇編次釐爲八卷又載良原序二首別見九靈集中今並取弁簡端以畧還其舊焉○案王氏備稿又有謝讜密庵稿後序

翼南詩稿□卷 乾隆府志引萬歷志劉鵬撰黄虞稷千頃堂書目作劉翼南詩稿不載卷數王氏備

稿鵬字翼南官至禮部左侍郎○案鵬又有風雅述一書萬歷志曰以從叔履選詩補注等編原名風雅翼故別有所見述爲此篇今附於此

欣木稿口卷瓊臺稿口卷王氏備稿引宏治府志陳山著字伯高洪武丙子徵士

訥齋遺稿二卷乾隆府志引萬歷上虞志薛文舉撰文舉字方用官至禮部主事是書千頃堂書目不載卷數今據王氏備稿補

春秋疑義口卷萬歷志杜肅撰浙江通志及乾隆府志均無卷數今佚○案嘉慶志稱杜肅又有名家元音

西村省已錄二卷四庫全書總目提要顧諒撰字希武西村其別號也洪武中以薦爲無錫教諭錄中皆論修省之道大旨醕正詞亦平近易曉然持論未免稍迂其書一刻於正統再刻於宏治萬歷九年

其十六世孫充復訪求舊本手寫而重刊之○案續通志續文獻通考及浙江採集遺書總錄卷數並同浙江省志及乾隆紹興府志作省已錄一卷

家範口卷尤氏藝文志顧諒撰

辯惑續編七卷附錄二卷顧亮撰　四庫全書總目提要亮字寅仲長洲人正德中沈鍾爲蘇州府知府嘗聘致幕中是書以世俗養生送死大抵爲吉凶拘忌師巫之說所惑因輯古今書傳分爲七門首曰原理言人之所以爲邪說者由於此理之不明次曰事生言事親之要曰應變曰奠祭曰擇墓曰送葬曰拘忌則皆論喪葬之事也又爲附錄二卷論生死輪迴壽夭貧富貴賤吉凶禍福諸事及師巫邪術之害專爲鄉俗之弊而作故註釋字義詞皆淺近取其易曉其稱辯惑續編者蓋元謝應芳先有辯惑編此中明其說也據是則撰辨惑續編之顧亮明是吳人矣黄虞稷千頃堂書目載有顧亮辨惑續編七卷又省已錄一卷謂

亮字寅仲上虞人寓於吳楊維禎常爲作顧孝子傳據是則顧亮又爲虞人而寓於吳者矣嘉慶志亮字亦作諒王氏備稿謂顧亮與顧諒有同名之誤其書已從刪今據黃氏書目補入

悠然集四卷　萬歷志葛貞著林瀚序畧曰是集凡四卷賢嗣侍御敵君按歷湖湘時嘗鋟梓以傳前甲寅歲厄於回祿蕩然無存孫樂易翁埴遍求書肆中復得一刻本曾孫銘分教順昌時欲重刊未果茲元孫浩以名御史出守邵武尊翁封君鏞懼久而湮沒無聞緘以授公俾壽諸梓予聞先生在洪武永樂中隱晦林壑才甚邃學甚博出入煙霞水石間益肆力於聲律自成一家格調今讀斯稿或長篇或短章古今諸體悉清奇俊逸沖和簡亮不腐不塵不俗而高風江度尤得想像於簡冊之上所謂悠然見南山陶淵明志趣先生蓋異世而同符耳

經筵講義口卷　浙江通志引分省人物考葉砥撰乾隆府志同

南行稿口卷經進稿口卷王氏備稿引分省人物考葉砥撰○案乾隆府志有坦齋集退朝稿芝山稿鑾坡稿溪居稿引萬歷上虞志葉砥著其卷數均不可考今附錄於此

夢覺集口卷歷朝上虞詩集徐濟撰○案濟又有松南集定雲集亦無卷數可考

守齋詩稿二十卷乾隆府志引萬歷上虞志姚輯撰字孟曦黃虞稷千頃堂書目不載卷數王氏虞志備稿云姚氏宗譜作二十卷今据以補

守黑稿口卷黃虞稷千頃堂書目夏時撰字時中葉砥錄其文行於世

皁李湖湖經一本沈奎刊補羅朋友陸輯莫雷尚震校正郭南有序羅自序畧曰余懼湖之遺跡湮沒無聞遂蒐集湖之歷代沿革四至疆界受溉田畝之高下稅粮多寡之科則築塘建閘人民歌謠古今碑記及於爭訟分埋之情詞贈遺成功之題跋洎諸游覽詩文靡不收錄繕寫成編鋟梓傳之

成玩稿□卷黄虞稷千頃堂書目徐顒撰○案沈奎刊補載顒又有思學集

和陶詩□卷歸田稿□卷范氏譜范文煥撰文煥字仲彰嘉慶志作范彰者誤也○案乾隆府志又有守拙稿王氏備稿所引亦同今附録於此

白庵稿□卷萬歷志薛常生著

雪闇稿□卷沈奎刊補袁鎡撰字伯時號雪闇永樂間以學行聞於朝授太湖縣典史

康山詩集□卷成化新昌志丁義撰王氏備稿義字宜民舊志以字行今從新昌志改正

棲雲風木詩□卷丁濳撰王氏備稿作棲雲風木詩卷

享金儆帚□卷浙江省志引萬歷上虞縣志范升撰○案又有瓦釜餘音邯鄲學步金蘭編其卷數均無考

鳴蟹集□卷　沈奎刊補徐心撰字彥誠號竹溪著有鳴蟹竹溪等集

野雲集□卷　沈奎刊補徐謨撰

樂庵集□卷　沈奎刊補徐謨撰字克謨號野雲

登雲稿□卷　乾隆府志引宏治府志張居傑撰

閑道録□卷　萬歷志薛伯順撰

井天集□卷　乾隆府志引萬歷上虞志俞繪撰

蘿崖集□卷　浙江省志引萬歷上虞志俞繪著

沈奎刊補張鉞撰陶諧序畧曰近見上虞張奇士蘿崖詩集雖其少年所作居然有老成氣如詠猫而著及負義債事者諸兄歸省會宴藹然孝弟忠愛萃於一篇客中移館之作斷然女惑之不能蠱至於宣尼闕左道根柢六經累見於言不徒務浩博力精巧而性情志節皆有可尚焉者

岫雲稿口卷　沈奎刊補張輝撰葛浩序畧曰予先進岫雲張公邑之名士篤於親友於弟暇與諸從游者講明經史究極精微而干祿之念罔萌若其指廪粟以養母疾讓員騎以順弟心其志可知矣故其爲聲詩長篇短什意深詞雅蘊藉妥貼無一流連光景之句誠德人之言也

恩遇錄二卷　嘉慶志王進撰本無卷數沈奎刊補據張熙藎臣王公墓誌銘作二卷

太呆詩集四卷文集十二卷　黄虞稷千頃堂書目王進撰本無卷數沈奎刊補據王進墓誌銘作詩集四卷文集十二卷太呆其別號也

東皋文集十三卷附錄一卷　四庫全書總目提要陸淵之撰是集爲其門人王汝鄰所刻前有劉瑞序曰讀先生之文者知其大可也乃若較聲律評矩矱區區於文字家者亦淺之乎知先生矣殆微詞歟王氏備稿云萬歷志作八卷

貴陽紀行録一卷百川書志洪鐘撰

時軒自怡集二十卷西湖志洪鎡撰

文獻集□卷黄虞稷千頃堂書目薛貴撰王氏備稿引萬歷志同

備邊五倫□卷嘉慶志引分省人物考車純撰

百山存稿□卷解組稿□卷黄虞稷千頃堂書目車純撰

禮經疏義□卷浙江通志引萬歷上虞志顔燵撰字文華乾隆府志並同

四書證疑□卷萬歷志顔燵撰朱彝尊經義考云未見

簡齋詩集□卷黄虞稷千頃堂書目顔燵撰

孝經正誤一卷附録一卷四庫全書總目提要潘府撰府以孝經皆孔子語不應强分

經傳因舊本而校正之或數章而合爲一章或一章而分作數章一節之內前後互移數節之中上下變置定爲一十三章其註則兼采諸儒之說附錄曾子孝實一卷卷首有府自序并載總說六條自謂幸復聖經之舊然亦孰見聖經之舊本而證其能復否乎續文獻通考及朱氏經義考又載朱鴻說曰上虞潘府疑孝經與中庸文體相類首章孔子極言孝道之大以告曾子其下十二章皆推明首章未盡之旨斷非孔子先自作經又自作傳以釋之也因作孝經正誤效中庸章第其序次亦多牽强○案是書黃氏千頃堂書目無卷數前志多引之今據四庫書目爲正續通志藝文畧卷數同

四書傳注正口卷　朱彝尊經義考潘府撰未見○案是書浙江省志及乾隆府志俱引萬歷上虞志作五經四書傳注正今從經義考改正王氏備稿同

孔子通記八卷　黃虞稷千頃堂書目潘府撰王氏備稿有宏治十四年西蜀劉瑞序並府自序

校集顏子二卷　黃虞稷千頃堂書目潘府輯上下八卷

南山素言一卷　明史藝文志潘府撰書佚其遺說載黃梨洲明儒學案

潘氏道萃編□卷　嘉靖金華志潘府著

奏議別稿□卷　王氏備稿引萬歷志潘府撰

韓忠義公詩集一卷　韓銑撰字日章明宏治間知廣東韶州府殉峒寇之難所著遺稿僅存古今體詩三十六首其裔孫文熙裒集成編邑人魏露棻序之今杭湖樓連氏藏有抄本

蚓吟稿四卷　康熙志葛鍊撰字用成其孫易齋梓以傳沈奎刊補載謝讜徐儀二序儀序曰先生之詩其音和以諧彩鳳之鳴陽也其聲清以亮野鶴之唳空也其旨淒以切孤猿之號月也蚓之吟不過引竅作徵吟爾其不類乎先生吟也彰彰矣然余知先生嗜清致以味清榜其軒操同乎蚓可也先生以蚓之操同乎已

遂以蚓之吟比之初
不論其音之細微耳

筴兀子集口卷黃虞稷千頃堂書目鍾禮撰字欽禮浙江通志乾隆府志俱引萬歷上虞志志並同

宋史斷口卷浙江通志引宏治紹興府志管祐之著又引萬歷上虞縣志名祖生王氏備稿云佑之以字行

兩溪詩集口卷黃虞稷千頃堂書目葛浩撰是書嘉慶志作西溪詩集沈奎刊補更正又載江曉序
日兩溪公經德碩學自登科躋仕以至歸休凡厥攸屆
率惟詩以識之或游覽或感述或贈酬或慶悼罔不本
乎性情而發乎理義其體曲而正其思邃而沖其氣健
而昌其詞婉而暢洋洋乎秩秩乎亶有風雅之遺音焉

大學信心錄一卷浙江省志引萬歷上虞志朱袞撰朱彝尊經義考云未見

觀微子筆要六卷乾隆紹興府志引聚樂堂藝文志朱袞撰案朱袞又號三峰謝讜三峰先生行

狀作觀微
內外篇

大小學範口卷浙江省志引萬歷上虞志朱衮者

拂劍錄口卷浙江省志引萬歷上虞志朱衮著乾隆府志並同案謝讜三峰先生行狀謂先生自宜豐歷安成時所作

水衡餘輿一卷黃虞稷千頃堂書目朱衮撰浙江省志及乾隆府志並同案謝讜三峰先生行狀謂先生官水部時所作

夢劍緒言口卷黃虞稷千頃堂書目朱衮撰案謝讜三峰先生行狀稱衮自少時即善古文詞比壯夢巨人授以三尺劍光鍔燭天自是藻思日益至官興化時作夢劍緒言

雪壺唱和口卷黃虞稷千頃堂書目朱衮撰案謝讜三峰先生行狀謂衮是書亦官興化時所作

宵幽花賦口卷 朱袞撰是書舊志失載王氏備稿始補入之考謝讜三峰先生行狀稱袞歸田時作黃虞稷千頃堂書目朱袞撰○案乾隆府

三峰文集口卷 志載白房集三卷續集三卷白房雜述三卷引浙江采集遺書錄云明雲南參政上虞朱袞撰初官翰林直言忤執政官滇南而終沈奎刊補駁之曰考朱袞字朝章號三峰宏治十五年壬戌康海榜進士會選庶吉士嘗事者首取袞因少禮經乃以榜中同姓名者舉焉且云名姓相同難處一館遂授工部主事轉刑部員外改御史忤權璫謫江西新昌縣丞陞福清令旋知沂州陞吉安府同知召爲工部郎中轉邢部命慮四四川未至陞興化府知府三疏引疾歸年八十有七具載謝讜海門集三峰先生行狀中是袞未嘗官翰林參政雲南行狀內亦不及白房等集讜係朱公門人其官階著述無不詳悉豈復有遺漏是書或即榜中同姓名者所撰浙江採集遺書錄誤認虞人而入之耳又嘉慶志載西南紀事思南府志二書引內閣書目云朱袞撰沈奎刊補於思南府志條下又駁之曰是書與西南紀

事康熙志皆不載謝讜作朱袞行狀亦未言及乾隆府志作萬歷重修思南府志考朱袞生於成化乙亥卒於嘉靖乙丑則萬歷時修思南府志必別有人也奎二說極是王氏備稿遵之今考黃虞稷千頃堂書目載有朱袞垣曲縣志云嘉靖間修亦不敢羼入

南軒稿口卷　乾隆府志引萬歷上虞志柳南撰南字南仲黃虞稷千頃堂書目亦不載卷數

兵畧三十卷　浙江省志引明實錄宏治十二年上虞張津上

衞道錄口卷　乾隆府志引萬歷上虞志張文淵撰王氏備稿謂與王文成傳習錄多所參駁然圭翼朱亦自有見

東泉百詠口卷　萬歷志張文淵撰王氏備稿字公本號躍川官工部主事奉孝宗旨董理山東徂泉相度可否立碑九十三通撰泉源志畧手卷一碑一東泉一覽圖一泉派目錄一巡泉次序圖一嘉靖三年進

呈後主事王寵集文淵所作爲東泉志其所作
詩都爲一集每一泉作七律一首日東泉百咏

八音百詠口卷　歷朝上虞詩集張文淵撰其進呈表畧云偶誦先大學士李東陽限金石絲竹匏土革木詩效顰得百首或議臣假此而有所圖謀臣考察去官已無銓除復用之理七旬有一又無希求進用之心特詠此以表臣子不能忘君之至情時嘉靖八年六月初一日也○案文淵本傳謂正德中陞南京禮部郎中未幾丁內艱遂不起此云考察去官疑傳有未實

效顰集口卷　歷朝上虞詩集張文溍撰有文溍自序

貽穀堂集二十口卷　黃虞稷千頃堂書目徐子熙著沈奎刊補子熙字世昭宏治乙丑進士官終光祿少卿子應豐字德中官中書所著詩稿并刻於貽穀堂集又載焦竑貽穀堂序畧曰貽穀堂者古虞徐氏之堂也而其集則今工部君啟東裒其大父光祿少卿丹峰先生暨父祠部郎中平山先生所遺諸著作而

集合爲一穀青從事傳之將無窮者也文業以父子而並爲名嘻亦盛矣總之爲編者二光禄之爲詞賦者卷各一詩詩餘爲卷六諸體文爲卷五祠部文多散佚不傳而存有詩文第其詩爲卷如光禄文之數類而挈之爲篇目凡二十餘卷

貞晦集四卷 兩浙名賢録徐文彪撰黄虞稷千頃堂書目同

務本録口卷 浙江通志引萬歷上虞志倪鏜著字右文

西原日記口卷 浙江通志引萬歷上虞志倪鏜著乾隆府志同

按病篇口卷 浙江通志引萬歷上虞志倪鏜著乾隆府志同

地理辨説口卷 王氏備稿徐數撰字習之○案徐氏譜數別號拱北有拱北稿

南峰集口卷 歷朝上虞詩集徐子然撰

郵災疏草□卷浙江省志引萬歷上虞志葛木撰乾隆府志同

郵刑疏草□卷黄虞稷千頃堂書目葛木撰四冊刑部郎中郵刑江西時題奏

扈山集錄□卷扈山遺稿□卷黄虞稷千頃堂書目葛木撰

獨見編□卷浙江通志引萬歷上虞志王仁撰乾隆府志同

勿齋文集□卷浙江通志引萬歷上虞志王仁著乾隆府志同

疏注庭傳□卷浙江通志引萬歷上虞志姚翔鳳著

餘生近記□卷浙江通志引萬歷上虞志姚翔鳳著乾隆府志同

蘿東拙稿□卷浙江通志引萬歷上虞志姚翔鳳著乾隆府志同

遊戲集一冊浙江採集遺書總錄明御史上虞謝瑜輯蓋瑜按蜀時同僚友唱和之作也按是書乾隆

省志引萬歷上虞志作游蛾集乾隆府志亦引上虞志作游蛾集列於別集類又引浙江採集遺書錄作遊峩集列於總集類似瑜集有游蛾游峩二種之別非也王氏備稿曰案嘉靖九年庚寅邛道光出巡按四川偕官更遊峩嵋山有詩唱和及二十一年壬寅謝瑜巡按四川亦踵故事四川雅州知州殷綺因合二人及同遊諸詩編爲一集實非瑜輯

狷齋詩稿□卷

黄虞稷千頃堂書目謝瑜撰浙江通志乾隆府志引萬歷上虞志並同○王氏備稿又載瑜有奏疏並無卷數今附錄於此

激齋吟稿□卷

沈奎虞志刊補謝惺撰案謝讜激齋先生傳惺字元敬自號激齋又有激齋吟稿跋曰余童時激齋夫子嘗授以作詩之法謂淵明沖澹而學者或失則俗少陵沉雅而學者或失則固太白豪放而學者或失之不經師三公之善而懲其失無愧詩人矣余服膺是訓竊窺吟囿時取激齋稿而誦之乃知夫

子之教我者
夫子自道也

石龍庵詩草四卷附刻二卷（四庫全書總目提要徐學詩撰學詩不以詩名而所作音節頗清亮蓋嘗與李攀龍相贈答故流派與之相近遺藁多闕字邑人黃之璧爲補入以圈別之後二卷則附刻劾嚴嵩疏稿及傳畧諸篇沈奎刊補載畢鏘序畧曰公詩平淡而閒雅溫柔而忠厚寄興在林皐草木而忠君愛國之意未嘗忘○案是書浙江通志及黃虞稷千頃堂書目均作龍川詩集續文獻通考浙江採集遺書録其書目卷數均與四庫書目同）

學蚓吟二卷（萬歷志葛楠撰以祖錸有蚓吟稿故楠所著曰學蚓吟有門生嚴大紀序及從孫焜跋黃虞稷千頃堂書目及浙江通志載是書均無卷數今從王氏備稿補入）

甯子內篇二卷經餘言五卷史餘言三卷（謝謐撰王氏備稿載謝讜甯山

先生行狀曰兄諱謐字靖臣號甯山學者稱爲甯子弱冠即著內篇二卷續著經經餘言五卷史餘言三卷大抵闡泄理髓靡狥俗觀又經經史餘言序闡道牖蒙必資經籍稽變廣議莫廢史編自發明於諸儒論斷於羣哲而經史之旨亦孔昭矣詳畧殊見愛憎任情經釋有未備而史多偏評於是甯子之經經史餘言以成言曰餘言亦謂言者餘也匪勦說以眩衆匪附同以避攻匪逞奇議以媒譽經史有光矣所著甯子內篇大旨類餘言云

燕峯集□卷　歷朝上虞詩集徐子厚撰

九溪集□卷　歷朝上虞詩集徐子卿撰

白雲集□卷　歷朝上虞詩集徐子瀹撰○案又有月齋遺稿

藏栢軒集□卷　歷朝上虞詩集徐希歐撰○案又有徐氏一家言亦希歐編輯

海門集二十卷　萬歷志謝讜著沈奎刊補載高應冕序曰海門故越人而詞多悲壯感慨絕類燕趙

士無一篇一句雜越聲者海門豈誠忘越而流於燕趙者或抑鬱不平之思適與燕趙之聲相感觸耳說者謂上虞山奇水狹士多激烈有燕趙風余固不敢以燕趙士擬海門亦終不以海門集爲越聲也海門沉雅淵懿風采可親愛其小令歌曲尤擅詞林

草言口卷 黃虞千頃堂書目謝讜撰

四喜傳奇口卷 黃文暘曲海總目謝讜撰

皇明古虞詩集二卷 天一閣書目謝讜輯今案錢玫歷朝上虞詩集凡例云前明古虞詩集洪武至景泰吳昶蒐輯隆慶以前謝讜續之葛焜又續之萬歷以後 國朝陳金振陳洪揆遞有增補據是可知謝讜所集詩僅自明興至中葉而止其間猶有未備焉王氏備稿云舊志作古虞集府志列入別集皆非

葛氏家藏本詩抄十六卷 謝讜編選黃虞稷千頃堂書目謂葛貞葛浩葛啟葛銘葛鍊葛

木葛昂葛梅所著詩也王氏備稿謂前十卷爲當時名公投贈葛氏之作按體分卷有常山詹萊序後八卷則葛氏一家也同邑姚翔鳳序亦按體分卷此八卷多悠然蚓吟兩溪詩稿所選并有續附總詩四百六十餘首

婆羅館藏稿二卷

浙江通志黃之璧著字白仲鄧鍾岳序曰其古體多踔厲而風發其今體則精深而華妙周長發序曰其詩不規規摹放六朝三唐宋元諸家而古體蒼勁高潔今體亦復疏宕風華遠近皆謂與楊鐵崖徐天池並徐召南序曰越當有明士之不得志而工文詞者首推山陰徐文長次曰上虞黃白仲文長名海內無不知白仲則自越人外或有不能道姓氏者夫以白仲之才較文長雖未知其孰勝若論其窮文長窮於遇不窮於傳白仲不尤可悲耶白仲沒且百五十年其族孫克成始爲蒐輯遺詩得百餘首其子饒園將刻以問世請序於余余讀長卿所謂傳知白仲生平著作多矣今婆羅館集所存不過一鱗半甲而又未有能校其譌舛補其脫落者即長卿盛贊白仲見贈之長歌七律今並不存然則文長生前之遇梅林待以國

士未可爲榮身後之遇中郎舉其全集以傳於久遠者乃眞文人之奇遇也與饒園能讀父書必使白仲遺詩流布海內其急可尚也已集中佳句如泛湖云樹底魚翻蓴葉亂風前鳧壓浪花浮送梅大夫之建安云名多太守齊何允地有仙宗漢子眞送使君入浙云風德舊稱周僕射監書新籍鄭司農酬李太保云懷人芸閣停雲後抱几松窗月上初

道濂文集□卷仕優集□卷紀游集□卷 陳希周撰沈奎刊補據望濂公行畧謂希周又有感史吟集唐句然俱遭兵火矣

五橋集□卷 黃虞稷千頃堂書目徐惟賢著○案徐氏譜有太虛論一篇皆周張理道語醇實無偏駁處

南臺論分宜疏稿□卷 嘉慶志 陳紹撰

永思堂稿□卷　王氏備稿陳維撰維字用政號持齋

蒲州集□卷　浙江采集遺書總錄明刑部郎中上虞陳綰撰字蒲州同里謝瑜序稱其爲兵部時守榆關多所建立

金罍子四十四卷　明史藝文志陳絳撰浙江采集遺書總錄曰所論皆有關經史者本名山堂隨鈔陶石簣云子懼名之近於說不知者與街談巷語概視之故更之金罍山名也絳居其下案錢謙益絳雲樓書目載金罍子十冊無卷數浙江通志作金罍子上篇二十卷中篇十二卷下篇十二卷乾隆府志仍作四十四卷祁彪佳澹生堂書目黃虞稷千頃堂書目亦作四十四卷

易說緒餘□卷　嘉慶志陳洣撰○案嘉慶志載湖海摛奇一書引諸暨縣志云上虞陳洣撰沈奎刋補駁之曰乾隆府志選舉志徵辟類正統年載陳洣左軍都督府都事諸暨人則撰是書者爲諸暨之陳洣可

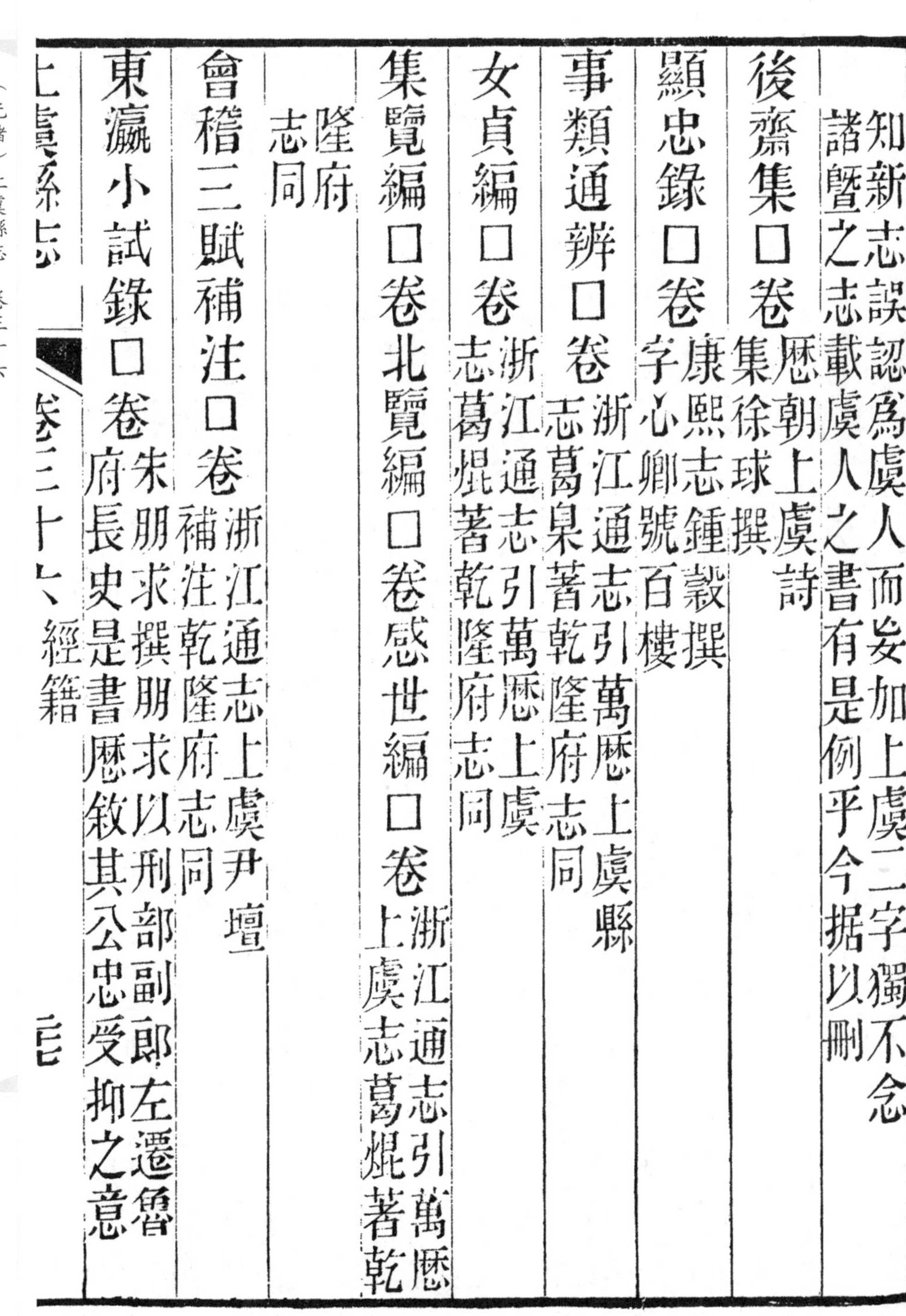

知新志誤認爲虞人而妄加上虞二字獨不念諸暨之志載虞人之書有是例乎今据以删

後齋集□卷　歷朝上虞詩集徐球撰

顯忠録□卷　康熙志鍾穀撰字心卿號百樓

事類通辨□卷　浙江通志引萬歷上虞縣志葛臬著乾隆府志同

女貞編□卷　浙江通志引萬歷上虞志葛焜著乾隆府志同

集覽編□卷北覽編□卷感世編□卷　浙江通志引萬歷上虞志葛焜著乾隆府志同

會稽三賦補注□卷　浙江通志上虞尹壇補注乾隆府志同

東瀛小試録□卷　朱朋求撰朋求以刑部副郎左遷魯府長史是書歷敘其公忠受抑之意

流憇集口卷　沈奎刊補朱朋來撰字道中號約山諸生輸監授華亭縣丞轉遼東行太僕卿主簿著有青箱十三索流憇集梅雪問答又載謝讜序曰吾舉約山一二言之訪馬武舉云應聞出塞曲莫與雪兒歌其遠何如樓上女云期子終含芳可以慰衷曲其質何如訪滇仙云鹿呦神在畫雲卧翠分衣其清何如棄婦云如彼風前塵飄泊無停轄其淒何如東關篇云一射千山淨腥血萬里遼河清且洌其壯何如賞菊云佳處不嫌春事去清歌還許故人來其變何如餘可概見其意緒雋永而音律爽慨不落塵套信吾越正聲士也

羅草亭集二十卷　沈奎刊補羅應文撰字汝實別號草亭初任黃州通判嗣陞鬱林州守金璐草亭先生墓表云公才清逸雋永爲文出肺腑不事勦說詩本性情存有草亭集稿二十卷今藏於家

白水先生遺稿口卷　沈奎刊補羅康撰其第四孫紈輯有序

留餘堂口卷　歷朝上虞詩集徐子麟撰

一得子口卷浙江通志引萬歷上虞志陳王政撰

井魚集口卷黃虞稷千頃堂書目陳王政著○案沈奎刊補云政尚有居滄集見羅康復筍窩陳春元書

龍坡文集口卷浙江通志引萬歷上虞志鄭舜臣撰乾隆府志同

吹壎集口卷黃虞稷千頃堂書目徐希明撰乾隆府志引萬歷上虞志同王氏備稿希明字允升通志作允湆誤

諭俗膚言二卷徐允明撰是書官興化同知作其言皆持身涉世要務樸實說理上卷二十一條下卷三十五條備載徐氏譜中

字義總畧四卷四庫全書總目提要顧充撰字回瀾是書辨諸字音義點畫分四十四門黃虞稷

千頃堂書目作字類辨疑二卷又字義考畧通志及乾隆府志所引俱同今據四庫書目爲正續文獻通考及浙江採集遺書錄亦作字義總畧四卷

古雋考畧六卷

四庫全書總目提要顧充撰充有字義總畧已著錄是書摘錄古人以語爲類亙十有四附以注釋亦間有考證末有重刻自敘稱始集古雋於定海學宮鏤板行之而嫌其未備更加增輯云云然究亦未能精核也案是書明史藝文志作十卷而黃虞稷千頃堂書目亦作十卷乾隆府志嘉慶志均引黃氏書目今據沈奎刊補載顧芳宗重刊古雋考畧總目書凡六卷以禮樂射御書數六字編卷數第一卷禮集天文時令地理宮室第二卷樂集君道臣道用人官職女職人氏人物人名第三卷射集神祭身體冠服飲食器具第四卷御集文事武備旌旗人事第五卷書集財用珍寶草木鳥獸第六卷數集通用外國雜教刑獄死喪疾病雙稱雙字計分類三十三門是其書確係六卷作十卷者皆誤也續通志藝文畧亦作古雋考畧六

歷朝捷錄大成四卷 顧充撰黃虞稷千頃堂書目作歷朝捷錄四卷祁彪佳澹生堂書目作歷朝捷錄其十二卷按充是書倣紫陽綱目之例始於東周之威烈王而終於宋其中論三國則止於漢而不及吳魏論五代則比唐宋反加詳每篇皆採集古典句下自註凡涉疑難者或稍加釋義而褒貶亦悉放先正間有附已見處亦不甚異沈奎刊補載呂坤序曰虞顧子歷朝捷錄大成始於姬周終於趙宋以興衰之判者分篇以關鍵之大者論世以燬歷之較者概人以經史子集山川物志綴語以玉篇國韻考字釋音爲篇二十有一引用諸書凡二百八十五種校注名公凡五十餘人計文三萬餘言上下二千載蓋畧舉之矣 國朝康熙己丑其裔孫顧芳宗重刊道光丙申顧繡章又重刊皆有跋

正字千文叶韻口卷 顧充撰案顧繡章捷錄大成跋云沈君仙源向余乞迴瀾公捷錄及字義

總畧古雋考畧正字千文叶韻四帙則允又有正字千文叶韻矣但其書已佚耳

一巒集□卷 王氏備稿陳明詩撰明詩字觀光號棫樞希周孫顧充序曰觀光垂髫即喜開卷丁年博極羣書與余舊戚之雅常向余索所藏蠹帙甚至肩荷負擔而歸磨年琢月滴露研珠彙成茲集事核而精言簡而要而上下古今天地萬物盡載於撮紙之中又朱祥麟天石序棫樞先生奕世名儒蓄書殊富且穎敏絕人凡一寓目終身不復再誦而足跡幾遍宇內所交率當世名公卿故得窺人所不經見窮人所不能知者而飫其腹笥今已耄年猶編不停披搜討考核惟日不足焉輯成此集藏爲家珍洵足寶哉先生古文詞駸駸淩漢魏而上之詩歌直逼盛唐百家九流靡不悉究所著有易解脫疑通鑑襟裾詩文稿若干卷此書特其一斑耳

經濟管見□卷保民吏化錄□卷 康熙志倪涷撰王氏備稿涷字霖仲號雨田

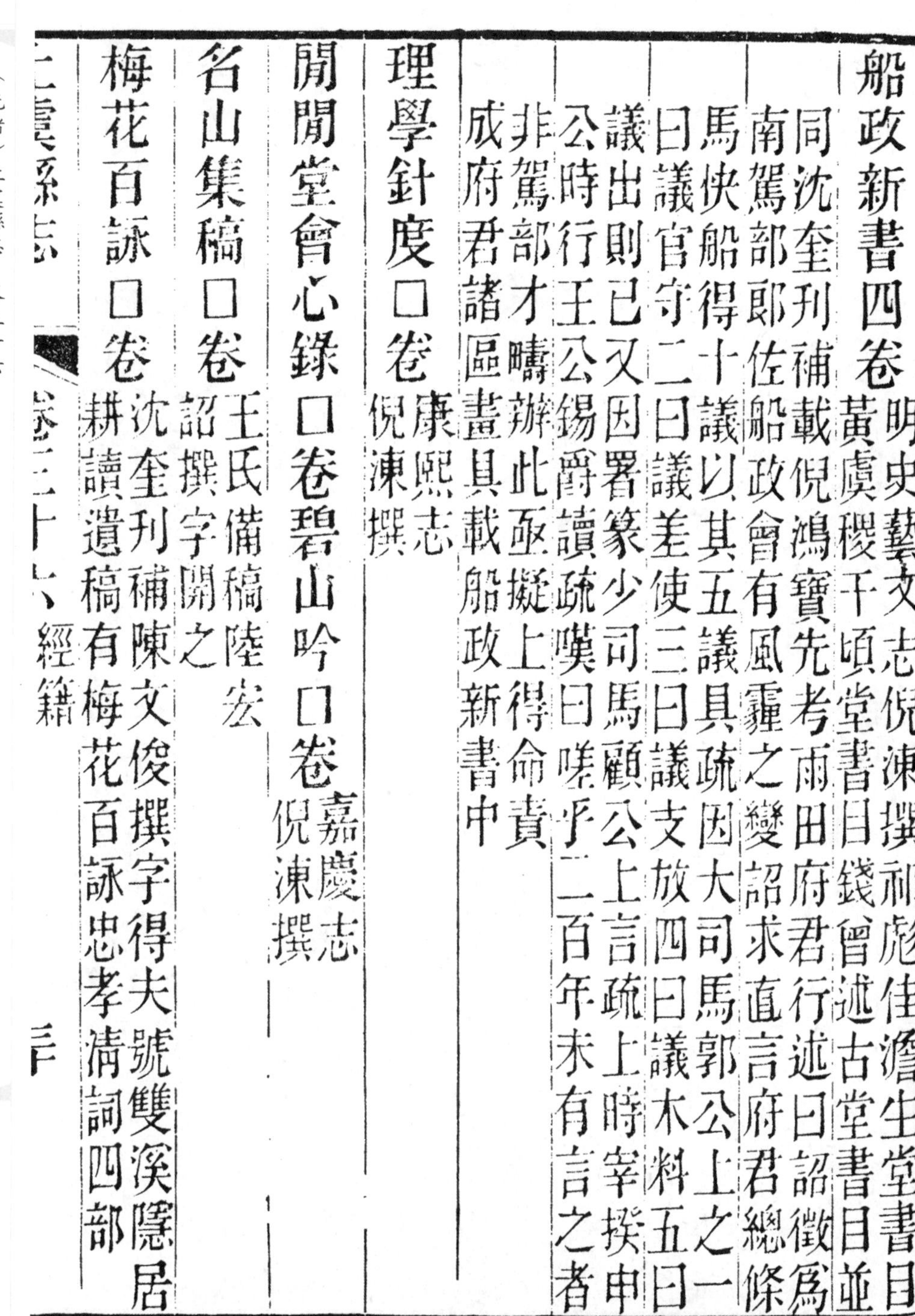

船政新書四卷　明史藝文志倪涷撰祁彪佳澹生堂書目黃虞稷千頃堂書目錢曾述古堂書目並同沈奎刊補載倪鴻寶先考雨田府君行述曰詔徵爲南駕部郎佐船政會有風霾之變詔求直言府君條馬快船得十議以其五議具疏因大司馬郭公上之一曰議官守二曰議差使三曰議支放四曰議本料五曰議出則已又因署篆少司馬顧公上言疏上時宰揆申公時行王公錫爵讀疏嘆曰嗟乎二百年來有言之者非駕部才疇辦此亟擬上得命責成府君諸區畫具載船政新書中

理學針度口卷　康熙志倪涷撰

閒閒堂會心錄口卷碧山吟口卷　嘉慶志倪涷撰

名山集稿口卷　王氏備稿陸宏詔撰字開之

梅花百詠口卷　沈奎刊補陳文俊撰字得夫號雙溪隱居耕讀遺稿有梅花百詠忠孝清詞四部

揭當作揚

觀瀾集□卷歷朝上虞詩集徐宏泰撰○案徐氏譜又有義經注疏揲蓍草

青野堂詩□卷沈奎刊補滕輝撰輝字汝晦號蘿月謝讜跋略曰此卷乃滕子蘿月所作所書以貽余者筆與句可稱二妙余每閱而愛焉故書此滕子詩學鄭谷而無鄙俚之癖文學楊烱而無點鬼之疵固今之佳士也

檀燕山人集□卷黃虞稷千頃堂書目徐如翰撰案會稽志如翰本傳云所著有檀燕山集無人字康熙志又有忠孝未揭疏當即其集中奏牘今附於此

秦遊草□卷續秦遊草□卷秦臺紀勝集□卷徐氏譜徐如翰撰案此集見劉宗周撰傳且云不及朝事蓋告歸後作也

葩經講義□卷王氏備稿徐龍德撰字思成以子震貴贈中大夫

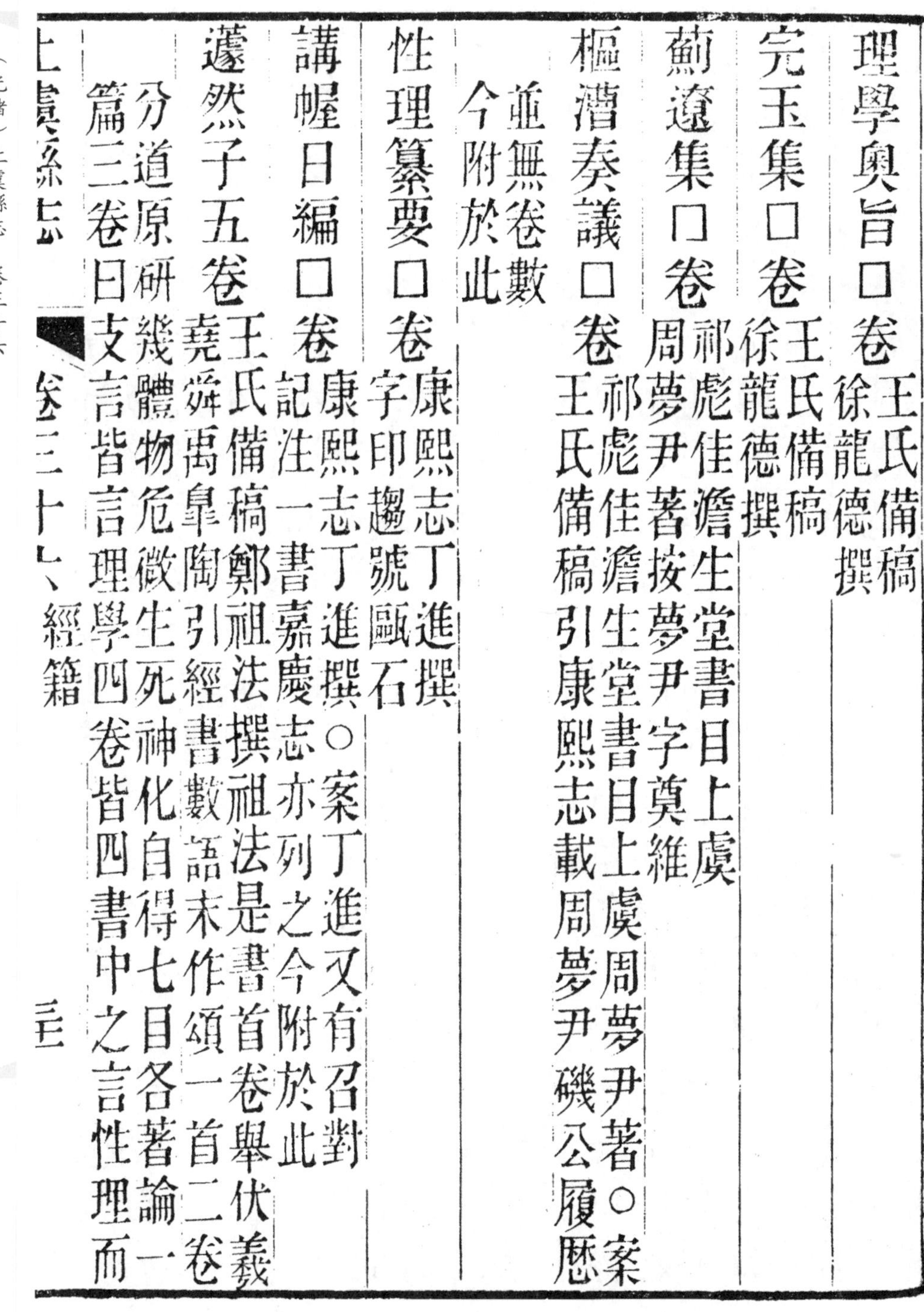

理學奧旨□卷　王氏備稿徐龍德撰

完玉集□卷　王氏備稿徐龍德撰

薊遼集□卷　祁彪佳澹生堂書目上虞周夢尹著按夢尹字奠維

樞漕奏議□卷　祁彪佳澹生堂書目上虞周夢尹著○案王氏備稿引康熙志載周夢尹磯公履歷並無卷數今附於此

性理纂要□卷　康熙志丁進撰字印趨號甌石

講幄日編□卷　康熙志丁進撰○案丁進又有召對記注一書嘉慶志亦列之今附於此

邃然子五卷　王氏備稿鄭祖法撰祖法是書首卷舉伏羲堯舜禹皋陶引經書數語末作頌一首二卷分道原研幾體物危微生死神化自得七目各著論一篇三卷曰支言皆言理學四卷皆四書中之言性理而

參究之凡五篇五卷發難明道亦朱子或問意也凡二十條皆參揚易數及至誠幾微至善之事惜未刊行於世○案王氏備稿又載蘧然子詩文稿並無卷數今附錄於此

蕉鹿夢傳奇□卷 黃文暘曲海總目鄭祖法撰

兒易內儀以六卷兒易外儀十五卷 四庫全書總目提要倪元璐撰是書內儀以專以大象釋經每卦列卦爻辭至大象而止以六十四卦大象俱有以字以之爲言用也故以名書外儀則有原始正言能事盡利曲成申命六目而又別爲小目以紀之皆取繫辭中字義名篇篇各有圖朱彝尊經義考曰倪氏元璐兒易內儀六卷外儀十五卷內儀之下無以字然此編爲當時刊本實有以字則經義考誤脫也其名兒易者蔣雯階序謂公作兒易兒者姓也攷說文倪兒本二字惟漢書兒寬傳兒與倪同則是古字本可通用然考元璐自序實作孩始之義其文甚明則雯階不免於附會萬歷中紫溪蘇濬已先有兒易豈亦

寓於姓乎元璐是書作於明運阽危之日故其說大抵憂時感世借易以抒其意不必盡經義之所有然易與於中古而作易者有憂患其書不盡言其言不盡意而引伸觸類其理要無不包春秋繁露其言不盡比附春秋而儒者至今尊用之謂其大義與春秋相發明也元璐是書可作是觀蓋與黃道周三易洞璣其書同爲依經立訓者也其人足並傳其言亦足並傳必以章句訓詁核其離合則細矣案是書明史藝文志作兒易內儀六卷外儀十五卷亦無以字浙江通志及浙江采集遺書錄仍之黃虞稷千頃堂書目作兒易外儀十五卷又內儀十卷祁彪佳澹生堂書目作兒易二十一卷今遵四庫書目爲正續通志藝文畧續文獻通考並作兒易內儀以六卷兒易外儀十五卷

春秋鞠說□卷 朱彝尊經義考倪元璐撰不載卷數其書云未見乾隆紹興府志引經義考並同

說大戴禮一卷 倪元璐撰先引本經後加鞠曰云云凡二十三條其立言多發抒己見非規規於說

經者比是書祇家藏鈔本尚未刊行又有殘屑一卷係札記雜說亦無刻本

百官鐸一卷　黃虞稷千頃堂書目倪元璐撰乾隆紹興府志作百官鐸譜無卷數

國賦紀畧一卷　續文獻通考倪元璐撰王氏備稿引學海類編無卷數

代言錄五卷　黃虞稷千頃堂書目倪元璐撰王鐸序門人楊廷麟王邵梓文震孟選沈奎刊補載王邵述引曰吾師每爲小子輩言代言之體華勿入豔質無入俚駢必六朝散宜兩漢即其所自爲者可知已小子輩凡求之兩年今夏始發示如干篇又命小子輩選而汰之小子輩惡乎敢無已乃以師命請之湛持覺斯兩先生兩先生曰今天子學淩百代吐音灑翰悉成六經是爲天文斷非臣子所能摹竊萬一者也今之爲代言者雖甚工美不過成其爲人文者止耳吾以人文求之評識何不可小子輩唯唯於是授之梓按是書今刊本作代言選浙江采集遺書錄載有代言選二冊

奏牘三卷詩文集十七卷明史藝文志倪元璐撰尤氏藝文志載有奏牘三卷講編附黄虞稷千頃堂書目亦載倪元璐奏牘三卷浙江采集遺書錄作奏牘二冊

倪文貞集十七卷續編三卷續文獻通考倪元璐撰四庫書目同王氏備稿作二十卷引錢玫說曰是集雖爲申佳胤楊廷麟吳甘來羅萬藻諸門弟編輯然其子會鼎重加訂正非若陳臥子所輯之應本經軍機處奏准全燬此則新刻文集

倪文貞奏疏十二卷續文獻通考倪元璐撰四庫書目同按王氏備稿經籍志奏議類有燬三朝要典疏此書已刊入倪文貞奏疏內今刪

倪文貞講編四卷續文獻通考倪元璐撰四庫書目同浙江採集遺書錄作講編一冊

倪文貞詩集二卷續文獻通考倪元璐撰乾隆府志引四庫書目作四卷浙江采集遺書錄作

遺稿二卷黃虞稷千頃堂書目載有倪元璐憶草二卷憶草郎遺稿遺稿郎詩集也文貞公詩實係顧予咸唐九經二人輯沈奎刊補作倪文正公遺詩二卷載顧予咸小言及唐九經序其序曰先生之文顯而詩隱文空而詩實文多揚詡人而詩多刺文千變不窮而詩惟一拗夫如是先生之爲詩亦苦矣殊不知有先生之文而不得不見於詩者勢也蓋先生之文如巨浸徹淙隨物賦則似人爲政已不得而司之先生之詩則西如華嶽東如泰岱中雖百川千泉洞胸穿脇不能搖其毫毛者則全似己爲政人不得而司之是集也探賾索隱門人董子瑞生爲最勞經欲盡箋所考使人曉然易見董曰子仍懼夫先生之詩之拗耳再二三百年直與少陵太白等遂不敢箋釋而竟授梓以附於應本之後

鴻寶應本十七卷浙江採集遺書總錄明戶部尚書倪元璐撰鴻寶其別號也祁彪佳濬生堂書目黃虞稷千頃堂書目並同沈奎刊補載陳子龍葛寅亮二序陳序曰應本者始甯倪先生之所爲作也先生

之著述多茲集其單篇雜辭因人事酬對而爲文者凡若干卷褒美所及不濫乎流其論人也嚴而正揚厲之中仍存直筆其記事也簡而覈圓規方矩因物異形能使口無當擇之言篇無可通之製其辨體也整而明蓋先生推賢若不及獎拔後進不遺餘力故詞章徧於宇內然其爲文也無溢美無虛譽所由與世之作者殊矣

葛序曰倪太史鴻寶以應酬文加于殺青名曰應本其甥徐子允時走杭問序於余余遜謝不敏然讀其文天才高灝雲藻遐搴眞足爲不朽盛事徐子又言太史所著凡十三種更有待本爲用世有待未梓蓋用則施諸人舍則垂諸文而爲後世法者且聞太史夙負異稟郎其酬對殷紜猶自嚼墨噴紙況其爲目之所營心之所鐫而有不咳唾皆珠璣者乎予蓋灼然而神斂規規適適無以測其宏深也

秦漢文尤十二卷　四庫全書總目提要倪元璐編元璐有兒易內外儀已著錄元璐氣節文章震耀一世而是書麗雜特甚殊不類其所編其以屈原宋玉列之秦人既乖斷限且名實舛迕疑亦坊刻託名

也

倪文貞公尺牘二本倪元璐著其書係文貞公曾鼎手輯夏倫敘堂藏有鈔本

豫章按疏二本祁彪佳澹生堂書目上虞倪元珙著

回奏復社疏一卷黃虞稷千頃堂書目倪元珙撰浙江省志及乾隆府志引並同

射書□卷倪元珙撰倪文貞公有序

春秋五傳□卷乾隆府志倪元瓚撰

羣史目□卷乾隆府志倪元瓚撰王氏備稿上自史漢下迄劉宋

理學儒學□卷乾隆府志倪元瓚撰

子圜集□卷王氏備稿倪元瓚撰

杜集注□卷王氏備稿倪元瓚輯

賢弈小草□卷歷朝上虞詩集徐承寵撰

恢遼局勢□卷銷燬書目全燬類徐爾一撰○案嘉慶志載徐爾一有閣部奚諂九八分疏東江畧節龍飛二疏其畧字誤書作界沈氏刊補已更正矣今附識於此

荒政輯要□卷王氏備稿陳維新撰

文園集□卷康熙志陳維新著王氏備稿引錢玫歷朝上虞詩集文園集凡七種館閣試課二卷曰藜編唾餘奏疏書牘二卷曰梧草焚餘孝廉以前所著曰存笥蠹餘通籍以後曰宦易波餘鄉會二三場曰兩闈試牘西湖越虞紀遊曰湖山遊屐歸田以後偶錄曰園居隨鈔陳仁錫序赤城風氣道上不苟所與貞修勁骨文亦如之黃道周序赤城篤行誼善文章於今人中不失古賢王思任序湯銘先生珊瑚濯骨鮫淚凝冰墨流

此稿係附口紀公所刪

三代之蒼筆奪六朝之錦
郎誹諧郁劇具有秀理

羅星亭題詠一卷 王氏備稿陳維新輯

性史類述□卷 陳希周撰案陳氏譜是書書由閩省諸士請發剞劂

浪遊草□卷 歷朝上虞詩集陳達生撰○案達生又有餐霞齋集

三獨集□卷 沈奎刊補徐觀復撰三獨者學獨宦獨禪獨也學獨共十四首宦獨共四十一首禪獨共九十八首

四書講意□卷 攀龍集□卷 銷燬書目全燬類陳美發輯

徐節愍稿□卷 沈奎刊補徐復儀撰倪元璐序畧曰漢宦徐子之文之可向者以其氣靜而體安靜
使氣靈安使體變主其靜安而天下之鋒力才態皆可
磁引燧呼而出之也徐子讀書日夕與秦漢人臥起雜

賓郎是徐庚下令逐客元白歐曾亦在逐中矣○案沈奎刋補徐節愍稿下載有范日謙哀生稿此稿係制藝今刪

玉九傳奇□卷　黄文暘曲海總目宋期撰見揚州畫舫錄

濺園傳奇□卷　黄文暘曲海總目趙心武撰見揚州畫舫錄

隱文堂詩集□卷　歷朝上虞詩集韓廣業撰

針灸大全□卷　俞府志徐廷玠撰乾隆府志同

地理纂要□卷　俞府志徐廷玠撰乾隆府志同

下里吟□卷　王氏備稿趙履光撰

梅岑詩文集□卷　王氏備稿倪在撰字大生號梅岑諸生文熺子○案倪氏譜又有世說駁議亦

係倪在撰

國朝

倪文貞公年譜四卷倪會鼎述字子新一字無功是書向有單行本今刊入粤雅堂叢書卷首有公小像漳海黃道周贊末錄徐焯跋畧曰無功先生著書尤富與鄭馬相埒即今所撰年譜當年時事無不貫串於年經月緯之中非僅一家書也今按年譜載公嫡母曹太夫人生母施太夫人而不載公之夫人書二十九歲子會鼎生三十二歲會覃生四十九歲會稔生不言嫡出庶出意此譜亦有缺佚歟

倪文貞公逸譜一卷倪會鼎述

治格會通二百七十卷乾隆府志倪會鼎撰會鼎本傳云晚歲鍵戶著述取通志通典通考三書件繫條貫又采大學衍義融以論斷勒成一編曰治格會通凡二百七十卷上自天官律歷禮樂農桑至

於選舉徵辟賞罰號令賦役營屯封疆關隘魚鹽坑冶之屬莫不敘其源流辨其得失六十而濡毫八十而輟筆

明儒源流錄二十卷乾隆府志倪會鼎撰

古今疆域合志□卷乾隆府志倪會鼎撰

越水詹言□卷倪會鼎撰

經史綱目二百卷國朝上虞詩集倪會宣撰字爾猷號恆園諸生元瓚子

杜詩獨斷□卷倪會宣撰

蘭亭備考□卷倪會宣撰

恆園文集□卷恆園詩集□卷王氏備稿倪會宣撰

滿聽軒文集□卷滿聽軒詩集□卷王氏備稿倪會稔撰

時務權書□卷國朝上虞詩集徐言近撰字君遠號緘庵

全史簡覽□卷沈奎刊補俞得鯉撰自敘云自五經而外以及子史百家循其大畧頗見一斑然而望遠者見其影不見其形立乎今以指乎古混沌以後吾生以前莫夜安窮乙酉夏秋之交于戈逼越囊篋顛流痛哭之餘只合杜門遂慨然有上下千古之思焉因大嚼全史旁炙諸編或畧其行事而綴其語言或畧其語言而錄其行事述風厲者必詳懲權奸者必悉遇瑞罕書有災必錄不分綱目有編年鮮紀月間標論斷冠盤古而統有明曾不足當賢人君子觀云爾

種月軒遺草十四卷俞得鯉撰文集五卷詩集九卷曾孫景武梓海甯唐曾銘序稱其行文精悍峭刻深得柳州神髓其合巡水利碑記與宗祠告成孝思堂諸記尤規模宏闊措置精詳

易原□卷 四庫全書總目提要趙振芳著字香山山陰人是書列古本圖書古本易經爲首卷列諸圖與說爲爻卷其古本周易集諸家舊本而考其異同於章句文字頗有釐訂王氏備稿曰振芳一字胥山山陰乃其寄籍又載馬文燦序畧曰趙子胥山爲吾友端明公令嗣端明以麟經起家而命胥山從予遊卓犖沉毅甫試輒冠軍以視青紫拾芥耳乃喟然曰雕蟲業何補於聖統何裨於當世乃發憤閉關思爲性道經濟之學於吾杭湖山之隩邂逅寒泉徐子道同志合遂相擔書登新安黃海之巔謝去帖括殫心周易按籍幾二百種乃空諸一切從羲皇心印直溯淵源三年出山而易成矣猶秘不發也值乃翁端明令東川胥山隨侍斯時流氛孔熾以孤城抗方張之焰胥山登陴冒矢爲君父卽墨睢陽之守者兩年於茲既而危不可支端明命胥山出求援而城陷乃翁闔門殉節矣胥山於是浮沉荆湘蘄黃間與裴臣孫子復理易業每每排難任勞於羽檄搶攘中時多以管葛目之不知胥山之得於易者深也與余暌隔者十有餘載茲訪之建南胥山出一編示余

曰近與峒諏黄子謀易刻將告竣矣自出山來流離患難無不與俱并合徐子說以志同心其爲序之予閱竟怏心且斂容曰能作如是觀乎合周邵程朱爲一人矣

崇川漫興集□卷　沈奎刊補王知介撰俞得鯉序畧曰王子暨余爲汗漫交蹤跡皆落落不偶其或花間捉句夜雨印心迄不知其從何處來故多參文字禪多爲無字詩崇川之集復以漫興名王子眞不酷於詩哉

兀壺集□卷　王氏備稿王知介撰俞得鯉序曰丙辰冬余自山左歸出一編相示有所謂兀壺者讀其詩純乎陶柳覽其序形骸放浪似滿腹有不合時宜者然而津津乎麴蘗是好豈眞拍浮酒池中遂足了一生乎余謂王子非酒人也蓋寓言也且王子量不滿合焉能酒彼謂懷才抱異酣羣書而隻千古文章經濟卓犖人表雖周旋齊晉之郊潦倒公卿之室究竟落落寞寞邈焉寡儔謂反不如高陽酒徒可當寒山一片耳○案

爲文子詩又有猗蘭集嘯歌集蚓蛺集見甬上金鏞知聲氏敘中今並佚

資治文字口卷　乾隆府志引俞志徐咸清撰沈奎刊補載毛西河資治文字序曰仲山洞精字學其於三蒼爾雅諸書自李程以下正變沿草源流瞭然且又博極墳典貧所考核古文篆隸無不殫晢觀其發凡大約有正字正音正義三端依韻分部部下分晝晝下分母前正後俗妨古終今其訂證之確引據之博自經史子集及九流百氏稗官小說搜輯貫串洋洋乎一巨觀也蓋將以佐一代同文之治豈僅爲載籍之先貧哉又西河制科雜錄同志有學最相好者惟上虞徐仲山薦之益都師將邀至外舍時吳志伊與諸公先在舍仲山偶以辨字與志伊不合遂不果。案越風及國朝上虞詩集載徐咸清又有傳是齋文集

鷗游偶詠一卷客心草一卷　王氏備稿葛翊辰撰國朝上虞詩集作金陵游草

望舒樓集八卷　浙江通志錢霍著乾隆府志同沈奎刊補霍一字願學號荆山山陰籍是集姚儀長

文選作詩十卷賦一卷卷首有沈荃及朱伯虎序沈序畧曰天下士若錢子去病其賦性忠質無文別善惡不啻黑白顧口絕雌黃故姜子武孫曰去病吾黨之阮嗣宗也其所著口詩文如其人酒餘思涌口號筆寫粗服亂頭不假琱飾而天姿卓犖寄興遙深雖無片言及於世務而不知之者會心自遠朱序畧曰去病意豪氣雄初擬少陵然粗服亂頭衝口超逸則絕似李白○案 國朝詩話錢霍有望舒樓集長門怨一首予所最愛其詞云十度漢宮秋不留聞促織一朝入長門蟲聲始唧唧盛年羞別離掩面空悲啼靜夜疑妾心傾耳聽半音春殿昭陽歌舞空玉階白露起秋風還把鏡中顏自看阿嬌仍是少年紅全首怨而不怒起四句極善形容得意人忽然失意情景

爨餘一選口卷 國朝上虞詩集徐中樞撰字密侯自號都癡道人

毫素草口卷 徐承清撰字晏公號鐵冶諸生 國朝上虞詩集云定鼎之初山寇肆掠宗族流離之感

發爲呻吟毫素草今尚有鈔本補録避亂蘿巖山諸詩以見草賊王完勳䟦粱族人遭厄情形○案鐵冶一作鐵厓又有鐵崖集若干卷今佚

涉江草口卷 兩浙輶軒録徐允定撰字克家號更齋毛奇齡序畧曰徐更齋游江表於荆關楚水之間登臨唱酬積其所爲詩名涉江草諸體俱近襄陽每覺滔滔清絶○案輶軒録載徐允定又有更齋詩文集

續金鑑録口卷 恕齋詩草口卷 國朝上虞詩集徐允章撰字雲官號恕齋

學圃尤言口卷 國朝上虞詩集徐允達撰○案徐氏譜又有管溪郎景四十二詠

㥪庵集口卷 沈奎刊補韓玉儉撰范蘭序畧云蘭夙與趙生獻可交因得登其舅氏㥪庵韓先生之堂先生博學力行求遊者皆一時文行之士既而誦先生詩察其情激昂奮發不可一世而後知先生天下士也○案海嶼詩話楓谷偶讀宋荔裳英雄既失志往往成酒人之句因作四飲以解嘲并各製小序以冠其篇范

蘭云其氣調高絕惜不令荔裳見之又云小序己是四篇公穀文字

刪餘草□卷 國朝上虞詩集陳皓瑜撰

卜圃吟草四卷 陳詩撰詩皓瑜子范蘭有序沈奎刊補載趙大奎卜圃吟草跋曰卜圃字嘉在至孝性成好學工文尤喜爲詩時范石書趙獻可輩問詩於韓豐穀豐穀曰卜圃詩得乃翁心傳不易及也存有卜圃集四卷其曾孫以敬梓行○案卜圃又有得顯樓集

鳴澗詩稿□卷 國朝上虞詩集張起龍撰字爾猷諸生有蔡升元序

易獨解□卷詩節解□卷史斷□卷 國朝上虞詩集宋志學撰字孔祁號和璧增廣生

六景集□卷 國朝上虞詩集俞木輯字嗣祺沈奎刊補六景者樂天齋若路橋愛蓮處三息阿釣魚

磯舒甜石也其宗弟俞世才自劍南歸序而傳之一時名流和者四十八人

四書大全會通二十三卷　沈奎刊補田英輯字潛村孔尚先序畧云章有章意節有節旨逐句逐字無不疏剔分明不可移易而大旨則一以遵朱爲主趙峒序畧云田子攻苦於學數十年中頗有得乃悉取諸儒之書一一講貫以程朱爲標的歷宋元明以及本朝諸子之說廣諮博采總取其不背於聖人之道者積十餘年稿凡數易始得成書

太極圖說解一冊　浙江採集遺書總錄上虞陳兆成撰以周子圖說與朱子注並列而以已意爲折衷焉并薈萃諸儒易訓及南華參同之說案兆成字愼亭　四庫書目題爲常熟人王氏備稿謂其誤乾隆府志於太極說解下作兆咸亦誤

參同契註二卷　四庫全書總目提要陳兆成撰兆成字宜亦上虞人案浙江遺書目錄載有兩陳

兆成其作太極圖說註解者稱爲常熟陳兆成康熙初人作此書者稱爲上虞陳兆成然太極圖說註解末有乾隆戊辰兆成字子魯附記凡例稱是書與參同契互有異同是刻可分爲二可合爲一云云則似乎二書又出一人疑不能明也其書盡廢諸家舊註獨以文義推尋分參同契爲三篇以補塞遺脫後篇亦分爲三與前篇相配又統分爲二十九章大旨謂首篇專明易理御政章乃言人君治世之事即易之神化流通處其後乃配以服食之法而總不外乎易之中又自作釋例一篇附於末反覆推闡其說頗詳王氏備稿曰兆成字宜亦歲貢生官奉化訓導 皇朝文獻通考題上虞人邑志選舉表雖佚其名當以通考爲正府志於是書下作兆或誤○案兆成又有四書辨解

春秋正業經傳删本十二卷 四庫全書總目提要金甌撰甌字完城一字甯武秀水人是書專爲舉業而設以胡傳爲主凡經文之不可命題者皆删去之又上格標單題合題等目每題綴一破

題而詳論作文之法案金甌本姓徐又號枚臣係上虞人故其自序書古虞徐金甌參校姓氏亦多列虞人四庫書目題秀水人乃其寄籍也

歷朝綱鑑輯畧五十六卷朱璘輯自三皇迄明季三王卷分五十六旁採諸家史論間附己說桐城張英序云余友青巖朱君手定綱鑑輯畧一書遺仵攟半稿問序於余余再四披覽其說之也詳其擇之也精其於前人論斷間有去取而以己意折衷之咸當於理

明紀綱鑑補十六卷朱璘輯桐城張英序畧云余友青巖朱君手定綱鑑輯畧一書追蹤綱目芟繁就簡學者稱便又慮明季以來事多湮沒爰廣搜文獻記載詳核顏曰明紀全載附諸簡末

笑破集口卷國朝上虞詩集葛國澄撰

評史要言口卷王氏備稿曹章撰章自序云去史家之繁衍歸於簡約自遷史至宋元提綱挈領或

一朝而備聚數事或數君不錄一節据此則章是書不錄明代事實可知矣

觀瀾集十八卷沈奎刋補曹章撰曹謙吉有序。案嘉慶志載曹章又有藝林總覽策畧輯要

曹江集十卷沈奎刋補曹恆吉撰字可久號曹江又號石公其學以紫陽爲宗文則馳騁於韓歐諸大家而騷騷乎荆川震川之間遠近名士爭與之交陳懋學裘璉有序

茗柯集口卷國朝上虞詩集徐用吉撰

南樓臧否口卷國朝上虞詩集徐自任撰字慕伊號南野。案自任又有踽踽齋文集

四書羅我集口卷國朝上虞詩集徐自信撰。案自信又有信手拈來千一草

味腴齋集一卷浙江通志石文撰字貞石年三十卒無所遇侘傺幽憂以死歿後諸故人掇石遺編十得一二陳授衣爲之序以傳

玉峰遊草□卷　國朝上虞詩集杜時芳撰

續貂草□卷　國朝上虞詩集孫之蕙撰

開慶堂文集□卷　國朝上虞詩集倪洞撰

梅花詩一卷　沈奎刊補石世榮撰字有美號友嵋廩膳生謝超倫序畧曰石子友嵋雅善博洽貽我梅花詩三十章盥手讀之祗覺玉藻瓊敷言泉濬發乃知我友眞詞壇之領袖翰苑之翹楚也

梅園詩稿□卷　國朝上虞詩集范蘭撰海嶼詩話胡他山跋范石書詩云石書究心樂府所擬五言古詩言言魏晉郎暗中摸索亦不失爲杜陵夔州以後作近體清雋直追大歷諸家集內有和陶燕公八十自壽次韻八首依原體編用王建律句人皆欲得長年少無奈排門白髮催云云陶激賞之

自鳴集□卷　全浙詩話曹陛慶撰案胡如瀛海嶼詩話云海鑑詩字字鍾鍊而出如登蘭苕云云連綿裂

地軸盤屈迴天光沓湖翻危石鍧磕駭礧硠疑是夸娥負叉恐巨靈傷曲磴懸飛泉灑落破陰荒之類頗規撫昌黎平居孝友往往形諸歌詩

謝字下缺一萊字

蘭臯詩選四卷乾隆府志引浙江通志丁鶴撰沈奎刊補載田易序曰芝田爲詩能致本源翩然更始不喜分宗別派之說嘗自言觸景撫事握管而書舉人世之升沈倚伏與已身之憂愁拂鬱俱渺乎不存何有於古人哉故其詩和平妍雅無事矜奇炫麗而人自不能遇又李調元雨村詩話丁鶴詩有奇思如碧梧生是秋風客紅葉老爲春夢婆恰費苦心○案謝虞故錄載丁鶴有竹中巢詩草

鹿花溪文集口卷國朝上虞詩集徐來復撰

四書訓詁口卷國朝上虞詩集徐宏仁撰案王氏備稿作四書證疑

古今詩稿口卷王氏備稿錢陛剛撰字時昭康熙丁酉舉人榜姓陸寄籍錢塘

地理圖經合注一卷尅擇備要三卷浙江採集遺書總錄趙斌輯前二卷係郭璞葬經斌爲輯注三四卷曰平陽眞傳出其師釋友眞所授五卷曰陽宅纂要并另編尅擇備要三卷皆斌自撰按是書乾隆府志及嘉慶縣志所引原書俱同而原書卷數名目與本注不符錢玫家山鄉眷錄爲更正之作八卷王氏備稿作地理纂注而不載卷數亦非

言志集口卷嘉慶志陳樸庵撰毛西河序

遠遊篇一卷國朝上虞詩集謝超倫撰字文起廩膳生自序稱足跡幾徧天下妄思獻賦君門而子雲相如之被薦者又若有待姑就平昔之所周覽并諮訪之所偶及者彙爲一編以備參攷而資博採沈奎刊補是編得之於先生從孫菉乃康熙甲申年視書於京都者自言別有定本惜不可得耳其他著述有輿圖考十卷長安漫吟二卷桐川雜詠二卷崇川吟藁二卷

北渚吟草□卷　國朝上虞詩集謝曉撰諸生鯨之子字開沕又名賜字錦堂

顚倒鳳傳奇□卷　謝曉撰沈炽四一日記中有一則云開沕先生性疎古善畫梅作顚倒鳳傳奇沈奎序畧云其曲三十齣曰梅狀元者隱然以繪梅自命爲一人也曰司空月華曰白貞心者卽君復雪滿山中月明林下二句寄意也曰梅偉人以名士幻美人身者見處士當如處女也曰司空月華以美人幻名士影者見鬚眉不及巾幗也曰白貞心始壻月華終壻偉人者卽曲中依梅雪也香之意也憶梅月聯吟梅雪爭春憑空結撰可謂奇矣哉

海晏虞歌集四卷　沈奎刊補俞文旦徵輯魯曾煜序畧曰紹郡濱江鄰海而上虞海塘視他邑較險吾師恕庵俞公由中樞出守吾越塘工最大而治塘上虞視他邑爲較奇癸卯秋公旣解任虞人益感之深思之切爰裒集其士民歌誦之章而序之○案王氏備稿海晏虞歌集下載有施繩武古虞錄別詩繩武非虞

人今刪

旅遊集一卷　沈奎刊補陸曉撰字季明翁照序曰戊戌十月余訪故人季子唫四於海陵之陶上因識季明陸子一見頃倒遂成莫逆之交自後詩酒留連殆無虛日彼唱此和率以爲常一日出其游草爲余評隲見其繪影描情悲歌旅寄蓋深得放翁之學者惜陸子疎於什襲散佚遂多姑就其所存者付梓管中所窺雖非全豹已見一斑矣

粵遊詩草口卷　國朝上虞詩集徐元玹撰字蒼偕號愚莽廩膳生

越湄藏稿口卷　國朝上虞詩集袁應鯤撰字上之諸生沈奎刊補據袁載甯先大人行述所著有四書講意通纂一部易經講意通纂一部周子太極圖說通書張子西銘正蒙一部訂補歷朝捷錄一部李笠翁詩韻訂一部四書事物類考纂一部類考中凡天文地理兵農禮樂下至昆蟲草木陰陽醫卜無一不訂其

疑似異同一生精力尤在於此惜其書已佚矣

宜中子集□卷國朝上虞詩集車於道撰字宜中號如如道人

刪注唐詩□卷王氏備稿引嵊縣志葉蓁撰

東游偶存草□卷兩浙輶軒錄王躍然撰字五溪

竹堂詩稿□卷兩浙輶軒錄趙本植撰字雪圃號竹堂諸生官慶陽府知府王氏備稿植一作殖雪圃一作雲圃

雙石軒詩草□卷國朝上虞詩集徐斯敞撰

四書講義□卷國朝上虞詩集陳于前撰○案于前又有豈莪齋文集

闡發人譜十卷徐氏譜徐宏道撰○案宏道又有姑溪詩集

虞山詩稿□卷 王氏備稿唐九臯撰字聲鶴號虞山諸生

謹齋詩存□卷 越風徐有常撰字祖彝國學貢生

槑林集□卷 沈奎刊補王德璘撰字文白盧文弨抱經堂文集先大父書蒼公交友中最精風雅同輩所共推服者爲上虞王文白先生名德璘寓杭州先大父割宅以居之其錢塘懷古七言長律凡若干題氣象雄渾音節亮拔不落宋元以後格調余外大父馮山公先生爲序之余篋中曾藏一本南北轉徙縑縢書檔多他人紛亂近檢之未得其後人不振復相繼以死遺稿不可復問余丱角時已不及見先生以鄰近故至所居見先生小影四周皆有題詠先生夫人亦尚在計此時訪求尚可得而童年見不及此至今恨之

澹多軒詩稿□卷 沈奎刊補倪長駕撰號雲士國朝詩話吾越忠貞之裔若姚江黄徵君太冲宿學重望身備文獻其最表表者不必以詩見也其餘著述不甚流布山陰祁氏世居梅市與予里距二十五

里耳曩時理孫斑孫諸哲且難搜訪其遺編今從古紙堆中見上虞倪文貞曾孫雲士長駕澹多軒詩一帙手姿頗雅五律如折楊柳云北塞流星驛西秦明月關長安秋夜月云愁從曉角起思逐故鄉來宋陵云馬骴半掩江南土鉦鼓難消塞北塵一自風沙迷故國幾多臺殿沒斜陽赤虹劍血長天落白馬銀濤蒼海奔七言絕句如金陵覔古胭脂井孫楚酒樓舊院等作皆可誦也

征途壁稿口卷　乾隆紹興府志錢登俊撰字舍南官通判

鷹峰集口卷　沈奎刊補羅羽豐著字習齋諸生据吳省欽墓表云主福山書院十餘年性剴直其讀書多有特見論大小雅皆以其辭爲區別小雅不可爲大雅大雅不可爲小雅猶之風不可爲雅雅不可爲頌論孔子誅少正卯事雖不見經傳爲後儒傅會而有筆伐口誅之議論呂后殺韓彭以其名歸之帝而異日可恣吾所爲論崔寔正論爲管商之流此論出而鉤黨禍烈漢隨以亾論蔡邕墓不當在虞邑論邑志梁處仁軼事

爲不經予所見君鷹峯集論錄
若此皆足發前人所未發也
易庸會通七卷乾隆府志范曰俊撰圖說三卷易學變通易道彌綸易圖質疑河洛數說各一卷
養素堂詩集□卷王氏備稿范曰俊撰
鹿溪文集□卷遊秦詩草□卷兩浙輶軒錄徐雲瑞撰字卿升號鹿溪
蘆江集□卷兩浙輶軒錄徐雲祥撰字彩升號蘆江
樓山吟草□卷國朝上虞詩集車維周撰
九峰書屋詩草□卷國朝上虞詩集呂夢麟撰
遊塞途詠□卷國朝上虞詩集徐凱撰
以俟集八本陳邁黔撰字星瑞號諸生是書未梓內惟詹詹言數卷向有單行本○案 國朝上虞詩

集載陳邁黔又有學庸講義

看山偶存鴻爪集口卷　王氏備稿徐觀海撰

鳥嚶集口卷　國朝上虞詩集諸葛江撰

浣江質言一卷　沈奎刊補鄭溥撰溥自序畧曰歲庚寅家嚴抱關白沙余將致剡浦之館往奉晨昏羅子墅郿叩余笥索數年所積余以不存草對墅郿弗之信固請啟笥得雜著暨詩二十餘楮命童子錄成卷帙名之曰浣江質言

道盦堂文集二卷　沈奎刊補顧宗孟撰字又淑號是愚初官虔州後自請效力清河州同知在工二十餘年分委下河上河中河遙隄子隄各工悉有成效其改清改黃議尤屬通達河務之言卷首有陳塤序稱其伸紙觸緒無非性情流露云

書帶草堂詩商□卷　國朝上虞詩集鄭文鑰撰字谷漁汪輝祖序稱其詩多纏綿悱惻之音而意境蕭疎筆情雅澹雜諸岑參高適集中殆無軒輊焉

方海詩草□卷　國朝上虞詩集張鳳翔撰

鳴巖自吟□卷　國朝上虞詩集張鳳閱撰

漁郵詩稿□卷　國朝上虞詩集張鳳翥撰

退洲古今詩稿□卷　王氏備稿陳燧撰字退洲乾隆壬午舉人官湖州孝豐教諭

浮香書屋詩草□卷　國朝上虞詩集潘文炳撰

葩經疏解□卷　國朝上虞詩集徐芳撰

壁立草□卷　國朝上虞詩集徐芳撰

石經古屋詩文稿十六卷沈奎刊補趙金簡撰字玉書又字石函號赤繡乾隆己未進士兩浙輶軒錄赤繡才弁雅好清談胸襟瀟灑與之言娓娓忘倦尤喜獎借後進武林諸生皆樂執詩文以就正工書小楷法米襄陽大字法顏魯公蘇玉局而運以己意兼精賞鑒凡古書畫及宋槧宋搨書帖辨其紙墨古香即定眞贋詩抒寫性靈得宋人逸趣吟詠甚富有石經古屋詩文稿十六卷多散佚今從戴劍溪本

靑紅書廊吟草□卷國朝上虞詩集胡文照撰字笠雲徐立綱序畧曰胡子好讀書經籍掩貫腹笥便便作詩以靑蓮自命因更其號曰白樓刻試萬言捷待倚馬而又抽祕騁妍自成機軸不屑拾人牙慧故詩獨優

五經旁訓□卷王氏備稿徐立綱撰字條甫號鐵崖又號白雲　國朝上虞詩集云著有五經旁訓辨體合訂又有鐵崖詩文集

享字當亭

轂吟集□卷天管集□卷越風陳志學撰字金基一字彝白號少享諸生

錦嵐堂詩草□卷國朝上虞詩集胡鍈撰○案鍈又有西遊閒筆

有獲堂集□卷沈奎刊補胡鋭撰字笠峰史致光序畧曰先生詩窮思力索百鍊千錘要於自然而止先生自序以細之一字盡之杜子美云老去漸於詩律細子美之言先生之詩也

靜涵詩草□卷○國朝上虞詩集徐有光撰○案有光又有一家言續編

書箋訂訛□卷王氏備稿胡如瀛撰字東表

海嶼詩話□卷胡如瀛撰見陶元藻全浙詩話引用書目

浪雪草堂遺稿□卷國朝上虞詩集朱鵬圖撰

岵園紀遊草□卷國朝上虞詩集施其恂撰

紅杏山房詩草口卷國朝上虞詩集葉封唐撰寄居剡城楊世植曰芝之谷學極博漢魏以下大家之集靡所不窺故各體擅長其門仞蓋得之沈梅史云

十三經札記二十二卷朱亦棟撰其書羅衆說審从違而已不甚有所證明往往兩說並存案而不斷且有徒錄舊說者如風雷益之錄正義沙能視利幽人之貞之錄童溪易傳是也其意在掃除漢宋門戶之習是以旁通多可而細繹宗旨大要主張漢學如云宋人武斷說經宋人最喜僞造古書宋人說經多杜撰其所重可知矣於書信東晉古文尚書以說文引虞書仁覆閔下則稱旻天爲引孔氏傳春秋主左氏於公羊言不修春秋則曰不修春秋自哀十四年春小邾射以句繹來奔至十年四月孔某卒是也魯之春秋左氏而外誰得見之蓋僞託古書之弊漢儒說經已如此於伯於陽爲公子陽生則曰公羊不見策書固無誰怪乃僞託孔子以爲公子陽生則眞說經之蠹矣故足書之以戒世之穿鑿說經者於齊人執單伯則曰公羊不

見策書妥生異說拔舌地獄之說正爲是耳何劭公所謂加釀嘲辭者矣其以切音解經都數十事如邾婁爲鄒奚斯爲儀之屬實可覽取以永終譽及儆席儆軒說永終知儆以方明說書六宗以胥靡說無餘刑以綏多說士女說詩釐爾士女以奔則爲妾及多婚說周官奔者不禁以萇宏明鬼神事射貍首說考工記祭侯之辭以籧篨戚施說禮記性之直者以欲色嫗然以愉說如欲色然以夏居橧巢說穀梁傳增之謂孟子堯之於舜也云云當迻舜向見帝之上謂爾雅時善乘領時讀爲是皆精審不苟說日中星鳥曰古文多互見如春之星爲朱鳥則夏之爲蒼龍秋之爲元武冬之爲白虎可知也夏言星火秋言星虛冬言星昴則春爲之星張可知也說九合諸侯曰九者陽數之極離騷九歌自東皇太乙以至禮魂凡十篇而止云九歌其衣裳之會十有一亦不妨以九該之也說月令曰逸周書有月令篇呂氏春秋採之以冠十二紀之首其官名時事不合者後人增損之耳如荀子有勸學篇有三年問皆孔門弟子之遺書荀卿採入之而漢儒又採之以入禮記也論議明通

與錢大昕汪中章學誠之言相出入亦棟爲大昕弟子固宜與專己守殘者異矣

羣書札記十六卷　朱亦棟撰是書編錄無法往往前後復重卷各有目頗揭箸之異目同文未盡揭也如上已柳下劉杙之屬且與十三經札記同同負綴旒矣諸所舉正自大戴禮記國語國策史記外類皆小說及詩文故事無甚高義雅言又雜以標領新異之語不盡關攷證也第七卷錄江永河洛精蘊以張卦變即反對之說不爲無見第八卷通論詩音往往引段玉裁孔廣森之說而難之至乃加釀嘲辭謂孔氏多生姜樹上生之說其大意謂協韻非本音而已并其師錢大昕古今音異及協句即古音之說亦所不信殊不可解以今所傳家語爲即藝文志所謂孔氏學非王肅僞撰以西京雜記有云家君作彈棋家君以爲外戚傳云云據爲劉歆自作之證遂謂非吳均僞託并非葛洪僞撰可云武斷以切音故經是其生平得意之義是書遂以切音當六書之諧聲則無謂矣其解釋書傳頗有讜義如解魯語鼈於何有爲何難有鼈解鄭語天啟之心謂

與天誘其衷天奪之明同一句法解楚辭天問封豨是射爲后夔之子伯封以墨子所染篇晉文公染於高偃卽晉語郭偃明鬼篇宣王合諸侯而田於圃田車數百乘讀圃田句絕卽詩小雅東有甫草駕言行狩者也雜守篇三亭隅織女之當用孫鑛織女三星跂然如隅之說皆確詁也讀史記伯夷列傳肝人之肉爲肉人之肝讀後漢書列女傳迎婆娑神爲婆娑迎神謂皆倒字法如公羊傳昧雉彼視之例顏氏家訓勉學篇曾子七十乃學木曾子立事篇七十而無德云云不必刻舟以求達於古人屬辭之法可謂通論大氏前截榛楛覽取要畧亦湛園札記管城碩記之亞矣

丹崖詩集口卷　沈奎刊補陳墀撰字丹崖號芳洲諸生

苓槑詩草口卷　沈奎刊補章國梁撰原名松字木公諸生何震序畧曰章公苓槑淡宕人也故其爲詩溫厚和平絕無噍殺之音空明澄澈溢於字裏行間嘗見其作事悉以平淡處之亦由其學問深而意氣平

也文如其人斯言不益信歟

留刪草口卷　國朝上虞詩集范光裕撰

素堂詩草口卷　國朝上虞詩集朱淦撰

毛詩古音口卷　王煦撰字汾原乾隆己亥舉人按煦是書脫藁後尚未梓行原藁又燬於兵燹今不可得見矣其辨古音說有曰古韻並無四聲輕重疾徐隨文讀之而無不中節如關雎之卒章參差荇菜左右芼之窈窕淑女鐘鼓樂澇之簡兮之三章左手執籥效右手秉翟藋赫如握赭公言錫爵噍淇奧之三章寬兮綽兮倚重較矣善戲謔曉兮不爲虐鳥兮溱洧之首章洧之外洵訏且樂澇惟士與女伊其相謔孝贈之以芍藥效揚水之首章揚之水白石鑿鑿漕素衣朱襮暴從子于沃奧既見君子云胡不樂澇晨風之二章山有苞櫟澇隰有六駁豹未見君子憂心靡樂澇月出之三章月出照兮佼人燎兮舒夭紹兮勞心慘慥兮南有

嘉魚之首章南有嘉魚烝然罩罩照君子有酒嘉賓式燕以樂澇旱麓之五章瑟彼柞棫民所燎矣豈弟君子神所勞勞矣靈臺之二章麀鹿濯濯櫂白鳥翯翯皓王在靈沼於牣魚躍櫂板之四章天之方虐暴無然謔謔孝老夫灌灌小子蹻蹻嶠匪我言耄爾用憂謔多將熇熇耗不可救藥效抑之十章昊天孔昭照我生靡樂澇視爾夢夢我心慘慘懆誨爾諄諄聽我藐藐紗匪用為教覆用為虐暴借曰未知亦聿既耄桑柔之四章為謀為毖亂況斯削笑告爾憂恤誨爾序爵誰能執熱逝不以濯櫂其何能淑載胥及溺暴崧高之四章既成藐藐紗王錫申伯四牡蹻蹻嶠鉤膺濯濯櫂韓奕之五章蹶父孔武靡國不到為韓姞相攸莫如韓樂澇泮水之二章思樂泮水薄采其藻魯侯戾止其馬蹻蹻嶠其馬蹻蹻其音昭昭照載色載笑匪怒伊教凡若此者考之於漢魏諸儒之箋注驗之於齊魯燕趙近日之方音有必當作如是讀者執齊梁之四聲而彊古人之我從是猶執秦法以讞虞廷之獄其不可通也明矣

煦所言如此今録之以存毛詩古音之説

小爾雅疏八卷　王煦撰煦力闢戴震小爾雅非古小學書之說所稱許慎引爾雅猄薄也王肅引爾雅射張皮謂之侯云云即此書及釋鵠中正倍舉鋝皆譏至於仞四尺藪二二有半缶缶二鍾則爲游詞不如胡世琦引禮緯天子杠九仞諸侯七仞及御覽引小爾雅藪二謂之缶爲有據也煦嘗作毛詩古音攷及說文證音達於聲音通轉之故故是疏於本義叚義多爲證明旁通異詁咸有條理如媚美也讀爲媄寒署也讀爲搴督拾也讀爲叔及遂深也通隊燧巨大也通渠鉅距之屬雖未及朱氏通訓之明晰王氏廣雅疏證郝氏介雅義疏之鴻博而標舉元要使學者隅反實良法也其是正文字如汝女古字通而乃爾若汝也改汝爲女輓挽古字通而挽引也依說文改輓禁錄也錄即拘錄之義而改禁爲禁惎忌教也竟去忌字如斯之類頗爲專輒至於寡夫曰煢寡婦曰嫠據詩桃夭序疏引作無夫無婦並謂之寡寡丈夫曰索婦人曰嫠及周官注無兄弟曰煢更爲寡夫曰索寡婦曰嫠無兄弟曰煢倍兩謂之匹握左氏傳注二丈爲一端二端爲一兩說文匹四丈

也删倍字匊四謂之豆据周禮陶人疏引作匊二升及鄭注豆實四升之文更爲兩匊謂之升升四謂之豆義據通深焯不可易撢抽經訓比傅雅故旁文側義無不平實確當方之邵晉涵爾疋正義如秦晉矣

說文五翼八卷 王煦撰證音詁義拾遺去復檢字部五篇證音二卷据漢人長言短言急氣緩氣之讀以證古無四聲及聲近相通之故因以正大小徐刪改某聲之失如祟从出聲犢瀆省聲當爲賣聲之屬是也元當兀聲茸當耳聲从雙聲字得聲許書元有此例至謂對當从叢省羔當从小意過其通知者一失詁義二卷亦多聲義關通之說如以名爲半眉半目以公爲从厶得聲頗爲傅會讀掉茖爲掉磬易毛足爲三足差从二爲从二左讓矣自序謂先以音義數卷付梓朱珪邵晉涵方聯聚諸開瑑商載書札及王筠說文釋例引一弌皆有意音一事皆稱說文音義卽前二篇也證詁音義十九精塙不媿翼許之目餘三篇非其倫也拾遺一卷如晞稀从希劉劉从劉肖古文貴卤籀文卤確有疆證理合拾遺低偷吼叵之屬取之說解則不知說解

本用隸書不足以證篆也然住當作侸僄當作票閒亦依違其說不不爲武斷去復一卷檢重出字斟酌去留頗爲不苟藍當作濫踞當作屈蘺當作藨是誤非纏洵確論矣檢字二卷取各部重文及正篆之可以互見他部者標舉之如水部標流酒金部標釜欽之類本無高義便初學檢閱而已

國語釋文補補音十二卷 王煦撰

文選七箋二本 王煦撰

空桐子詩稿十卷 王煦撰

南庚小草口卷 國朝上虞詩集趙驤撰

月令廣義摘要口卷 國朝上虞詩集趙大奎撰○案大奎又有醫學便覽地理指歸南譙啟事詩壇藝語等書

四書辨疑二十四卷徐氏譜徐魯得撰病大全諸書勦諸儒之說雜而不要故作此

溫熱心書十卷徐氏譜徐魯得撰大要謂仲景傷寒論爲冬月正傷作不可治春夏秋三時之溫熱病也因言諸家亦辨之而未詳故爲是書

亦愛軒詩草口卷國朝上虞詩集錢鳧飛撰

海粟樓詩稿口卷國朝上虞詩集王熯撰

巵山游草口卷國朝上虞詩集唐聖贇撰

四書釋地駁誤口卷國朝上虞詩集王登堦撰○案登堦又有四書摭餘說辨非詩詞二草

象洞山房詩稿一卷文稿一卷王氏備稿徐迪惠撰

徐氏一家言口卷王氏備稿徐迪惠重輯皆採管溪徐氏一姓之作案明徐希歐嘗編輯徐氏一

家言　國朝徐有光又有續編至迪惠復重輯之

多識考六卷　何震撰自序云讀禮家居偶檢毛詩手輯名類問證他書凡重見疊出者不再錄。案國朝上虞詩集載震又有省親集鵬程集榮敷集蒼筤竹館詩存小安樂窩存稿金陵訪友游草

課餘巵言口卷　案國朝上虞詩集趙琴撰。琴又有凝香書屋詩稿

西域水道記五卷　徐松撰都十一篇篇各有圖羅布淖爾所受水第一哈喇淖爾所受水第二巴爾庫勒淖爾所受水第三額彬格遜淖爾所受水第四喀喇塔拉額西柯淖爾所受水第五巴勒喀什淖爾所受水第六賽喇木淖爾所受水第七特墨爾圖淖爾所受水第八阿拉克圖古勒淖爾所受水第九噶勒札爾巴什淖爾所受水第十宰桑淖爾所受水第十一龍萬育敘云星伯先生於南北兩路壯遊殆遍每所之適擕開方小冊置指南鍼記其山川曲折下馬錄之至郵舍則進僕夫驛卒臺弁通事一一與之講求積之既久繪

爲全圖乃徧稽舊史方畧及案牘之關地理者筆之爲記記主於簡以儗水經又自爲釋以比道元之注郎用酈氏注經之例記則曰導曰過曰合曰從曰注釋於經水曰出曰逕曰會曰自曰入於枝水曰發曰經曰匯今按其書誠師放酈氏至於模範山水間厠麗辭亦仍其例他可知矣其記山脈首尾城野道里以揭水道無不翔實大水所出所匯所歸若山若淖爾皆記經緯度其大城并記冬夏至春秋分日景旁徵故事於屯田水利師兵行止詞繇不殺要於致用不爲病也名臣章議石刻文字不必有關水地而客於斷棄乃放太史公錄秦記杜佑錄禮論之例而濟以蕭大圖淮海亂離志王劭齊志之體列之子注實爲讜例惟兼錄使臣祭告之文還容行吟之作爲少濫耳松嘗言志西域水道難於中夏者三一曰窮邊絕徼舟車不通二曰部落地殊譯語難曉三曰書缺有間文獻無徵今觀是書於國語蒙古語回語西番語準語之屬皆仿三史國語解之例䚡理其義如扣肯布拉克山言不雅馴猶質言之可云詳盡至於漢書西域傳辨機西域記水經注唐書元史西遊

記諸書諸所證明皆有確據其區蓋者亦十之二三精審不苟無遺議矣

漢書西域傳補注二卷 徐松著張琦敘謂作於新疆志畧之後也孟堅傳西域不媿翔實之目蘇顏之徒尟能證明遂成榛蔓松居西域六年諳其山川道里風土而又長於考古鉤摘沈逸爲之補注如南北大山南北道河源蒲昌海之屬都數十事咸案今地質言在所實事求是足與梁氏古今人表攷陳氏地理志水道圖說稱三大奇書矣其是正文字比傳事類無不精讔如據匈奴傳太始時始置日逐出正匈奴西邊日逐王當爲右谷蠡或右大將據水經注河水逕墨山國南正山國當爲墨山國據本傳言西夜與胡異而子合出玉石又依耐無雷烏秅言子合莎車言西夜惟蒲犂言西夜子合而水經注所引無西夜推知孟堅未曾以西夜子合爲一國如後書所譏當是西夜國王號子下有戶口兵數及四至之文傳本奪爛誤連子合王二云云耳其犖犖大者也

新疆志畧十卷　徐松撰

新疆賦一卷　徐松撰西域水道記第六篇云入惠遠城宣闓門西走北墉第三舍爲余老夫容庵戍館讀書擊劍對面狂吟因作新疆賦賦云鍾運會於庚辰今甲子之已復注云今嘉慶二十四年是賦成於庚辰歲也賦二篇先假葱嶺大夫陳北路之形勢後假烏孫公陳南路之規模以析之蓋用東都西都之例而又放謝靈運山居賦自注以言其事閎肅周至彭邦疇謂足與

高廟盛京賦泰庵和公西藏賦後先輝映不媿也其大意具於自敘敘曰走以嘉慶王申之年西出嘉峪關由巴里坤達伊犂厤四千八百九十里越乙亥于役回疆度木素爾嶺由阿克蘇葉爾羌達喀什噶爾厤三千二百里其明年還伊犂所經者英吉沙爾葉爾羌阿克蘇庫車哈喇沙爾吐魯番烏魯木齊厤七千一百六十八里既覽其山川城邑攷其建官設屯旁及和闐烏什塔爾巴哈台諸城之輿圖同部哈薩克布魯特種人之流派又徵之有司伏觀典籍仰見高

宗純皇帝自始禡師首稽故實迄乎偃伯畢系篇章勒方畧以三編界幅員爲四路圖戰地以紀勳伐志同文以合音均在辰朔時憲之經釐職方河原之次備哉燦爛卓哉煌煌是用敷陳道揚盛美云爾

漢書地理志集釋口卷

徐松撰是書實以錢坫新斠注爲本而引一統志及顧炎武胡渭閻若璩何焯全祖望齊召南戴震洪亮吉劉台拱王念孫段玉裁沈垚諸人之說以辭之故會稽章氏刻本郎散傳斠注中不別錄也其中引段氏之說爲多段氏札記未曾行世賴此以存矣松所著書以是書爲最沾畧如錢氏易沂水爲滻水而段氏讀沂爲泥補滻水錢氏王氏易潙水爲澇水而段氏讀潙爲沇錢氏易沮水出東西入洛爲出東西入洛而段氏謂出東西入洛不誤皆平錄異義案而不斷又如句是其本疑當爲須句不是其本國甲毋河西麓河疑誤西者河侯攷亦多依違不能決錄也觀其所下已意如蘭陽非蘭陵陽山非陰山往往足正錢氏之失擿籀石刻詳人所畧據唐公房碑府在西成證漢中治始在南鄭後移西城廣漢長王君治

石路碑廣漢不稱令疑非郡治周憬碑陰載曲紅長含匯長湞陽長知諸縣皆非大縣拾遺補藝可謂詳盡矣

唐兩京城坊攷五卷　徐松撰西京四卷東京一卷皆有圖凡兩京宮殿館閣街坊舊宅皆案史傳及雜書詩文集證明之魁博縝密可稱鴻寶自序云余嘗讀舊唐書及唐人小說每於言宮苑曲折里巷歧錯取長安志證之往往得其舛誤而東都蓋闕如也後於永樂大典中得河南志圖證以玉海所引禁扁所載灼是次道舊帙其源亦出於韋述兩京記而加詳焉校書之暇采金石傳記合以程大昌李好問之長安圖作唐兩京城坊攷以爲吟詠唐賢篇什之助

宋會要□百卷　徐松撰嚴鐵橋漫藁與星伯同年書嘉慶中足下在全唐文館從永樂大典寫出宋會要此天壤閒絕無僅有者及今閒暇依玉海所載宋會要例理而董之存宋四百年典章肆力期年㮣可竣事韓小亭無事爲福齋隨筆宋會要載永樂大典徐星伯曾鈔之約余同爲編纂星伯亾而此書㮣

宋中興禮書二百三十一卷續禮書六十四卷又半卷徐松撰

明氏實錄補注一卷徐松撰沈垚跋曰明王珍乘元季之亂盜據蜀土兩世凡十有一年楊學可撰明氏實錄紀載寥寥徐星伯先生得彭文勤公校本取明太祖實錄及大事記明史本傳諸書補注於下事蹟始備改正錯簡考覈同異皆極精當學可文筆未合史法將賴先生之注以傳不可謂非幸矣

推春秋日食法一卷國朝上虞詩集謝晉勳撰

伏園瑣言口卷王氏備稿末文紹撰○案文紹又有國朝古文約選

三星圓傳奇八卷王樾昭撰陳綺樹謝鶴齡同輯是書仿高東嘉琵琶記之體而以敬老憐貧矜孤恤寡爲主意在懲勸脱盡傳奇家窠臼三星者福祿壽也書凡四集每集分上下二卷卷末又附勸孝戒淫

文各一篇

上虞金石志畧一本王氏備稿錢玫輯邑令李宗傳序畧云錢君漢郵以所輯金石志一卷示余就一邑之中自吳迄元千有餘載一碣一碑一器一銘圖之識之辨之覈之顯微闡幽正譌糾繆蓋其審也

家山鄉眷錄口卷錢玫撰○案玫又有長者山房詩文集

歷朝上虞詩集十六卷王氏備稿錢玫輯是編藍本前明古虞詩集增益成之每作者名下繫以小傳道光乙未刊

國朝上虞詩集十二卷王氏備稿謝聘輯錢玫輯歷朝詩至明末止聘輯是編自　國初起至同時諸賢止道光壬寅刊許正綬序畧云味農湖衣冠於在昔恐人琴之俱亾毅然以搜葺選存爲己任山陬海澨斷楮賸墨所見所聞悉羅而致之爲之審源流考出處刪繁碎定指歸凡閱八九寒暑而始成

吟香館詩集十四卷王氏備稿謝聘撰

壽言集一卷蘭言小集二卷謝聘撰

一角山房詩稿二卷王氏備稿謝燔撰

重桂堂詩文集十卷坿駢體一卷許正綬撰無錫秦湘業有序

國朝兩浙校官詩錄十八卷許正綬編輯是書官湖州教授時所輯以各府州縣爲編次每人繫以小傳詳敘籍貫科目仕履及各著述其未能盡詳者別爲附編吳鍾駿序畧云同年許齋生有志纂輯博稽舊聞俞咨故老同官益友左右采獲積五年之勤凡得一千二百餘人詩五千四百有奇或因人以存詩或因詩以存人采取博而不蕪體例嚴而有法班分條繫綱舉目張綴以小傳亦翔實足徵雖吉光片羽全豹未窺而墜簡雲縑賴茲流播行萌學問亦藉以考見崖畧則此一編也實有闡幽微顯之功非徒可裨志

乘之闕漏備儒官之稽鏡已也

周易隱義口卷國朝上虞詩集錢協和撰○案王氏備稿載協和又有擊石捫石齋詩稿

虞故錄十二本謝萊撰字海山諸生是書蒐輯掌故隨時著錄上自正史以迄國初先賢詩文集凡有繫上虞事實者輒詳述之○案海山又有一知錄鈔本今未見

天香樓遺稿四卷王氏備稿王望霖撰

載生吟三卷王氏備稿王望霖輯因墮水出險更號載生倡詩徵和彙爲是集

九絲吟草一卷王氏備稿王濱撰

舫亭詩鈔一本胡樹本撰字作倫號舫亭又號稚生所遺詩稿大半零落其徒沈奎掇拾殘編彙爲若干卷王煦爲之序

四一日紀□卷國朝上虞詩集沈烜撰字炳也號冰崖○案又有虛白齋詩稿

曉園詩存□卷國朝上虞詩集陳濤撰

紅藕書屋詩草四卷顧玘撰字小珊國朝上虞詩集載玘是書無卷數今據顧氏家藏鈔本著錄

枕海居吟草□卷國朝上虞詩集何橙撰

停山閣詩稿□卷兩浙校官錄曹鳳標撰

清曠樓詩存□卷國朝上虞詩集王鑒撰

虞邑賦一卷徐樹棠撰樹棠所著又有左傳類鑰古今體詩覺世真經排律咸豐辛酉燬於兵燹此賦係其次子彥藻於敝簏中拾得之光緒十年邑范氏梓行

帚珍齋詩稿□卷王氏備稿沈奎撰

蛩吟賸草一卷王氏備稿趙泰撰

天香別墅學吟十卷漫存二卷王氏備稿王振綱撰○案王振綱又輯同聲集十三卷皆一時各邑名人題詠贈和之作

地理括要六卷王氏備稿王邦獻撰

雲水軒詩鈔三卷北游吟草一卷投桃集一卷謝宋撰

樵蘆舍詩草一卷謝簡廷撰

南樓吟草二卷坿詩餘一卷宋璇撰

梅隱詩鈔三卷坿詠史詩鈔二卷車林撰王氏備稿作非非園詩草

寄青齋遺集二卷　徐虔復撰虔復殉粵匪之難遺稿散佚其姪瑞芬裒輯詩詞各一卷光緒丁亥子煥章校正付梓古歙程桓生會稽馬傳煦山陰陳錦余承普序之

皁湖山人詩草六卷　宋杰撰

湖東草堂詩草二卷　宋梁撰

楚香居詩草一卷　連汝愚撰

論史拾遺一卷　連仲愚撰字樂川好讀史尤愛史記時有論列兵燹後稿多散佚其子茹蒐輯付梓後有雜文數篇坿焉

上虞塘工紀畧四卷坿雜說一卷　連仲愚撰仲愚精理塘工十餘年是書詳載築塘之法內有雜說一卷尤臚陳利弊足以爲法○案敬睦堂連氏又有義田事畧一卷

菱園詩稿一卷王琖撰

耐園雜俎十二卷陳樹蘐撰

板橋軒詩草一卷曹官俊撰

閨秀

江州刺史王凝之妻謝道韞集二卷隋書經籍志案通志藝文畧同

宮詞五十首四庫全書總目提要宋甯宗楊后撰後有潛夫跋及明毛晉兩跋案舊邑志本傳止錄十一首七修類稿所錄止三十首餘二十首世久不傳今據潛夫跋則稱得之江左毛跋則云友人密緘遠寄云是少室山人手訂祕本蓋諸家之所增訂者也毛本脫去四字而迎春燕子尾纖纖一首落絮濛濛立夏天一首紫禁仙輿詰旦來一首云向刻唐人臨名又蘭徑香消玉輦蹤一首灑缺月流光入綺疏一首輦路青苔

雨後深一首茁向刻元人以其末便刪去姑仍原本然阿姊攜儂近紫微一首疑是楊妹子所作毛氏不爲區別不知何故究之是書皆後人掇拾而成眞僞相雜毛氏詩詞雜俎既合徽宗宮詞爲二家宮詞姑以流傳既久表而出之以備參稽云

詠雛堂詩集口卷　越風商景徽撰徐咸清妻會稽商周祚女西河詩話始甯徐大司馬舉義旛時余甫丁年遊司馬軍門其次君仲山兄事余如家人然及余出遊仲山每招余以詩語甚哀暨中道旋歸匿其家喜其內人商夫人女昭華皆閨秀也仲山倡爲讀西河新句詩令和之商夫人昭華各有兩絕句

徐都講詩一卷　四庫全書總目提要徐昭華撰諸暨駱加采妻父咸清與毛奇齡善奇齡暮年里居昭華從之學詩稱女弟子故有都講之目是集即奇齡所點定附刊西河集中者也○案卷首尾有奇齡陳維崧序

花間集□卷 浙江通志徐昭華撰

繡餘稿四卷 國朝上虞詩集陳夢蘭撰其母夢蘭而生故名天姿穎異幼時聞父嚞公吟背誦不遺一字遂教之讀過目輒成誦十歲博通羣籍工古近體詩年十九未字而卒

繡香閣詩稿□卷和鳴集□卷 國朝上虞詩集諸生車兆熊配周氏撰夫婦能詩爲一時佳耦○案又有雙緣錯詞說亦周氏撰

繡莊詩草□卷 越風陳淑旂撰 國朝上虞詩集諸生志學女山陰戴學連妻早賦柏舟茹荼守志士林稱之隨園詩話陳淑旂晚思云弱質怯春寒名花帶月看惜花兼惜影不忍倚闌干

秋卿詩稿□卷 國朝上虞詩集胡秋卿撰陳贊聖妻

澄暉閣詩草□卷 國朝上虞詩集張淑蓮撰知州鳳翥女州同夏毓圻妻

絮風亭吟草一卷　備稿謝素珍撰太守廷樞女餘姚周世法妻

綠窗吟草□卷　國朝上虞詩集俞靜貞撰職員敬女連山綏猺同知何玉池妻

澄碧軒詩鈔□卷　國朝上虞詩集顧映玉撰職員霖女何玉蘧妻

得月樓吟草□卷　國朝上虞詩集謝顰春撰烏沙巡檢潮女山陰婁業恆妻

滴翠軒詩稿□卷　國朝上虞詩集陳蘭君撰甘肅貴德同知照磨愷女嵊縣舉人童瀚妻

迎暉軒詩草□卷　國朝上虞詩集陳玉瑛撰甘肅貴德同知照磨愷女謝慶元妻

綠雲館吟草一卷　程芙亭撰副貢徐虔復妻後有賦三篇坿刻虔復寄靑齋詩集

繡餘吟一卷　宋彩華撰宋璇女諸生陸源妻

倚紅樓詩草一卷　潘淑正撰桐廬教授潘鶴齡女候選州同連芳繼妻

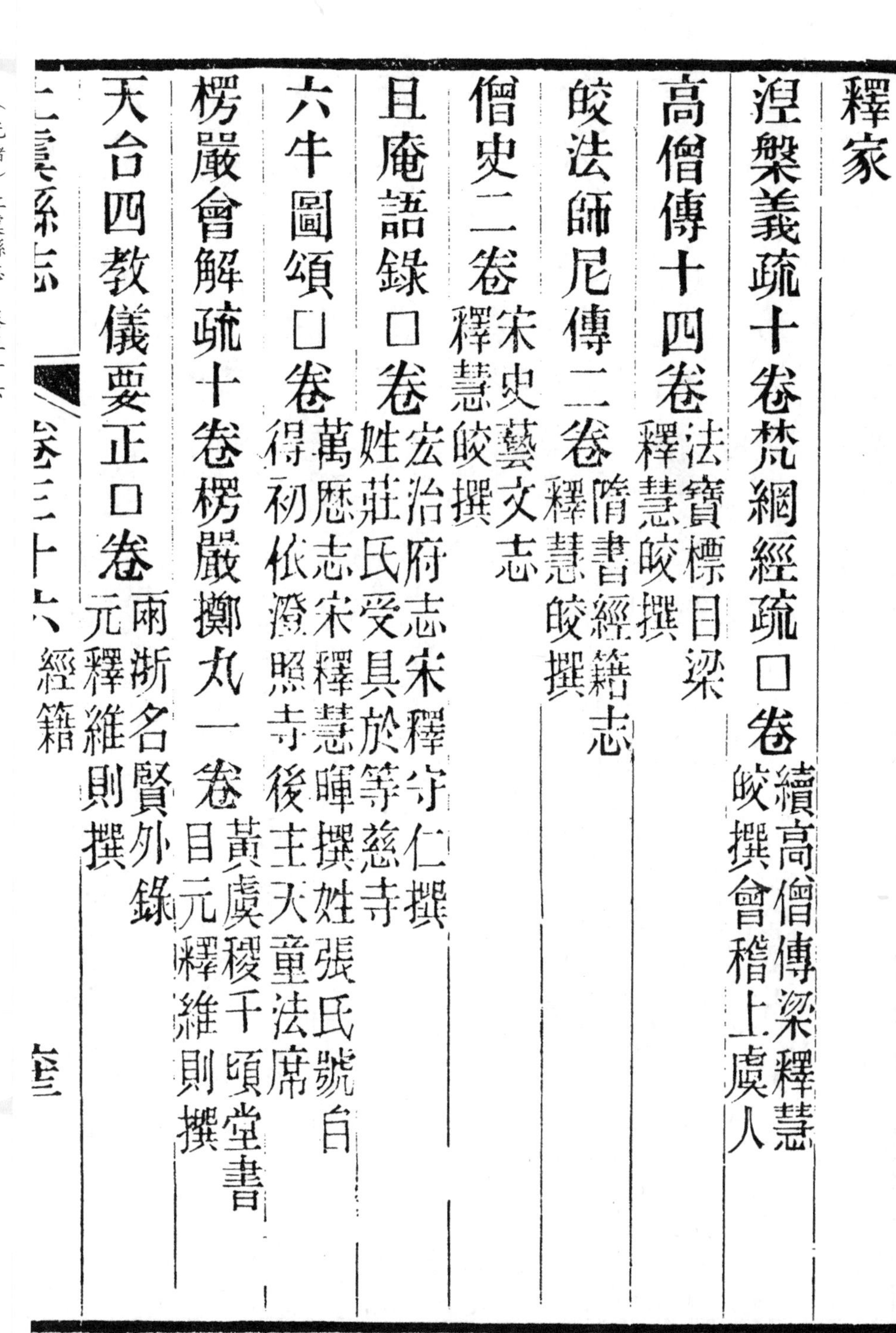

釋家

涅槃義疏十卷梵網經疏口卷續高僧傳梁釋慧皎撰會稽上虞人

高僧傳十四卷法寶標目梁釋慧皎撰

皎法師尼傳二卷隋書經籍志釋慧皎撰

僧史二卷宋史藝文志釋慧皎撰

且庵語録口卷宏治府志宋釋守仁撰姓莊氏受具於等慈寺

六牛圖頌口卷萬歷志宋釋慧暉撰姓張氏號自得初依澄照寺後主天童法席

楞嚴會解疏十卷楞嚴擲丸一卷黄虞稷千頃堂書目元釋維則撰

天台四教儀要正口卷兩浙名賢外録元釋維則撰

冰蘗禪師語錄□卷　海鹽圖經釋維則撰字天眞吳興費氏子出家瀫州佑聖寺

鵄臭吟□卷　檇李詩繫釋維則撰

佛法金湯編十卷　兩浙名賢外錄明釋心泰撰上虞孫氏子號佁宗受具於等慈寺

天柱稿□卷　淨慈寺志釋大同撰字一雲上虞人

竺庵集二卷　尤氏藝文志釋大同撰

寶林編□卷　黃虞稷千頃堂書目釋大同編集古今人所爲寺宇碑版詩文

瓦釜聲近稿□卷　國朝上虞詩集釋宗尚撰字濱逸慈谿人流寓上虞道隆庵

山水音一卷　國朝上虞詩集釋源潤撰字白先住蘭芎山福仙寺四明錢光繡序之

萍蹤集□卷　王氏備稿釋墨鏡撰

語花軒詩集□卷王氏備稿釋紹位撰

我卜詩集□卷沈奎刊補釋慈鑑撰曹恆吉序畧云釋我卜武林人棄儒而緇才思敏妙氣概豪放興會所至下筆成章初學少陵旣而沈酣宋人家言抱其體而去其滓一世能詩之士未之或先者顧宗孟序畧云我卜以山陰名家子甫弱冠補博士弟子員年未三十卽棄儒逃禪主法席於東山後退院居梁湖普濟其詩觸機搆想別有瀟灑出塵之致已非學士家所能到而筆瀋墨瀾思理空湧殆所謂靜者一無所有而實無所不有者也我卜名谷俗姓錢自號平常人

惟一語錄五卷沈奎刊補釋楫撰緱城童氏子初依合州通元寺後主上虞寶泉寺前二卷上堂小參三卷拈頌四五卷爲詩集末附雜文數首

斷疑語錄五卷沈奎刊補釋祥本撰原名律本字源達號斷疑姓張氏江南長洲人依伴月庵利初

尙歷主越州顯聖寺方丈後仍還本庵一二三卷爲主顯聖時語錄四卷皆伴月庵作五卷分佛事拈古頌古像贊囑法山居雜偈等目有甯波府教授張緦序

附本邑志乘

上虞志口卷　郭南上虞縣志序至正戊子縣尹張叔温命邑民張德潤裒集又至正間縣尹林希元屬學博勾章陳子翼重修

上虞志十二卷　郭南上虞縣志序永樂戊戌邑民袁鏵編稿其兄鉉彙成

上虞志十二卷　徐待聘上虞縣志序正統辛酉郭南私纂萬歷府志南居曹黎湖側欲以湖爲己有又冒郭子儀爲祖遂託修志盡更舊本改曹黎爲阜李又妄入汾陽裔孫後爲通判以貪致富乃重價購舊志焚之並燬其板今所存者南志也久之南志亦燬於火近新志錄本知縣朱維藩頗有增益然往時大抵襲郭

故猶未
成書

上虞縣志十二卷　浙江通志萬曆癸未貳守樂頌聘陳絳及葛㮭修

上虞縣志二十卷　浙江通志萬曆丙午邑令徐待聘聘當湖馬明瑞邑人葛曉車任遠修

上虞縣志二十卷　浙江通志康熙辛亥知縣鄭僑修

上虞縣志十四卷　王氏備稿嘉慶己巳知縣崔鳴玉聘仁和李方湛邑人朱文紹修

虞志刊誤五卷虞乘刊補二十四卷續補一卷　沈奎編輯沈奎初意只作刊誤一書後因採輯既多改爲刊補刊補者刊嘉慶志之誤而補其遺也同時參議者如錢玫謝萊俞廷颺王振綱亦各有辨證咸豐癸丑王振綱採錄原輯刊誤五卷刻於家塾而刊補全書迄未梓行浙撫烏爾恭額邑人王煦陳綺樹許正綬有序

虞志備稿十四本 王振綱輯是書全本沈奎刊補參以錢玫補稿虞邑事實蒐采頗多惟自嘉慶壬申至咸豐甲寅皆振綱手輯間有讎校未周處書院一門亦未經纂定故其稿不梓行

五大夫里志二卷 國朝潘思漢輯分目二十有四○案浙江採集遺書錄載曹孝女廟志云上虞沈志禮輯志禮非虞人今不錄

案嘉慶志及沈奎刊補王氏備稿載經籍志有嵇康嵇紹謝萬謝朗謝宏微謝宣城葛洪陶宏景魏道微張以甯趙昱趙信趙一清諸人著述因非虞人從刪